Ifá
O Senhor do Destino

Ifá Ọlọ́run Àyànmọ́

Fernandez Portugal Filho

Ifá
O Senhor do Destino

Ifá Olórun Àyànmó

3ª Edição revisada

MADRAS®

© 2021, Madras Editora Ltda.

Editor:
Wagner Veneziani Costa

Produção e Capa:
Equipe Técnica Madras

Revisão:
Marina Cristina Scomparini
Arlete Souza
Natalia Gela

Dados Internacionais de Catalogação na Publicação CIP)
(Câmara Brasileira do Livro, SP, Brasil)

Portugal Filho, Fernandez
Ifá, o senhor do destino : Ọlọrun Àyànmọ́ / Fernandez Portugal Filho.
São Paulo : Madras, 2021.
Bibliografia.
ISBN 978-85-370-0570-5
1. Ifá (Cultos) 2. Ocultismo 3. Oráculos 4.
Ritos e cerimônias I. Título.
10-01529 CDD-299.6

Índices para catálogo sistemático:
1. Ifá : Oráculos : Culto : Religiões de origem
africana 299.6

Proibida a reprodução total ou parcial desta obra, de qualquer forma ou por qualquer meio eletrônico, mecânico, inclusive por meio de processos xerográficos, incluindo ainda o uso da internet, sem a permissão expressa da Madras Editora, na pessoa de seu editor (Lei nº 9.610, de 19.2.98).

Todos os direitos desta edição, em língua portuguesa, reservados pela

MADRAS EDITORA LTDA.
Rua Paulo Gonçalves, 88 — Santana
CEP: 02403-020 — São Paulo/SP
Caixa Postal: 12183 — CEP: 02013-970 — SP
Tel.: (11) 2281-5555
www.madras.com.br

SAUDAÇÃO A IFÁ*

1- Eu acordo e lavo as mãos
2- Eu acordo e lavo os pés
3- Eu acordo e chamo por Ifá

4- Ifá ouça-me
5- É Ifá quem vai trazer a sorte
6- É Ifá quem vai trazer o progresso

7- A pimenteira não dá pimenta uma só vez
8- O pintinho não tira os olhos do milho
9- A largatixa nunca tira os olhos da mosca

10- Ifá ouça-me
11- Em nome de Ọlọ́dùmarè
12- Em nome de Ọrúnmìlà
13- Em nome de Òdùduwà
14- Em nome de Ọbàtálá
15- Eu sou filho de Ifá
16- Em nome de (dizer o nome da pessoa que o iniciou em Ifá)

Àború, Àboyè, Àboṣíṣe

Àṣẹ̀, Àṣẹ̀, Àṣẹ̀

* Tradução livre de um verso de Ifá, por Fernandez Portugal Filho

"Kò sí ọjọ́ kan tí a kì pe alágbẹ̀dẹ, láti pọ́n àdá fún àwọn olóko. Kọ̀ si ojúmọ́ tí bàbáláwó ki dá Ifá."

Tradução

"Não há nenhuma manhã em que o ferreiro não seja chamado a afiar machados para os fazendeiros. Da mesma forma, não há nenhuma manhã em que o Bàbáláwò não consulte Ifá (o seu oráculo)."
Provérbio yorùbá retirado da obra *Obí, oráculos e oferendas*, de Jorge Morais.
Recife, Djumbay, 1993.

Índice

Apresentação 13
Capítulo 1
Òrúnmìlà ou Ifá 15
   O Òpèlè 16
   Os Ìkin: Os Cocos do Dendê 17
   O Ìróké: Instrumento para chamar Ifá 17
   Agere Ifá: O Pote, o Recipiente de Ifá 17
   Opón Ifá: A Tábua de Ifá – O Tabuleiro 17
   O Ibò: A Amarração de Ifá 18
   Àpò Ifá: A Bolsa de Ifá 18
   O Ìlù Ifá: O Toque de Ifá 18
   O Òpá Orèrè: O Cajado de Ifá 18
Capítulo 2
A Supremacia de Olódùmarè – Agbára Olódùmárè 24
Capítulo 3
Òrúnmìlà 34
Capítulo 4
Órìsà Èlà (Òrúnmìlà) 39
Capítulo 5
Saudações e Referências a Ifá Ijúbà – Ifá (Invocação de Ifá) 42
   Ofò Ifá 44
   Reverência a Òrúnmìlà 46
Capítulo 6
Ijúbà Odù Mérìndìlogún – Ìnvocação aos Dezesseis Destinos 49
Capítulo 7
Èjì Ogbè – Primeiro Odù dos Dezesseis Principais 51
Capítulo 8
Òyèkú Méjì – Segundo Odù dos Dezesseis Principais 61

Capítulo 9
Ìwòrí Méjì – Terceiro Odù dos Dezesseis Principais 67

Capítulo 10
Òdí Méjì – Quarto Odù dos Dezesseis Principais 82

Capítulo 11
Ìròsùn Méjì – Quinto Odù dos Dezesseis Principais 89

Capítulo 12
Òwónrín Méjì – Sexto Odù dos Dezesseis Principais 97

Capítulo 13
Òbàrà Méjì – Sétimo Odù dos Dezesseis Principais 102

Capítulo 14
Òkànràn Méjì – Oitavo Odù dos Dezesseis Principais 108

Capítulo 15
Ògúndá Méjì – Nono dos Dezesseis Principais 115

Capítulo 16
Òsá Méjì – Décimo Odù dos Dezesseis Principais 129

Capítulo 17
Ìká Méjì – Décimo Primeiro Odù dos Dezesseis Principais 135

Capítulo 18
Òtúrúpòn Méjì – Décimo Segundo Odù dos Dezesseis Principais 141

Capítulo 19
Odù Òtúrá Méjì – Décimo Terceiro Odù dos Dezesseis Principais 147

Capítulo 20
Odù Ìretè Méjì – Décimo Quarto Odù dos Dezesseis Principais 152

Capítulo 21
Odù Òsé Méjì – Décimo Quinto Odù Dos Dezesseis Principais 159

Capítulo 22
Odù Òfun Méjì – Décimo Sexto Odù dos Dezesseis Principais 165

Capítulo 23
Àwón Irú Ebo Yorùbá Àti Ìdí Rè (Tipos de Ebo Yorùbá
e Suas Finalidades) 170

Capítulo 24
Fases Lunares Propiciatórias à Realização de Trabalhos Mágicos
Determinados por Ifá 177
Obras do Autor 179
Bibliografia 194

Mo Júbà = Meus Respeitos
Ẹ̀là – Ọ̀rúnmìlá dá Ifá = Ẹ̀là, Senhor Ọ̀rúnmìlà, Criador do Ifá

01 – Mojúbà àwọ́n odù'ńlá.
   Meus respeitos aos odù maiores.

02 – Mojúbà àwon odù kékeré.
   Meus respeitos aos odù menores.

03 – Mojúbà àwon òrìṣá.
   Meus respeitos aos orixás.

04 – Mojúbà gbogbo àgbàikú, tí mú ni dọdẹ.
   Meus respeitos a toda morte anciã, que leva a fazer a caça.

05 – Mojúbà látí dúpé.
   Meus respeitos para agradecer.

06 – Mojúbà Ọlọ́fín, Olórun.
   Meus respeitos ao Legislador, Deus Supremo.

07 – Mojúbà Bàbá Tàbí Ìyá àgbà.
   Meus respeitos ao pai ou mãe maiores.

08 – Mojúbà Karahun Aláṣírí Iyálórìṣà Eléri Ikú.
   Meus respeitos ao caracol secreto, mãe-de-santo do testemunho da morte.

09 – Mojúbà àwọ́n alágbára, àwọ́n tóni ewé, àwọ́n onílé Ṣàngó.
Meus respeitos acerca do uso do poder, do adivinho das folhas, da casa de Ṣàngó.

10 – Mojúbà ìyàwó.
Meus respeitos ao ìyáwò (noviço).

11 – Mojúbà bàbálóriṣà àti Ìyàlóriṣa.
Meus respeitos ao pai-de-santo e à mãe-de-santo.

12 – Mojúbà ẹ́gbọ́n àgbà.
Meus respeitos ao irmão mais velho.

13 – Mojúbà Èṣù barà alakíní.
Meus respeitos ao Exu poderoso, primeiro senhor.

14 – Èlégún àlágbà sóké pékún fún mí oṣe bàbá mí.
Monta o poder maior de chegar a fim de me dar o machado do meu pai.

15 – Mojúbà àwọ́n akínkanjú, aláṣé ohun ìní.
Meus respeitos ao guerreiro, senhor do poder da necessidade.

16 – Òriṣà mí alágbára ni àiyé.
Meu orixá todo-poderoso do mundo.

17 – Mojúbà Òriṣà Ọdẹ.
Meus respeitos a Ọdẹ, orixá que seduz e mata.

18 – Eranko tí ńdènà òtá.
Animal para fazer o inimigo se desencaminhar.

19 – Mojúbà Òṣun tó wà pẹ̀lú mí.
Meus respeitos a Òṣun, que permanece de pé.

20 – Eléri Ìkíni,
Testemunhando o cumprimento,

21 – Dúró gbongbon pẹ̀lú àdá,
Permanecendo com sua costumeira espada,

22 – Ábàẹ́mẹ́tà Tó Ló Hó Hi.
Acondiciona três meditações que se espelham em mim.

23 – Mojúbà afofo Ìkú gbé,
Meus respeitos à morada da oportunidade da Morte,

24 – Fún àiyé, ìbà omi àbáláiyé aláṣẹ;
Para o mundo, meus respeitos à água vital, à feitura do poder;

25 – Mojúbà àwọn agbára nlá.
O fortalecimento da dúvida, do superior sistema.

26 – Mojúbà àwọn ọmọ ọlọlá àkọkọ,
Meus respeitos aos filhos da riqueza, os primeiros a tomar a frente,

27 – Tó Mú Kí Àrá Lágbára, bí eni àkọkọ bí sípò
Fazendo fortalecer o trovão, o título de primeiro nascido no lugar,

28 – Òlúfinà Bàbá mí Ṣàngó Oba àiyé.
Senhor do fogo, meu pai Ṣàngó, Senhor do mundo.

29 – Mojúbà Ẹlà tíma dúpẹ Ní gbogbo sátidé,
Meus respeitos a Ẹlá, que costuma aos sábados agradecer,

30 – Mojúbà, Ọgbà Ọrun,
Meus respeitos ao jardim suspenso,

31 – Tó Ma Mú Àwọn Àgbà Kúró Lọnà, Ti Ẹlà
Que desencaminha os Senhores, Ó Ẹlá!

32 – Mojúbà Àwọn Olórí Ìbejì Àti
Meus respeitos aos Gêmeos chefes e

33 –- Alátúnṣe ti gbogbo wa, Pẹlú
Ao purificador de todos nós, também,

34 – Ti Àwọn Tó Wà Ní ILé.
Que estão em casa.

35 – Mojúbà Iyẹmọja òrìṣà dúdú,
Meus respeitos a Iyẹmọjá, orixá negro,

36 – Ti Nṣe Ti Rẹ, Tíwón 4ọ Kúró Pẹlú Ọpò Lọpò Ogun
Que é dela, desposada em um celeiro de lutas,

37 – Ayaba tí omi iyọ.
Rainha das águas salgadas.

38 – Mojúbà Olókun, mo dúpè,
Meus respeitos à Senhora dos mares, eu agradeço,

39 – Fún gbígbà pẹlú okàn.
Para aceitar de coração.

40 – Mojúbà Ìyá Mésàn àgbáyé.
Meus respeitos à Mãe dos Nove Universos.

41 – Mojúbà àwọ́n Onílẹ̀. àgbà Tó matú wíwà mọ
Meus respeitos ao Senhor da Terra, Senhor que remonta à existência.

42 – Mojúbà àwọ́n ayaba ibú.
Meus respeitos a todas as Rainhas do Alto-Mar.

43 – Àti Yáyá Yesi.
E, veementemente admirada.

44 – Mojúbà Ọrúnmilà Àgbà òrìṣà.
Meus respeitos a Ẹlá, orixá ancião.

45 – Kò sí Ikú, kò sí Àárun, kò sí ofo.
Não há mortes, não há lamentos, não há perdas,

46 – Kò sí èpè, kò sí àikúlai si àláfìà,
Não há pragas, não há segredo de morrer sem saúde,

47 – Kò sí ohun tó ma sún mọ́ wa.
Não existe nada chegando entre nós.

48 – Èmí tó kún fún ònà gbogbo.
Falando da vida, carrega encantos.

49 – Nsoro ọ̀fọ bà obi.
Falando encantamentos, aceita-se a vida.

50 – Ilẹ̀ gba àgbàdo,
A Terra recebe o milho,

51 – Bí Ìyá tí ńgba ọmọ rẹ̀,
Como a Mãe recebe seu filho.

Apresentação

O objetivo deste trabalho é uma tentativa, espero que frutífera, de mostrar aos praticantes dos cultos de origem africana, especialmente do candomblé, e também aos estudiosos do assunto a importância de Ifá na Nigéria, no Benin, no Togo, em Cuba e em outros países onde a diáspora africana se fez presente.

Minha presença em território africano – sobretudo na Nigéria e no Benin – e, posteriormente, em Cuba, em companhia de confrades Babaláwo, possibilitou-me a preparação deste livro, que narra em detalhes o culto e a prática de Ifá. Inclui os versos de Ifá, por meio de cada Odù, ou o "ojú odù", a caída dos odù e a dos òrìṣà que respondem nesta mesma caída, formando a impressão do odù, com a indicação do odù, na adivinhação do oráculo de Ifá e a magia correspondente a cada odù.

Segundo a crença yorùbá, e por unanimidade dos vários autores que se dedicaram ao tema, "o homem não existe por si só. Existem milhares de seres invisíveis ao nosso redor, aos quais devemos render homenagens", não só por suas existências, mas por sua proteção, e entre esses vários seres podemos citar os òrìṣà.

O eterno questionamento, misto de aflição e de encantamento, é acompanhado da seguinte pergunta: Como podemos alcançar as bênçãos dos òrìṣà? Para os yorùbá, o único meio de chegar aos òrìṣà e obter suas bênçãos é por intermédio de Ifá. É ele quem conhece com profundidade a alma humana, nossa vida, e o que viemos fazer aqui no mundo. É por meio da adivinhação de Ifá que podemos saber o que desejam os òrìṣà, como devemos nos comportar e ainda como nos proteger das forças maléficas. Portanto, é uma grande tarefa para o Babaláwo transmitir esses conhecimentos e, sobretudo, seus sábios conselhos, servindo como único elo entre os humanos e Ifá. Este, por sua vez, é o intermediário entre os seres invisíveis, entre o Céu e a Terra.

Uma série de explicações preliminares sobre o culto a Ifá levará o leitor à compreensão deste tema. Há uma lista de entidades voltadas para o estudo e a divulgação da cultura e da religião yorùbá. Isso facilitará o leitor que desejar aprender o idioma yorùbá, assim como sua religião tradicional.

Existe uma bibliografia alentada e específica sobre o culto a Ifá que conduzirá devotos, praticantes e estudiosos à profundidade que o tema requer. Uma versão inicial deste trabalho foi publicada pela Yorubana em 1989, em formato de apostila, com o título *Ifá, o senhor do destino*. Passados alguns anos, aperfeiçoamos esse trabalho enriquecendo-o com novas informações obtidas *in loco* na Nigéria e em Cuba, nos anos 1994, 1995, 1996 e 1997. Em distintas ocasiões, gravamos entrevistas com diversos Babaláwo, em diferentes localidades yorùbá e cubanas.*

Àború, àbọyé, àbosíṣẹ. Agbó atọ́!

Fernandez Portugal Filho

Professor titular de Religiões Afro-brasileiras e Tradicional Religião Yorùbá, na Faculdade de História e Filosofia da Universidade de Havana. Diretor da Yorubana, Professor de Cultura Afro-Brasileira e Tradicional Religião Yorùbá na Uerj (Proeper)

---

* Na correção dos textos em yorùbá contamos com o nosso amigo e professor da língua yorùbá, Ekun Dayọ.

Capítulo 1

Òrúnmilà ou Ifá

Ifá é um òrìṣà muito importante para o povo yorùbá. Acredita-se que Olórun, Deus todo-poderoso, mandou Ifá do Òrun (Céu) para o Àiyé (Terra), para que consertasse o Mundo. A sabedoria, o conhecimento e a inteligência que Olórun lhe deu permitiram o poder maior entre os òrìṣà, que são adorados pelos yorùbá.

Se procurarmos entre um dos oríki em yorùbá para este òrìṣà, vamos encontrar um elogio como: "a kéré finú sògbón" ("o pequeno que utilizou o interior para ter sabedoria").

Conta-se que Ifá viveu na Terra por muito tempo até que decidiu ir para o Òrun. Quando esteve na Terra, morou em Ilé Ifẹ́ e, também, em Adó Ekiti. Antes de ir em definitivo para o Òrun, Ifá era chamado, de vez em quando, por Olódùmárè, a fim de que ele usasse sua sabedoria para consertar o mundo. Por isso, Ifá é chamado de "Gbáyégbórun" ("aquele que vive na Terra e no Céu").

Diz-se que Òrúnmilà teve oito filhos e que, durante uma das festas que ele realizou, um dos seus filhos, o caçula, desrespeitou-o. Ele se aborreceu e deixou a Terra para viver deifinitivamente no Òrun.

"Ifá bá relé olókun kó dé mó, ó leni té e bá rí, e sá máà pè ní bàbá."

Mas Òrúnmilà deu 16 *ikin*, sementes, para seus oito filhos e disse: *"Ò nì bé e ba délé bé e ba fówóò nì, eni té e má bí núùn."* Assim, quando consultamos Ifá, usamos 16 ikin ou ọpẹlẹ̀ Ifá, ou os dezesseis owó ẹyọ (búzios).

Na cultura yorùbá, Òrúnmilà é considerado o Senhor da Sabedoria. Ele exerce uma grande função na manutenção da ordem e da lei, assim como da harmonia. É com ele que podemos saber o que deve ser feito e o que é contra a vontade de Olórun. É por meio dele que os òrìṣà manifestam seus desejos para com os seres humanos. Ele transmite ao ser humano o que está para acontecer tanto no presente como no futuro, portanto, sua sabedoria na manipulação desses sistemas é incontestável pelos vários sistemas de Ifá que existem.

Ọrúnmilà participou ativamente com Òrìṣàńlá na criação do Mundo. Os versos de Odù têm grande influência sobre o ser humano, no plano de vida que ele vai viver neste mundo; se sofrerá infortúnios ou não, ou se morrerá antes do seu tempo ou não, só Ọrúnmilà poderá informar.

Hoje em dia, na Nigéria, mesmo com a influência do Cristianismo e do Islamismo, o povo yorùbá não deixa de consultar seus Babaláwo para saber o que Ifá tem para ele, o que deve ser feito para acalmar seus òrìṣà e se seus desejos serão realizados.

O culto não pode deixar de existir, ou seja, a conversa com Ifá nunca termina. Porque eles sabem que Ifá é o único meio de sobreviver a milhares de inimigos invisíveis que atormentam o ser humano e suas inúmeras dificuldades.

Por intermédio de Ifá, os òrìṣàs transmitem suas mensagens ao ser humano sobre o que deve ser feito (oferenda) e como deve ser feito. Tudo isso por meio do *odù* e seus versos, cujo sistema é muito complexo em razão da visão geral que opera dentro do Ifá. Ele é necessário para a compreensão de seu relacionamento com a religião yorùbá na qual está enraizado o conceito do povo yorùbá, sobre este mundo, sua origem; é o poder com que Ifá controla os rumos e o objetivo da vida e do destino do homem que encontra a harmonia e o equilíbrio quando Ọrúnmilà direciona seu caminho para as situações positivas em iré.

É através da iniciação em Ifá, como *ọmọ ifá* ou como Babaláwo, que o ser humano se descobre, diante da vasta realidade, na qual ele é obrigado a conviver. É pelos ensinamentos de Ifá que ele conduzirá sua vida, livrando-o, com inteligência, dos *osobo* (negativo) e vivendo os *iré* (positivo), em perfeito equilíbrio e harmonia.

O Ọ̀pẹ̀lẹ̀

O *ọ̀pẹ̀lẹ̀* é um dos instrumentos mais importantes de Ifá. Porque ele, em uma só lançada, dá o sinal do *odù*. Para que um *ọ̀pẹ̀lẹ̀*, ou corrente de divinação, possa ser usado, precisa ser sacralizado em uma cerimônia na qual os materiais devem ser aprovados por Ifá, para se fazer qualquer *ẹbọ*.

O *ọ̀pẹ̀lẹ̀* consiste em duas fileiras de contas de quatro, em número de quatro, trançadas para formar um só fio que passa pela conta grande, em cada ponto das oito contas. É uma metade da fruta da *schecebora golungensis*. Esta fruta possui uma forma redonda como uma pêra, com sinais de divisões no meio; portanto, facilita sua partilha, no sistema do jogo do *ọ̀pẹ̀lẹ̀* em Ifá.

Para usar o *ọ̀pẹ̀lẹ̀*, necessita-se de uma preparação feita com sacrifícios e com alguns itens, como sinos, conchas, etc. Quando a corrente é lançada ao chão, só pode cair com quatro faces em cada lado, enquanto alguns caem de cara para cima ou para baixo, mostrando o lado côncavo ou o convexo, respectivamente.

Para uma formação diferente, a corrente pode cair em vários caminhos distintos de *odù*, totalizando 256 para a soma dos 16 *odù* principais e 240 para a dos menores, chamados de *ọmọ-odù* ou *odù* subalternos.

Os Ìkin: Os Cocos do Dendê

Este é outro material usado em Ifá. Ele é guardado dentro de um recipiente chamado Agérè Ifá. É adorado como òrìṣà. É um conjunto de noz de palmeira (dendezeiro), um dos mais importantes métodos em divinação. Cada caída de *odù* tem um sinal, que é riscado para ser reconhecido pelo Babaláwo rapidamente. O *ikin* é um conjunto de 16 nozes de palmeira. O Babaláwo apanha-o com uma das mãos e, em movimentos rápidos, vai pegando os *Ìkin* com a outra mão e sempre sobra algum na mão que apanha os 16 *Ìkin*. Se sobrarem mais de dois, então é desconsiderado. Se sobrarem dois, ele faz um sinal no tabuleiro coberto de *iyèrosùn*, em um sinal vertical com o dedo anular. Se sobrar um, ele faz dois sinais paralelos e verticais no tabuleiro, fazendo, a partir daí, a leitura do *odù*.

O Ìrọ́kẹ́: Instrumento para chamar Ifá

Este também é um dos materiais mais importantes na condução de Ifá ou, simplesmente, o jogo de Ifá. Serve para chamar Ọrúnmìlà quando o Babaláwo está em consulta. Também é chamado de *ìrọ́fá*. O material usado para preparar este *ìrọ́kẹ́* é o marfim (pode ser também em madeira). Contudo, também pode ser feito de madeira ou de latão esculpido em forma de uma mulher ajoelhada. Alguns Babaláwo os têm em madeira ou chifre de veado, principalmente em Cuba.

Agerè Ifá: O Pote, o Recipiente de Ifá

Este objeto é chamado de *àwo Ifá*; é dentro dele que se guarda o Ifá. Constitui-se em uma caixa pouco funda, com tampa comumente feita de madeira. Nela se esculpem uma escultura humana ou figuras de animais, de pássaros, de búzios, etc. São verdadeiras obras-de-arte.

Ọpọ́n Ifá: A Tábua de Ifá – O Tabuleiro

Existem vários tipos de *ọpọ́n Ifá*, redondos ou quadrados, com um compartimento central separado da área principal.

Quando os Babaláwo usam os *ikin* no jogo, é importante a existência do *ọpọ́n Ifá*, onde eles imprimem os sinais que caem dentro dessa tábua, na qual o *iyèrosùn* é colocado. Há vários desenhos que cobrem o redor da margem do *ọpọ́n*.

No meio dessa margem, há dois olhos que representam os de Èṣù. Os olhos são parecidos com o olhar do Babaláwo que está jogando o Ifá. Pode haver também vários desenhos, como tartarugas, cobras, galinhas, pássaros e carneiros esculpidos na borda do *opón*.

O Ìbò: A Amarração de Ifá

Quando o Babaláwo termina o lançamento e sabe o *odù* que saiu, o *ibò* é usado para verificar a exatidão deste *odù*, e saber para quem o *odù* saiu: se para o próprio cliente, ou para um de seus familiares.

O *ibò* também serve para saber que tipo de ẹbọ deve ser feito e onde ele deve ser levado ou colocado, e também se o *odù* está positivo ou negativo.

Existem vários tipos de *ibò*. Os mais importantes são o osso e os cauris, que significam o não e o sim, respectivamente. Outros materiais usados são o pote quebrado (caco), que significa vida ruim, e uma pedra, que significa determinação. Um pedaço de Ẹfun, ou uma fava negra, significa bom e mau, respectivamente. São utilizadas também conchas ou uma fava chamada "olho de boi".

Àpò Ifá: A Bolsa de Ifá

É um saco no qual o Babaláwo junta e guarda seus objetos de Ifá. Um Babaláwo pode ser distinguido por sua maneira de carregá-lo no ombro, onde costuma levá-lo.

Este saco é feito de tecido enfeitado de contas das mais diversas cores. O Babaláwo usa outro saco para carregar as coisas recebidas como presentes, separadamente. Este saco pode também ser enfeitado com búzios.

O Ìlù Ifá: O Toque de Ifá

Um dos mais importantes materiais usados é o tambor *àràn* ou *ìpèsè*. Os Babaláwo sempre fazem festa a cada cinco dias ou quando se reúnem para um encontro importante, ocasião em que batem tambores para celebrar esse encontro. Também são conhecidos como tambores *bẹmbẹ́*.

O Òpá Orèrè: O Cajado de Ifá

O *opá* é uma bengala que os Babaláwo usam como símbolo ritual de seu poder. Ela é feita de ferro ou latão, e é considerada por eles como um òrìṣà. Eles a cultuam e, por isso, ela não deve cair no chão. Deve ser guardada de pé, num canto da casa. Esta bengala é uma espécie de força para os Babaláwo, também sendo conhecida como *osun*. Em alguns momentos é usado para realizar ẹbọ e recebe com freqüência sacrifício animal.

IMPRESSÕES DOS ODÙ (AS MARCAS)
AS FORMAS DE CAÍDAS DE CADA ODÙ

1) Èjìògbè

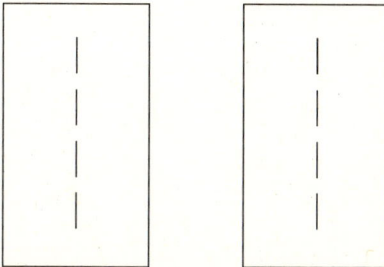

2) Òyẹkú Méji

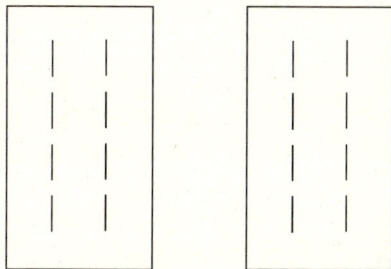

3) Ìwòrì Méjì

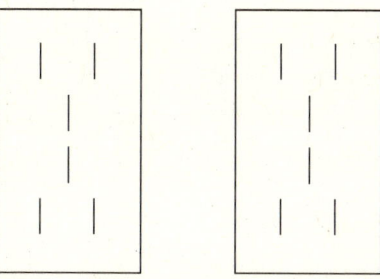

4) *Òdí Méjì*

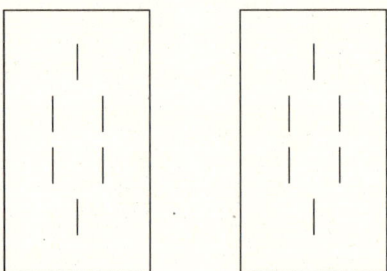

5) *Ìrọsùn Méjì*

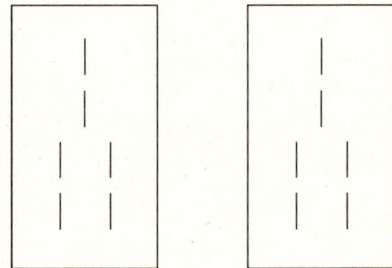

6) *Ọ̀wọ̀nrín Méjì*

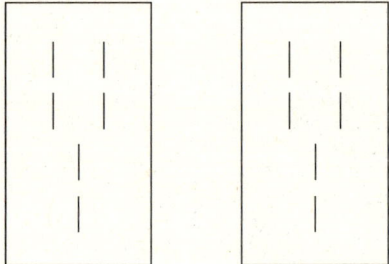

7) *Ọ̀bàrà Méjì*

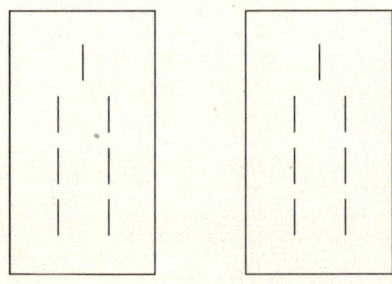

8) Òkànràn Méjì

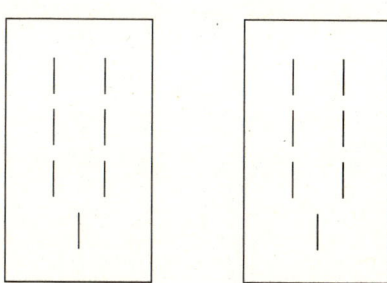

9) Ògúndá Méjì

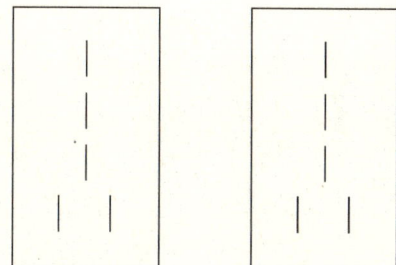

10) Òsá Méjì

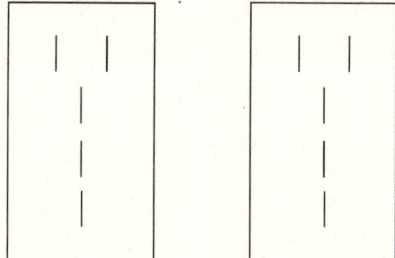

11) Ìká Méjì

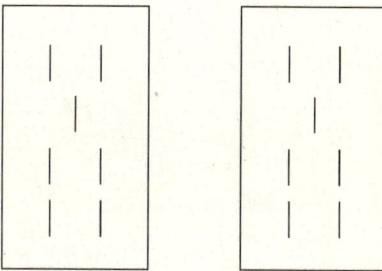

12) *Òtúnrúpòn Méjì*

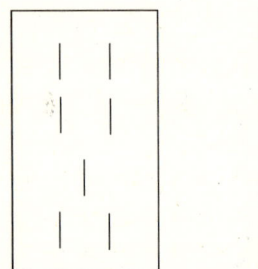

13) *Òtúnwá Méjì (ou Òtúrá Méjì)*

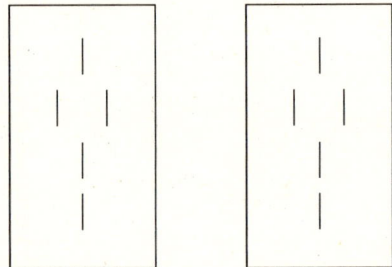

14) *Ìretè Méjì*

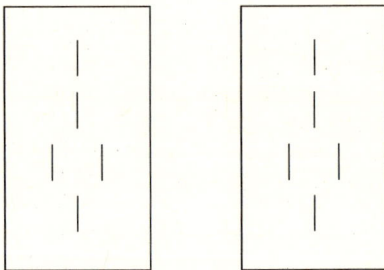

15) *Òsé Méjì*

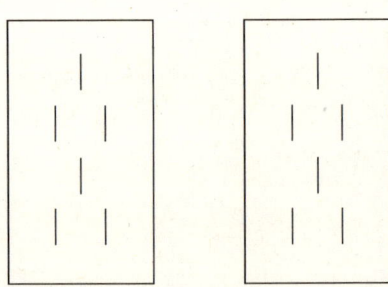

16) Òfún Méjì

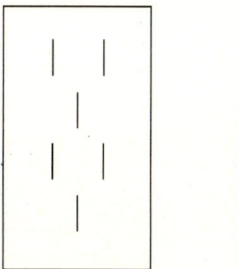 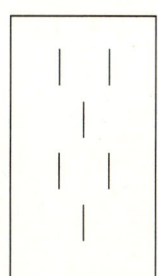

Capítulo 2

A Supremacia de Olódùmarè
Agbára Olódùmarè

Olódùmarè é sempre colocado em primeiro lugar, bem acima das divindades e de tudo o mais na mitologia yorùbá. Ele está acima de tudo. No oríkí, a seguir, ele surge como "aquele" cuja autoridade está sobre a Terra, estabelecida de uma vez por todas:

YORÙBÁ	TRADUÇÃO
1 – *Ilẹ̀ nì n'kan pèlú Olórun:*	1 – A Terra tem uma demanda com Ọlọ́run:
2 – *Olórun gbà pé òhun nì àgbà;*	2 – Ọlọ́run afirma ser o mais antigo;
3 – *Ilẹ̀ lẹ gbọ́n;*	3 – A Terra afirma ser a mais velha;
4 – *Nítorí eku ẹmọ́ kan,*	4 – Por causa de um rato marrom,
5 – *Ọ̀jò kọ̀ kò rọ̀ mó,*	5 – A chuva pára e não cai mais,
6 – *Iṣu wú' súgbọ́n kò ta;*	6 – Os inhames brotam, mas não desenvolvem;
7 – *Àgbado yó ómó Sùgbọ́ kògbó:*	7 – As espigas de milho enchem, mas não amadurecem;
8 – *Gbogbo ẹiye kú tán l'ókò*	8 – Todos os pássaros da floresta estão perecendo;
9 – *Igún ngb'ẹ́bọ r'ọ̀run.*	9 – O abutre está carregando as oferendas para o céu.

O oríki origina-se de um mito: Olódùmárè e a Terra saíram para caçar. Apanharam apenas um rato. No seu retorno, na hora da partilha, viram-se às voltas com o problema do que fazer com apenas um rato. Olódùmarè afirmou que o rato era seu, de direito, por ser ele o mais antigo; a Terra protestou declarando ser ainda mais velha e, portanto, era ela quem deveria levar o rato. Olódùmarè, então, deixou que o rato ficasse com ela, mas voltou para o céu determinado a mostrar à Terra quanto ela estava enganada.

O resultado foi que, ao chegar ao céu, ele imediatamente "desligou" todas as coisas e, assim, todos os benefícios que a Terra recebia do céu não foram mais obtidos: não houve mais chuvas, as colheitas não aconteceram nas fazendas e todas as coisas vivas estavam perecendo.

A Terra começou a preocupar-se; procurou o oráculo através de um Babaláwo e foi aconselhada a enviar o rato para Olódùmarè, acompanhado das devidas desculpas. A maneira de executar tal tarefa seria fazer com ele um sacrifício para transformá-lo em oferenda (ẹbọ). Ela fez o sacrifício, mas, inicialmente, não conseguiu encontrar ninguém que levasse a oferenda a Olódùmarè. Finalmente, contudo, o abutre aceitou a incumbência.

Ao receber a oferenda, Olódùmarè deu ao abutre uma pequena cabaça e disse-lhe que a despedaçasse ao alcançar os portões da Terra. O abutre, porém, vencido pela curiosidade, quebrou imediatamente a cabaça logo após deixar a presença de Olódùmarè.

O resultado foi que, imediatamente, começou a chover torrencialmente na Terra. Todas as criaturas vivas se enfurnaram e o barraram na entrada. O abutre não conseguira encontrar um local de abrigo porque estava encharcado e, cada vez que tentava entrar em uma toca, ele era bicado fortemente na cabeça; assim, teve de conformar-se em ficar ao relento até que a chuva cessasse. Daí vem o fato de o abutre ter a cabeça pelada e uma aparência feia.

O mais importante nesse mito é evidenciar a supremacia de Olódùmarè. Ele é aquele que tem a primazia do direito e a última palavra em todos os assuntos.

Olódùmarè é o cabeça. O conjunto de *odù* mostra-o repetidamente como o chefe a quem todos os assuntos são levados para aprovação, julgamento ou solução. As divindades costumam procurá-lo também para chegar a um acordo nas disputas entre elas.

Olódùmarè é constantemente retratado nos mitos como "aquele a quem são enviados os apelos finais".

O primeiro dos *odù Èjì-ogbè* contém versos que ilustram bem este aspecto.

YORÙBÁ	TRADUÇÃO
1 – *Njẹ́* owó ti a ní ni'ò tó nì?	1 – É o dinheiro que temos que não é suficiente?
2 – *Agangará, ìwo l'awò ilé Olódùmarè;*	2 – Agangará, tu és o ministro da casa de Olódùmarè;
3 – *Njẹ́ ọmọ* ti a bí ni'ò tó nì?	3 – São as crianças que temos que não são suficientes?
4 – *Agangará, ìwo l'awò ilé Olódùmarè.*	4 – Agangará, tu és o ministro da casa de Olódùmarè.

Olódùmarè é o autor e o determinador do destino humano. A vida do homem está sob seu controle, que vive e se move porque Ele o permite. Ele é conhecido como Elémi, o "possuidor do destino ou da vida".

Quando um yorùbá faz uma promessa ou se determina a algo, no futuro, é comum colocar na condição: "*Bi elémi kò gbá á*" ("Se o Senhor da vida não o impedir"), isto é, "se mediante a permissão do Senhor da minha vida eu ainda estiver vivo".

Os yorùbá acreditam que cada ato humano é executado em conformidade com as ordens de Olódùmarè. Um *odù* conta como Alágẹmọtẹ̀rẹ̀kangẹ̀, que veio ao mundro para se estabelecer e trabalhar, viu-se frente à oposição e à perseguição e argumentou com seus perseguidores: "*Ẹ jẹ́ mí jisẹ̀ ti Olódùmarè rán mí*". "Deixem-me cumprir a missão da qual Olódùmarè me encarregou".

Isto retrata a crença de que Olódùmarè é quem determina a cada pessoa a missão que ela deve cumprir na Terra.

Olódùmarè controla as estações e o curso dos eventos. Por isso, é conhecido como *Ọlọ́jọ́ Òní*, "o Senhor deste dia", ou seja, deve-se a existência de cada dia a Ele.

Ele é o Ser Supremo, está acima de tudo e de todos, no mais absoluto sentido, e sua autoridade não pode ser questionada por qualquer uma das divindades, nem mesmo por todas elas juntas. Olódùmarè mantém o pleno controle sobre tudo, cabendo às demais divindades apenas o poder executivo dentro dos limites que Ele estabelece.

Novamente, as tradições orais fornecem farto material do qual podemos retirar ensinamentos: o *odù* Ìrọ̀sùn-òṣé conta como uma força de 1.700 divindades, certa vez, conspirou contra Olódùmarè.

O objetivo da disputa dizia respeito ao aspecto absoluto de sua autoridade e controle sobre tudo. Elas ambicionavam seu *status* e questionavam seu direito a isto. Assim, dirigiram-se a Ele e exigiram que se licenciasse de seu alto cargo por, pelo menos, dezesseis anos, em uma primeira instância, enquanto elas tomavam conta de tudo, livres de sua tutela sobre os assuntos referentes à Terra. Olódùmarè viu a tolice que tentavam fazer, porém disse-lhes que concordava com a proposta. Todavia, iria permitir que tentassem, antes, uma experiência mais fácil: que tal se elas tomassem conta da Terra, como propunham, por um período experimental de dezesseis dias? As divindades então prontamente concordaram, tão certas estavam de sua habilidade coletiva.

Alegremente, deixaram a presença de Olódùmarè para dedicarem-se às suas novas responsabilidades. Logo que saíram, contudo, Ele desligou a máquina do universo e paralisou tudo. Antes que oito dias tivessem se passado, as divindades encontravam-se ante a sérios problemas e em total confusão. Elas engendraram todos os meios que puderam imaginar para manter as coisas caminhando, mas não encontraram uma saída. Adotaram todas as táticas que conheciam, mas falharam. Os céus guardavam suas chuvas; os rios não mais corriam; os riachos estavam entupidos de folhas mortas; os inhames brotavam, mas não se desenvolviam; as espigas de milho enchiam, mas não amadureciam; a seiva das árvores era lambida para mitigar a sede.

Ọrúnmilà foi consultado, entretanto seu oráculo estava mudo e os artefatos da adivinhação se recusavam a trabalhar. As festas diárias nas casas das divindades cessaram. A Terra inteira certamente iria perecer, porque as divindades não sabiam mais o que fazer. Não havia outro caminho senão voltar à presença de Olódùmarè. Foi o que fizeram: envergonhadas e de cabeça baixa, confessaram sua estupidez. Reconheceram a soberania absoluta e a supremacia de Ọrúnmilà. Imploraram por sua misericórdia. O Pai riu de suas tolices e as perdoou. Ligou, então, a máquina do universo novamente e este imediatamente voltou ao seu funcionamento normal. As divindades saíram cantando.

ORIN (CANTIGA)

YORÙBÁ	TRADUÇÃO
1 – *Òfófó nípa erú*	1 – É o mexerico que mata o escravo.
2 – *Èpè nípa olè*	2 – É o praguejar que mata o ladrão.
3 – *Aisoto nípa òré*	3 – É a quebra de palavra que mata o amigo.
4 – *Mólẹbí nípa ẹbí*	4 – É a consagüinidade que mata o parente materno.
5 – *Ní ojó tí won ja fun omi Olódùmarè.*	5 – No dia em que eles brigaram pelas águas de Olódùmarè.

Esta foi a resposta do oráculo às 1.700 divindades no dia em que se dirigiram a Olódùmarè em conseqüência de uma disputa.

Olódùmarè é o Ser Supremo determinante, é a quem cabe sancionar, em última instância, qualquer coisa proposta: a aceitação de qualquer ato de fé, a bênção de qualquer empreendimento e o crédito pelo sucesso e desempenho de qualquer sacerdote. Daí vem o ditado: "Nwọ́n yín Babaláwo, Babaláwo yín Ifá, Ifá yín Olódùmarè" ("As pessoas louvam o Babaláwo, o Babaláwo louva Ifá, Ifá louva Olódùmarè").

Após cada ato sagrado diante de qualquer divindade, as pessoas concluem com as palavras: "*Kí Olódùmarè gbá o*" ("Possa Olódùmarè aceitar isto") ou "*Olódùmarè a gbà á o*" ("Olódùmarè aceitará isto") ou ainda "*Olódùmarè a rán rere sí o*" ("Possa Olódùmarè abençoar tudo").

Isto significa que tudo é em vão sem sua aprovação e aceitação. Todo sacerdote deve estar ciente disso, sendo esta a razão importante pela qual Èṣù, inspetor-geral de Olódùmarè, é tão temido, tanto pelas divindades quanto pelos humanos. Acredita-se que Èṣù inspeciona os detalhes de cada ato sagrado e comunica a Olódùmarè, e, ainda, que nenhum ato de fé atinge o seu objetivo até que este tenha dado sua sanção. Por isso, cada crente está cônscio de que: "Àṣẹ d'ọwọ́ Olódùmarè, àṣẹ d'ọwọ́ bàbá" ("A sanção pertence a Olódùmárè, a sanção está nas mãos do Pai").

Eis por que ao fim de cada pedido ou bênção, quando as pessoas respondem "àṣẹ" ("Possa isto ser sancionado" ou "assim seja"), na realidade têm em mente a frase completa "Àṣẹ o Olódùmarè" ("Possa isto ser sancionado por Olódùmarè" ou "Assim seja Olódùmarè"). Por isso Olódùmarè é conhecido como "Àlábàláṣẹ, ọbá Èdùmarè" ("aquele que propõe e mantém o cetro, aquele que põe e dispõe, rei dos atributos superlativos").

Olódùmarè é a fonte de todos os benefícios. Ele é o autor de todas as coisas boas que as pessoas podem vir a ter: filhos, riquezas, posses, vida boa, caráter, tudo, enfim, que existe para benefício do ser humano. É ele quem concede. Acredita-se que tudo emane de sua inesgotável providência. Existem diversos mitos referentes a isto. Achamos suficiente citar apenas um *itan* que traduz este pensamento:

"Quando a Terra já estava assentada e todos os seus parentes já estavam arrumados, veio visitá-la um personagem chamado Agàngará, que não ficou satisfeito com a situação dos seus habitantes. Havia pobreza, sofrimento, não havia felicidade. Ele voltou e contou a Olódùmarè o que vira, apelando para ele no sentido de que algo fosse feito para melhorar as condições de vida. Em resposta a seus apelos, Olódùmarè deu-lhe o *Igbá-Ìwà*, a cabaça do bem-estar ou cabaça da vida, cujo conteúdo ele deveria distribuir às pessoas, segundo suas necessidades. Agangará tornou-se ministro de Olódùmarè para distribuição das coisas que contribuem para o bem-estar humano, daí o que diz *ọ̀wọ́nrín-méjì*".

YORÙBÁ	TRADUÇÃO
1 – *Ǹjẹ́ à bá f'ègun lé se 'gbeje.*	1 – (Ainda que) aqui estejam 1.400 divindades do lar.
2 – *K'á f' òrìṣà ọjáàs' ẹgbẹ̀f'à.*	2 – (Ainda que) aqui estejam 1.200 divindades do mercado.
3 – *Òrìṣà bi Olódùmarè kó si mọ̀.*	3 – Ainda assim não há uma divindade que se compare a Olódùmarè.
4 – *Olódùmàrè má l'ọba pàtàkì.*	4 – Olódùmàrè é o Rei sem igual.
5 – *Ǹjẹ́ ẹjọ́a wi iseyí,*	5 – Em nossa recente disputa,
6 – *Èdùmàrè ó jàre o,*	6 – Èdùmàrè foi quem venceu.
7 – *Lótó Èdùmàrè.*	7 – Sim, Èdùmàrè.

ÒRÌṢÀ TI OLÓDÙMARÈ: OS MINISTROS DE OLÓDÙMARÈ

• ÒRÌṢÀŃLÁ (o mesmo que Ọbàtálá)

Òrìṣàńlá é a divindade suprema em território yorùbá. Conforme indica seu nome (*Òrìṣà+ńlá* = *Òrìṣàńlá*), ele é a arquidivindade, o maior dos deuses yorùbá.

Costumam dizer os yorùbá que ele é o pai de todos os òrìṣà yorùbá e que foi ele quem os intitulou òrìṣà, designando-os, assim, com o seu próprio nome. Destarte o título de "Pai", neste caso, traz em si não apenas a sua relação com as outras divindades, mas também sugere que ele foi a divindade original de quem emanaram, senão todas, pelo menos um certo número de divindades. Ele é o mais velho e o chefe de todos. É igualmente conhecido como Ọbàtọlá, nome que tem sido interpretado ora como "*Ọ̀bá-tí-ó-nlà*" ("o rei que é grande" ou "o grande rei"), ora como Ọbàti-àlá ou Ọbàtiọlá, ("o rei que usa roupas brancas).

De acordo com as tradições orais, Òrìṣàńlá é muito antigo. Ele foi o primeiro a receber uma caracterização definida, e isto explica por que ele é descrito por alguns de nossos velhos como a imagem ou o símbolo de Olódùmarè na Terra.

A teologia yorùbá também o denomina "o gerado por Olódùmarè", no sentido de que ele deriva diretamente deste e que os atributos de Olódùmarè são revelados por meio de Òrìṣàńlá.

As traduções orais dão muita importância aos ensinamentos que ele recebe de Olódùmarè em muitos atributos[1] essenciais.

Ele recebe, ainda, alguns dos mais significativos atributos reservados a Olódùmarè, por exemplo: "*A-tẹ́-rẹrẹ-k'-áiyé*" ("aquele que se espalha por toda a extensão da Terra") e também "*Ẹ̀lẹ́dà*" ("o Criador"), uma vez que Olódùmarè o encarregou da criação do homem, da Terra e da organização de todo o seu aparato.

Ele é o divino escultor a quem foi dada a prerrogativa de criar, como bem lhe aprouvesse. Por isso, ele faz seres humanos tanto perfeitos quanto deformados. O corcunda, o aleijado, o albino são reconhecidos como marcas especiais desse deus, podendo significar sua contrariedade pela quebra de algum tabu ou demonstrar que ele pode fazer como lhe apraz. Os "defeituosos" que se encontram nessa categoria são chamados *ẹni òrìṣà* ("os escolhidos do òrìṣà") e são obrigados a respeitar certas restrições com referência à comida e à bebida. Por estarem no topo da categoria especial dos *ẹni òrìṣà,* os albinos devem suportar um número maior de tabus. Caso contrariem os tabus sobre alimentos e bebidas, acredita-se que terão inúmeras e asquerosas feridas ou manchas no corpo.

Obs.: os albinos são popularmente conhecidos no Brasil como "sarará" ou "negro-aço".

---

1. Atributos e predicados da Terra: rios, mares, cachoeiras, matas, pesca, calor, etc.

Òrìṣànlá também é chamado de *Alámọ̀ rere* ("aquele que lida com argila especial"), referindo-se ao barro com que molda os seres humanos.

Os yorùbá possuem o seguinte ditado: "*Ki ṣe ẹjọ ẹlẹ́yín gan-n-gan: òrìṣà l'ó ṣe è, ti kò fí awọ́ bò ọ́*" ("A pessoa dentuça não tem culpa, foi o òrìṣà quem os fez [os dentes] e não lhes deu o suficiente para se cobrirem").

Quando uma mulher está grávida, é dito comumente em terras yorùbá: "*Ki òrìṣà ya'nã'rẹ kọ́ ni ọ́*" ("para o òrìṣà criar para nós uma boa obra-de-arte.")

Acredita-se que, ao terminar a moldagem do corpo humano por Òrìṣànlá e após Olódùmarè insuflar nele o princípio vital, Òrìṣànlá se encarrega dele de novo e o envia por seu caminho ao mundo, continuando a olhar por ele e a guiá-lo, à medida que ele cumpre o seu destino. Daí se origina o seguinte cântico:

YORÙBÁ	TRADUÇÃO
1 – *Ẹni ṣ'ojú, ṣe' mu,*	1 – Aquele que faz os olhos, faz o nariz,
2 – *Òrìṣà ni máà sìní.*	2 – Ele é o òrìṣà a quem vou servir.
3 – *A-dà-ni b'o ti rí (Òrìṣà),*	3 – Aquele que cria como quer,
4 – *Òrìṣà ni màá sìní.*	4 – Ele é o òrìṣà a quem vou servir.
5 – *Ẹni ran mí wá (Òrìṣà),*	5 – Aquele que me enviou aqui,
6 – *Òrìṣà ni máà sin.*	6 – Ele é o òrìṣà a quem vou servir.

O Òrìṣà também é chamado de *Àlábàláṣẹ*, "aquele que propõe e empunha o cetro". Esse título pertence a Olódùmarè, mas as tradições orais dizem que, quando Òrìṣànlá estava para vir ao mundo, Olódùmarè o investiu de parte deste atributo, de forma a adequá-lo ao seu trabalho de criação e ordenamento de todo o aparato da Terra. O que lhe foi dado é chamado de *odù*.

Neste caso, significa dotação de um atributo de autoridade suprema para falar e agir e ser implicitamente obedecido. Esse atributo envolve *àṣẹ*, "o cetro". Assim sendo, o *ònídé ije*, por ocasião de sua posse, deve apresentar-se perante a Òrìṣànlá para receber o cetro do cargo e, assim, tornar-se um regente divino.

É ainda conhecido como *ibíkéji Èlèdúmarè*, "segundo (suplente) de Olódùmarè".

A teogonia yorùbá, além de caracterizar Òrìṣànlá como descendente de Olódùmarè, declara que ele é o seu vice-regente aqui na Terra.

Òrìṣànlá representa para os yorùbá a idéia de pureza e ritual, exigindo, portanto, e aprovando o alto grau de moralidade. A brancura imaculada, associada a ele, simboliza pureza. É representado comumente como um ancião vestido de branco, enfeitado com ornamentos e paramentos brancos.

Seu templo, em especial no seu interior, é completamente branco. Seus emblemas devem ser guardados dentro de recipientes brancos e consistem, entre outras coisas, em *ẹfun* e contas brancas.

Seus sacerdotes e sacerdotisas vestem-se de branco e usam ornamentos brancos.

Para seu alimento sacrificial, a oferenda comum é o caramujo (*igbin*) sem sangue, cozido em *orí* ou manteiga de cacau, embora os sacerdotes se encarreguem para que galinhas e mesmo animais de quatro patas se encontrem com freqüência entre as oferendas.

A água, em seu santuário, deve ser trocada diariamente, utilizando-se a mais limpa e clara retirada de uma fonte, bem cedo, pela manhã. A pessoa que recolhe a água deve fazê-lo antes que alguém tenha estado lá, naquele dia, com a intenção de poluir a fonte. Antigamente, a aguadeira teria de ser virgem, de virtude ilibada, ou uma mulher que tivesse ultrapassado a idade de procriar e, assim, encerrado sua vida sexual, além de possuir excelente reputação moral. Durante todo o caminho, na ida e na volta, a aguadeira deveria tocar uma sineta para mostrar que estava em missão sagrada, não podendo falar com ninguém nem os outros dirigirem-se a ela. Ainda hoje parte deste ritual é interpretado no candomblé como "As Águas de Oxalá".

É determinado aos filhos de Òrìṣàńlá que sejam honrados e leais. Devem ser limpos e claros de coração e ter comportamento como água retirada de madrugada de uma fonte intocada. Assim, suas vidas serão claras como aquela água.

"*Aiyé wọ́n a tòrò bi omi á-f-orò-pọn*" ("Suas vidas serão claras e puras, como a água apanhada cedo, de manhã").

Segundo as tradições orais, Òrìṣàńlá é monogâmico, razão pela qual aprova a monogamia.

Certa vez, trouxeram-lhe a notícia de que o mundo estava indo muito mal, porque os homens não estavam se dando bem com o seu trabalho e havia uma infelicidade geral. Pesquisando, ele descobriu que a razão daquele estado de coisas era o barulho e as brigas das diversas mulheres dos homens. Então, ele disse:

– *A ò lè gbè ārin òji enīã k'ẹni ó máà sí wí. Òrìṣàńlá rí oni igba aiya n'lẹ̀ k' ó tò f'ọ́wọ́ mú Iyẹmọ̀wò nikan; a ó lé gbé aiyé òlúpẹ́ k' ọ̀rún k'aiya jẹ́kí òná gún.*

– É totalmente impossível viver no meio de 40 pessoas (mulheres) e evitar dizer as coisas erradas. Òrìṣàńlá vê a possibilidade de se casar com 200 mulheres e, ainda assim, une-se apenas a Iyẹmọ̀wó. Aquele que carrega a responsabiliade de reger a vida cívica de Ifẹ́ não pode esperar êxito, se tiver ao mesmo tempo que lidar com uma porção de mulheres.

Em razão de seu poder criativo e dos poderes dos quais foi investido, a ele cabe poder de engrandecer seus filhos, de trazer-lhes a prosperidade, fazendo-os crescer e multiplicar, derramando sobre eles benesses materiais.

Por isso, é chamado Adìmúlà ("aquele a quem é confiada a segurança"). Ele é aquele de quem se diz:

YORÙBÁ	TRADUÇÃO
1 – *Ó gbé ọmọ rè, ó sọ ọ́ d'ajé.*	1 – Ele fica ao lado de seus filhos e
2 – *Ó nì kì nwọ́n r'érín,*	2 – Fá-los materialmente prósperos;
3 – *Nwọ́n r'érín.*	3 – Ele lhes dá motivos para rir e eles riem.

Por esse motivo, as pessoas rezam para ele dizendo:

YORÙBÁ	TRADUÇÃO
1 – *Ikú ti'dá' nì gbé'lé tí 'fọ́lá rán nì!*	1 – Ó morte, você que mora com uma pessoa e a enche de nobreza
2 – *Àláṣẹ!*	2 – Ó, portadora do cetro!
3 – *Ó-sọ-ẹníkan-ṣoṣo-d'igba-ènia!*	3 – Ó, você que transforma uma (pessoa) em 200 pessoas.
4 – *Sọ mí d'irun,*	4 – Transforme a mim em 400,
5 – *Sọ mí d'igba,*	5 – Transforme a mim em 200,
6 – *Sọ mí d'ọ̀tà-lé-l'-égbèje ènià.*	6 – Transforme a mim em 1.460 pessoas.

O povo yorùbá considera-o como a uma pessoa muito velha, de aspecto venerável, em quem a grandeza combina com o esplendor. Pessoa gentil, mas sagrada e plena de autoridade.

YORÙBÁ	TRADUÇÃO
1 – *Òrìṣà! Ẹti! Ẹni ọ̀lá!*	1 – Òrìṣà! O imutável! O nobre!
2 – *A-fi-ọjọ́-gbogbo-tòbi;*	2 – Ele que vive diariamente em maravilhosas grandezas;
3 – *O Tóbi, kò ṣe 'gbé;*	3 – Ele é tão poderoso que não pode ser levantado;
4 – *Bàntà-bàntà n'nu àlà*	4 – Imenso em mantos brancos
5 – *O sún n'nu àlà*	5 – Ele dorme em panos brancos
6 – *O ji n'nu àlà*	6 – Ele acorda em panos brancos
7 – *Ot'inú àlà dìde.*	7 – Ele levanta em panos brancos.
8 – *Ba' nlá! Ọkọ Iyẹmọ̀wó!*	8 – Venerável! Pai! Marido de Iyẹmọ̀wò!
9 – *Òrìṣà wù mí ni 'dudọ́;*	9 – Òrìṣà alegra-me porque ele está aqui.
10 – *Ibi 're l'òrìṣà ka 'lẹ.*	10 – O local onde òrìṣà é entronizado é um lugar de felicidade.

A tradição estabelece o lugar de origem de Òrìṣàńlá, na Terra, como sendo Igbó. Ele é descrito como: *"Eni ti won bi l'odè Igbó ti orè j'ọ́ba l'óde Ìránje"*, ("Aquele que nasceu na cidade de Igbó e foi ser rei em Ìránjẹ́"). Ele é *Òrìṣàńlá, osere màgbò*. ("Òrìṣàńlá, divindade de Igbó").

Seu culto, certamente, tornou-se firmemente estabelecido em Ìránjẹ́, considerada sua cidade. Ao mesmo tempo, espalhou-se por toda a terra yorùbá, onde é conhecido e cultuado unanimemente, sob uma denominação ou outra.

Existem muitos lugares que o consideram como uma divindade tutelar especial. Apenas em Ilé Ifẹ́, ele é cultuado sob pelo menos três denominações. Em Ifọ́n, onde a tradição local diz ter nascido sua mãe, ele é conhecido como Òlúfọ́n; em Ijàyè, ele é Òrìṣà Ijàyè; em Òwú, ele é Òrìṣà Rọwú; em Ọ̀bà (perto de Àkúré), ele é chamado Òrìṣà-Ọlọ́bà, e assim por diante, recebendo distintas denominações regionais.

Capítulo 3

Òrúnmìlà

Os Yorùbá acreditam que Òrìṣàńlá é o preposto de Olódùmarè na Terra, no que diz respeito às funções criativas e executivas. Òrúnmìlà é o seu preposto em assuntos pertinentes à onisciência e à sabedoria.

O nome Òrúnmìlà provém de uma ou outra dentre duas contrações: *Òrun-l'-ó-mó-à-ti-là* ("somente o céu conhece os meios da salvação") ou *Òrun-mọ̀-ọ̀la* ("somente o céu pode efetuar a libertação pela honradez").

Òrúnmìlà é a divindade oracular. Segundo as tradições orais, sua primeira vinda a este mundo ocorreu quando ele foi enviado por Olódùmarè para acompanhar e aconselhar Òrìṣàńlá em assuntos referentes à disposição dos atributos da Terra. Evidencia-se, nas tradições orais, que ele foi um dos primeiros a ser criado por Olódùmarè e que possuía o especial privilégio de conhecer as origens de muitas coisas, inclusive acerca das divindades e, é lógico, do ser humano.

Existem, ainda, outros mitos referentes à sua origem. Conta-se que seus pais viviam no céu e jamais visitaram esta terra – o nome de seu pai era Òrókò e o de sua mãe, Àlájẹrú. Em Ilé-Ifẹ́, acredita-se que seu pai viveu realmente naquela cidade. Em Òkè-Igẹ́tì[1], acredita-se que o nome dele era Àgbọ́nirẹ̀gún.[2]

Os yorùbá acreditam que a vinda de Òrúnmìlà ao mundo ocorreu quando Olódùmarè precisou colocar a Terra em ordem e supervisionar os assuntos referentes a gravidez, nascimentos, cuidados com as crianças, doenças, uso de ervas e desenvolvimento geral das coisas.

Segundo as fontes do Odù, quando este deixou o Ọ̀run, seu primeiro lugar de parada foi Usí, na terra de Ẹ̀kìtì. Contudo, Ele decidiu não

---

1. *Òkè-Igẹti* – é o nome de um bairo em Ile-Ifẹ́. Também é usado para designar o paraíso para o qual um bom homem devoto de Òrúnmìlà irá após a morte.
2. *Àgbọ́n Irẹgún* – é o nome usado como denominação adicional do próprio Òrúnmìlà. Àgbónirégún é outra forma de grafar o nome de Òrúnmìlà.

permanecer em Ùsì, apesar dos convites dos habitantes para que ficasse entre eles. Mal estabeleceu seu culto na cidade, mudou-se. Em seguida, instalou-se em Adó, onde repetiu o mesmo procedimento. O terceiro local por onde passou foi Ijèṣà-Ọbọ̀kun, em Iléṣà, onde igualmente resolveu não permanecer e repetiu o que fizera no primeiro e segundo locais. Quando chegou a Ilé-Ifẹ́, ficou satisfeito, pois havia achado um lar. Ali se estabeleceu, fazendo antes com que todos soubessem que ele pertencia "ao mundo inteiro" e que estaria disponível a qualquer tempo, em qualquer lugar onde fosse desejado ou chamado.

A saudação que lhe é feita nos leva a crer que ele ainda está intimamente ligado a Ọ̀wọ̀ e ao Benin: ele é chamado *Àrà Úsì, Àrà Adò, Ìèṣà-Ọbọ̀kun, Ará Ọ̀wọ̀, Àrà Ibìní,* ou seja, "nativo ou nascido em Usi, Adò", etc.

Não há dúvida de que Ọ̀rúnmìlà é cultuado na totalidade das terras yorùbá. Seu culto é encontrado em todos os lugares. Por isso, seus sacerdotes declaram que ele é um "rei universal." Essa declaração se substancia no fato de que o povo yorùbá tem uma fé implícita em Ọ̀rúnmìlà como divindade oracular.

Os yorùbá acreditam tradicionalmente que Olódùmarè dotou Ọ̀rúnmìlà de sabedoria especial e conhecimento do futuro, a fim de que ele pudesse ser o seu representante na Terra para assuntos referentes ao destino dos seres humanos. Apoiando essa crença, existe uma história que conta que o próprio Olódùmarè, certa vez, estava perplexo com referência a um assunto muito importante. Todas as outras divindades tentaram, mas falharam em dizer-lhe a razão de sua perplexidade. Só Ọ̀rúnmìlà teve sucesso em diagnosticar o motivo real do problema, qual seja Olódùmarè necessitava ter, na Terra, alguém que funcionasse como seu representante e a quem as divindades e os seres humanos pudessem recorrer para aconselhamento e orientação. Naquele local e momento, Olódùmarè fez de Ọ̀rúnmìlà seu representante, e, desde então, ele tem sido o "grande consultor" para todos na Terra. Obviamente, esta história é contada para realçar a importância de Ọ̀rúnmìlà, sem notar que ela diminui os atributos da suma sapiência de Olódùmarè.

As tradições orais evidenciam o "papel" de Ọ̀rúnmìlà na condução dos destinos das divindades e dos seres humanos. A razão para seu conhecimento profundo dos assuntos que afetam os destinos dos seres humanos é que ele está presente quando a criatura é criada e o seu destino, selado. Assim, ele conhece todos os segredos do ser humano e pode predizer o que virá a passar, ou prescrever remédios para qualquer eventualidade, modificando e melhorando os desígnios do destino do ser humano.

Ele é chamado de *Ẹlẹ̀ri-ipin* ("a testemunha ou advogado do destino"). Este nome advém do seu duplo papel: de testemunha de todos os segredos ligados ao ser humano e daquele a quem o homem pode recorrer para interceder junto a Olódùmarè em seu benefício. De forma que os acontecimentos infelizes possam ser evitados, retificados ou eliminados.

Na realidade, a razão pela qual um homem deve adotar Ọrúnmilà como sua divindade é assegurar-se de que a parte boa do seu destino seja preservada ou de que a parte má seja atenuada, ou mesmo, em algumas situações, totalmente destruída.

Outro dos seus títulos é *Òkòtìbírí, a-pa-ọjó-ikú-dà* ("o grande modificador que altera a data da morte").

Ao culto de Ọrúnmilà está ligada a forma de adivinhação geomântica conhecida como Ifá, muito popular entre os yorùbá, que são impacientemente curiosos no que diz respeito ao futuro ou aos resultados possíveis de um empreendimento. Eles encaram Ifá como uma "fonte segura e infalível de conforto e de respostas seguras aos seus questionamentos". Sua fé quanto a ele é completa. O motivo é que acreditam que Ọrúnmilà, como divindade oracular, é quem recebe, por meio dos sacerdotes, as perguntas e pedidos dos devotos que suplicam e buscam respostas. Porque é ele quem garante as revelações declaradas pelos sacerdotes.

Aparentemente, é impossível para um yorùbá, cuja alma permanece presa à sua crença tradicional, tentar fazer qualquer coisa sem uma consulta prévia ao oráculo de Ifá. Este costume sempre foi, através de toda a história yorùbá, uma condição *sine qua non* para a vida: antes do noivado, do casamento, do nascimento de uma criança, durante os sucessivos estágios da existência humana, antes da escolha de um rei, antes da posse de um chefe, antes que alguém seja nomeado para um cargo público, antes do início de uma viagem, em tempos de crise ou de doença, em todas e quaisquer circunstâncias, Ifá é consultado para se obter orientação e segurança. Como diz o ditado: *Òni l'a rí, a ó r'óla, ó nì Babaláwo se nd'ifá l'órõrún* ("É o dia de hoje que nós vemos, não vemos o amanhã; portanto, o Babaláwo consulta Ifá a cada quinto dia").[3]

Dizem que Ọrúnmilà é poliglota e que entende todos os idiomas falados na Terra. Assim, é fácil para ele compreender e aconselhar a todos.

O *corpus* da exposição oral ligado a Ifá contém as histórias da maior parte, se não da totalidade, das divindades. Por isso, diz-se que não há nada que Ọrúnmilà não saiba sobre elas. Além disso, contém muita matéria de conteúdo histórico aguardando uma cuidadosa investigação.

Acredita-se que Ọrúnmilà seja o "todo-poderoso" no que se refere a promover o sucesso e a felicidade. Abençoado é aquele a quem Ọrúnmilà concede seus favores. Os versos de *Ìwòrì-méji* incluem um trecho que diz:

---

[3]. Lembrar que a semana yorùbá, originalmente, era de quatro dias. A consulta era feita portanto, a cada início de semana.

YORÙBÁ	TRADUÇÃO
1 – *Ifá tẹ́'jù mọ́ mí ki ó wò mi 'ré:*	1 – Ifá, fixe seus olhos sobre mim e olhe-me bem:
2 – *Bi o bá tẹ́'jú mọ́'ni là l'ówó;*	2 – É quando fixa seus olhos sobre uma pessoa que ela fica rica;
3 – *Bi o bá tẹ́'jù mọ́ 'ni là 'ri 'ré.*	3 – É quando fixa seus olhos sobre uma pessoa que ela prospera.

Ifá tem a reputação de ser um "grande magista". Destarte, um Babaláwo não só necessita saber o modo de praticar a adivinhação como também precisa conhecer o complexo conjunto de remédios, de preparados com ervas que estão ligados ao *odù*. O Babaláwo diz que Ọsanyìn, a divindade da medicina, é o irmão mais jovem de Ifá, cuja idade ele suplanta em 1.460 anos!

As tradições orais mostram um relacionamento muito chegado entre Ọrúnmìlà e Òrìṣàńlá, seu irmão mais velho e seu líder. Nós ouvimos dizer que Ọrúnmìlà foi enviado para auxiliar Òrìṣàńlá, no que se refere aos problemas do mundo. Também ouvimos falar sobre o que ele fez a Atọwọ̀dà, quando este esmagou Òrìṣàńlá com uma pedra. Uma tradição oral diz que, embora Ọrúnmìlà gostasse muito de vinho de palma, abstinha-se de bebê-lo para agradar a Òrìṣàńlá. Conta-se que, certa vez, durante uma festa, Ọrúnmìlà desejava beber vinho de palma. Conforme o costume, ele tinha de comprar duas cabaças novas: uma para Òrìṣàńlá beber água e outra para que ele próprio bebesse o vinho de palma. A verdade é que Ọrúnmìlà não podia abster-se de vinho de palma durante muito tempo, pois tinha sido criado com esta bebida, como se ela fora o leite dos seios de sua mãe, e então declarou:

YORÙBÁ	TRADUÇÃO
1 – *Nwọ́n ò bi Ìyá mí ni'lé Ifọ́n;*[4]	1 – Minha mãe não nasceu em Ifọ́n;
2 – *Nwọ́n ò bi bàbá mí ni Èrìngbọ́n;*	2 – Meu pai não nasceu em Èrìngbọ́n,
3 – *N'nu ọpẹ̀*[5] *ni mo jẹ, n'nú ọpẹ̀ ni mo mú.*	3 – Da palmeira, eu como. Da palmeira, eu bebo.
4 – *Máríwò ọpẹ ni mo ti rin gbọ̀nrán-gbọ̀nrán wa 'nu aiye;*	4 – As frondes das palmeiras formaram a trilha reta, através da qual eu caminhei para o mundo;

---

4. *Ifọ̀n* é um importante centro do culto a Òrìṣàńlá. Popularmente conhecido no Brasil como Efon.

5. A palmeira está ligada ao culto de Ọrúnmílà, porque as suas nozes são utilizadas como instrumentos de adivinhação, o *ikin*.

5 – *Anú ba'nlà, ba'ti òrìṣà, ni mo ṣe*
6 – *Ti mí ò mú ẹmu.*

5 – É apenas pela compaixão, pelo venerável pai, o pai de todas as divindades
6 – Que eu me abstenho de beber vinho de palma.

Da mesma forma que Òrìṣàńlá[6] aprova a monogamia para os seus filhos, também é exigido que o Babaláwo seja marido de uma só mulher. Um *odù* diz que a monogamia foi determinada por Ọ̀rúnmìlà. Mas, aparentemente, ele não conseguiu atingir esse ideal. Isto significa dizer que alguns homens yorùbá possuem várias mulheres, porém este antigo costume yorùbá está em franco desaparecimento.

Com Ọ̀rúnmìlà, encontramos novamente outro elemento referente às exigências e sanções da moralidade na religião do povo yorùbá. Está determinado que um Babaláwo não deve, de forma alguma, abusar das prerrogativas de seu ofício. Caso o faça, jamais será recebido no Ọrun. Assim sendo, nenhum Babaláwo poderá utilizar de sua posição para explorar. Jamais poderá recusar seus serviços a alguém por falta de dinheiro. Caso uma pessoa seja tão pobre que não possa pagar o preço necessário pela adivinhação, o Babaláwo deverá adivinhar de graça. Caso a pessoa não possa custear o sacrifício prescrito, o Babaláwo terá de receber o que ela puder pagar e traduzir o desejado de forma a atender o determinado por Ifá.

Na realidade, alguns Babaláwo yorùbá cumprem um voto de pobreza, um voto de empregar suas energias em benefício da comunidade, obtendo apenas o suficiente para manter-se, já que o serviço a Ọ̀rúnmìlà é sua verdadeira recompensa.

O ojubọ[7] de Ọ̀rúnmìlà, geralmente, é dentro de casa. Seus símbolos consistem normalmente em coquinhos de dendezeiro (pelo menos 16), colocados em uma tigela ou prato com tampa, junto com alguns pedaços trabalhados de marfim e alguns búzios, e sobre uma elevação, em um canto no interior da casa.

O Babaláwo deve usar *Ìlẹ̀kẹ̀*[8] em torno dos pulsos e levar uma espécie de chicote de animais em uma das mãos e um bastão de adivinhação na outra, como insígnia de seu ofício.

A cerimônia de iniciação como Babaláwo ou devoto de Ọ̀rúnmìlà é realizada em um bosque sagrado, por um período aproximado de sete dias.

---

6. *Òrìṣàńlá* = Òṣàlà ou Ọ̀bátálá.
7. *Ojúbọ* = assentamento coletivo de uma entidade sobrenatural.
8. *Ìlẹ̀kẹ̀* = fios de contas nas cores verde e marrom ou verde e amarelo, de acordo com a localidade Yorùbá

Capítulo 4

Òrìṣà Ẹ̀là (Ọ̀rúnmìlà)

Òrìṣà masculino considerado do primeiro plano, chamado de "òrìṣà do dia".

Ẹ̀là e Ọ̀rúnmìlà vieram à Terra no mesmo dia, são amigos e oriundos da mesma cidade: Ifẹ́.

A mãe de Ẹ̀là se chama Owórògbò, e seu pai, Ọsin. À época, acreditaram que a reponsabilidade das mudanças dos dias da semana cabia a Ẹ̀là.

Ẹ̀là é tranqüilo e gosta de calma, por essa razão seu apelido é "*Ẹ̀lá kí bà igi òkò rọ*" ("aquele que descansa junto com as árvores").

Por ser um òrìṣà calmo, ele é inimigo de Èṣù. Assim, a comida de Ẹ̀là, Èṣù não come. Ẹ̀lá é tido como filho de Olódùmarè. Veste-se todo de branco e não incorpora, ou seja, não toma a cabeça de ninguém. Seu mês começa no fim de janeiro e se estende até o fim de fevereiro. Dezesseis dias após esse período, começa a festa de Ọ̀rúnmìlà.

Ẹ̀lá não come ẹjẹ de qualquer animal; prefere ovelha sem chifres.

Ẹ̀lá é o òrìṣà da nascente. Controla a passagem do dia para a noite. É empregado de Ọ̀rúnmìlà, porém, considera-se que tenha sido o próprio Olódùmarè quem o enviou a Ọ̀rúnmìlà. As obrigações de Ẹ̀là são entregues debaixo do pé do dendezeiro. O marfim é muito importante nas obrigações para ele, tanto que, quando uma coisa vai acontecer a uma pessoa, ele se quebra. Quando o marfim escurece, dizemos que ele pegou carga e, para limpá-lo, basta lavá-lo com água oxigenada ou água e sal grosso. Na festa de Ẹ̀là, usa-se um dente inteiro de elefante. Ẹ̀là é o òrìṣà cuja missão é consertar a Terra, o mundo, como um inimigo de Èṣù. Por essa razão, não se dá oferenda a Èṣù na frente de Ẹ̀là.

Na oferenda para Ẹ̀là, constam *éhìn erin* (dente de elefante), *ekun* (rato do mato), *ọsùn* (pó vermelho), *àgbò funfun* (carneiro branco) e *epo*, e o seu assentamento é feito em argila, com elementos da terra.

ÒRÌKI DE ẸLÀ (LOUVAÇÃO DE ẸLÀ)

YORÙBÁ
1 – *Ẹlà lá ọmọ bibi àgbọnmiregun*
2 – *Ẹlà àlátunse ilé aiyé.*
3 – *Ẹlà ọmọ ọsiní.*
4 – *Ẹlà èdá ti o tún orí ti kò sùnwọn.*
5 – *Ẹlà iwòrì so kò jẹ kí aiyé rà ṣuṣu.*
6 – *Nígbà tí aiyé Ọba Ifẹ dàrú,*
7 – *Ẹlà iwòrì lò bà tún aiyé rẹ ṣe.*
8 – *Ẹlá kí bà igi oko wó ewé.*

TRADUÇÃO
1 – Ẹlá, o próprio filho, o próprio Deus.
2 – Ẹlá, aquele que conserta a Terra.
3 – Ẹlá, o filho de Ọsin.
4 – Ẹlá, o ser humano que conserta a cabeça quando está com problema.
5 – Ẹlá, iwòrì não deixa a Terra ficar completamente escura.
6 – Quando a vida do rei de Ifẹ ficou problemática,
7 – Foi Ẹlá quem consertou a vida dele.
8 – Ẹlá é uma planta de muito poder e não cai (folha) junto com as outras plantas.

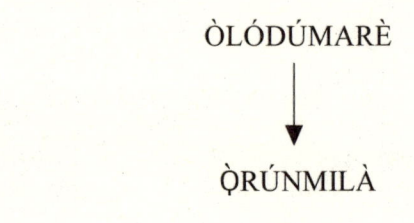

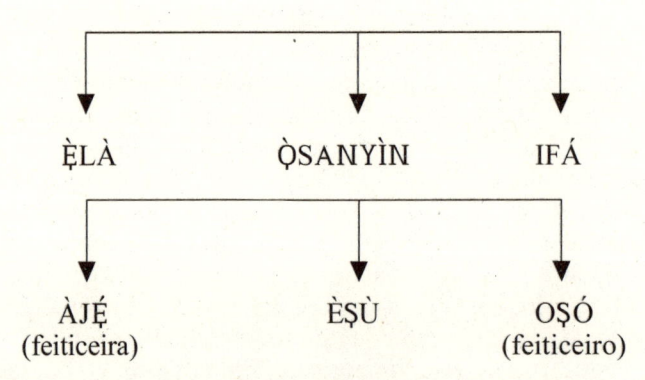

ÒLÓDÚMARÈ
↓
ỌRÚNMILÀ
↓
ẸLÀ — ÒSANYÌN — IFÁ
↓   ↓   ↓
ÀJẸ   ÈṢÙ   OṢÓ
(feiticeira)   (feiticeiro)

ÒLÓDÚMÁRÈ, ÈLÉDÙMÁRÈ, ỌLỌRÚN	= DEUS
ÒLÓ	= DONO
ÒRÚN	= DO CÉU
ÈLÉ/ÒLÚ/ÒNÍ	= ỌLỌRÚN
ÒLÓ/ODÙ/MÁRÈ	= DONO DO DESTINO MAIOR

Ifá e Òsanyìn são instrumentos de Òrúnmilà.

Èla foi um presente do reino dado a Òrúnmílà por Olódùmarè, òrìṣà do primeiro plano, que, na Nigéria, não incorpora.

Òsanyìn é òrìṣà de segundo plano que, na Nigéria, não incorpora.

Ifá é adivinhação. Odù é segredo do destino.

Àjẹ́ (feiticeira) e Oṣó (feiticeiro) são instrumentos de trabalho de Èṣù.

Capítulo 5

Saudações e Referências a Ifá Ìjúbà – Ifá (Invocação de Ifá)

Antes ou no início da consulta, o Babaláwo recita o *ìjúbà Ifá* para Èṣù, com a finalidade de agradá-lo e evitar interferências nas consultas.

Obs.: Não só para Èṣù, como para todas as divindades que poderão ajudar a consulta.

YORÙBÁ

1 – *Ọlọ́jọ́ òní mojúbà rẹ̀.*
2 – *Oludáyé mojúbà rẹ̀.*
3 – *Mojúbà Ọmọdé.*
4 – *Mojúbà Àgbà.*
5 – *Bi ekòló bá júbà ilẹ̀,*
6 – *Ilè a lanu.*
7 – *Kí Ibérè mí ṣẹ.*
8 – *Mojúbà àwọn àgbà mẹ́rìndínlógún.*
9 – *Mojúbà bàbá mí,*
10 – *Mo tún júbà àwọn Ìyá mí.*
11 – *Mojúbà Ọ̀rúnmìlà Ọ̀gbáiyè gbọ́rún,*
12 – *Ohun tí mo bá wí lójọ́ òní.*
13 – *Ko rí bẹ́ẹ̀ fún mí!*
14 – *Jọ́wọ́ má jẹ́ kí ọ̀nã mí di;*
15 – *Nítorí ọ̀nã kìí di mọ ọjọ́*

TRADUÇÃO

1 – O Senhor do dia de hoje, Sua bênção.
2 – Ó Criador da Terra, Sua bênção.
3 – Sua bênção, crianças.
4 – Suas bênçãos, ó, mais velhos.
5 – Se a minhoca pede alimentos à Terra.
6 – A Terra concederá.
7 – Que assim meu pedido seja concedido.
8 – Peço permissão aos 16 odù.
9 – Suas bênçãos, meus pais.
10 – Ainda peço permissão às minhas mães.
11 – Sua bênção, Ọ̀rúnmìlà, que vive no Céu e na Terra e,
12 – O que eu disser hoje,
13 – Assim seja para mim!
14 – Por favor, não permita que meu caminho seja fechado;
15 – Porque o caminho nunca é fechado para o dia.

16 – Ọ̀nà kìí dí mọ́ Ògún;
17 – Ohun ti a bá wi fún ọgba ngbà.
18 – Ti Ìlákọ́ṣẹ ní ṣẹ lawujo ìgbín;
19 – Ti ẹkẹ̀ṣẹ́ ní nṣẹ láwújó òwú.
20 – Ọ̀lọ́jọ́ òní kò gbá ọ̀rọ̀ mí yẹ̀wò.
21 – Iyẹ̀wò!
22 – Àṣẹ, Àṣẹ, Àṣẹ!

16 – O caminho não será fechado para a magia.
17 – Qualquer coisa que disser para Ògbà ele aceitará,
18 – O que Ìlákọ́ṣẹ diz é a última palavra.
19 – Assim como Ẹkẹṣẹ é o último da família do caramujo.
20 – Ó Senhor do dia de hoje, aceite minha palavra e verifique-a.
21 – Verifique-a!
22 – Assim seja, Assim seja, Assim seja.

SAUDAÇÃO INICIAL ANTES DE COMEÇAR A CONSULTA

YORÙBÁ
1 – Ifá o gbó.
2 – Ọmọ Eníré,
3 – Ọmọ Ẹ̀jọ̀ méjì
4 – Tí ì sáré ganranganran lórí ewé.
5 – Akéré f'inú ṣọ̀gbọ́n;
6 – Akọ́nilọ́ràn bi iyẹkan ẹni.
7 – Ìbà àkódá!
8 – Ìbà aṣẹ̀dá!
9 – Ọ̀lọ́jọ́ òní ìbà a rẹ̀ o!

TRADUÇÃO
1 – Ifá, ouça.
2 – Filho de Eníré (Oríkí de Ifá),
3 – Filho da cobra de duas cabeças,
4 – Aquele que corre rapidamente sobre as folhas.
5 – O pequeno que está cheio de sabedoria;
6 – Aquele que se solidariza conosco como se fosse da nossa família.
7 – Sua bênção, ó primeiro ser criado na Terra!
8 – Sua bênção, ó Criador!
9 – Ó Senhor do dia de hoje, sua bênção!

ỌGẸ̀DẸ̀ IFÁ

YORÙBÁ
1 – Ifá mo pè
2 – Ọ̀rúnmilà mo pé
3 – Ifá mo pè
4 – Ọ̀rúnmilà mo pé
5 – Ẹ̀lá mo pè ọmọ Òyígí
6 – Ọ̀rúnmilà mo pè
7 – Ẹ tẹ́tí kẹ gburé o aya

8 – Ẹ tẹ́tí kẹ gburé o aya
9 – Òlúpè npè rẹ́ iré o

TRADUÇÃO
1 – Ifá que chamo
2 – Chamo Ọ̀rúnmilà
3 – Chamo Ifá
4 – Convoco Ọ̀rúnmilà
5 – Invoco Ẹ̀là, Filho de Òyígí
6 – Chamo Ọ̀rúnmilà
7 – Escutem, para ouvir a bondade da esposa
8 – Esperem a sorte da mulher.
9 – Senhor, chamo a sorte

10 – Òlúpè npè ire Aya rè
11 – Àpèjẹ́ àpèjẹ́ o

12 – Àpè mú àpè mú o

13 – Àpè lajé àpè l'a aya
14 – Àpè ni gbogbo dú kìá

15 – Nínú odún yi o
16 – Àpè ni gbogbo dú kià
17 – Àpè ni gbogbo dú kià
18 – Nínú odún yi o
19 – Àpé ni gbogbo dú kià

20 – Kí o ní apáwísí lóní
21 – Kí o ní apáwísí lóní
22 – Kío wú ire a ni ṣe
23 – Kí o wú ire a ni ṣe
24 – Kí o ní wọ́nran nibi ojú ti
25 – Kí o ní wọnran nibi ojú ti nmọ́
26 – Kí o ní wọnran nibi ojú ti nmọ́
27 – Kí o wá gbọ́ ohùn àwa lóní o
28 – Kí o wá gbọ́ ohùn àwa lóní o
29 – O ò ye pa
30 – O ò párípá

10 – Senhor, chamo a sorte da mulher
11 – Chamo para conseguir o que comer
12 – Chamo para conseguir o que beber
13 – Chamo para ter dinheiro e mulher
14 – Chamo para ter todas as propriedades
15 – Neste ano
16 – Invoco-o para ter todos os bens
17 – Chamo-o para ter toda utilidade
18 – Neste ano
19 – Chamo-o para ter toda prosperidade
20 – Dê autorização nisto, hoje
21 – Dê autorização nisto, hoje
22 – Dê sorte nisto, hoje
23 – Dê sorte nisto, hoje
24 – Dê voz nisto, de manhã
25 – Dê voz nisto, de manhã
26 – Dê voz nisto, de manhã
27 – Venha ouvir nossa voz hoje
28 – Venha aceitar nosso desejo hoje
29 – Epa! (Exaltação de surpresa)
30 – É definitivo

ỌFỌ̀ Ifá

YORÙBÁ
1 – Àlákẹ́gún kí rígún yeri

2 – Ejinẹ akere ki ráiyé mú
3 – Bo tẹ̀lẹ́ arìnjìnà ki rójú rọ mọ́

4 – Rẹ tẹ̀lẹ́ ọjọ ni orò Ifá

5 – Jẹ́ ká rọ̀nã kà rọ̀nã
6 – Gbè tiwa gbà jẹ́ kà rọ̀nã, ka rọ̀nã ṣọ̀rọ
7 – Ara àwa, jẹ̀ rọ̀nã gbọ́ taiyé

TRADUÇÃO
1 – Àlákẹ́gún nunca foge de igún (urubu)
2 – Ejinẹ akere nunca segura a vida
3 – Se pisar no chão, ainda não terá tempo
4 – Ampare os filhos, hoje é dia de fundamento de Ifá
5 – Abra o caminho para nós
6 – Aceite nosso pedido, abra nosso caminho para falar.
7 – Falar a respeito de nós, a respeito do mundo,

Saudações e Referências a Ifá – Ìjúbà Ifá (Invocação de Ifá)

8 – *Ara àwa orúkọ òo lá pè*
9 – *Orúkọ Ifá la pè, mo baiyé pè Ifá*

10 – *Ẹ gbà mí o,*
11 – *Ẹ gbà mí là,*
12 – *Aiyé tótó o ẹ*
13 – *Dáríjì mí o,*
14 – *Ẹ̀yin mo pè,*
15 – *Ká ṣokírì Ifá ká ṣokírí Èṣù*
16 – *Èṣù Ọ̀nà, Èṣù abẹnugan, Èṣù orita*
17 – *Orúkọ gbogbo yin ni mo pè*
18 – *Lá pè pọ̀, e jẹ́ yẹ mí o*

19 – *Lórúkọ ẹ̀yin Ìyámí Òṣọ̀rọ̀ngà*
20 – *A tojú jẹ̀nu, a tọ̀kan jẹ̀dọ̀*
21 – *A tojú jẹ̀nu, a tọ̀kan jẹ̀dọ̀*
22 – *Ẹ jẹ́ o yẹ́ mí kálẹ́ o*

23 – *A tojú jẹ̀nu, a tọ̀kan jẹ̀dọ̀*
24 – *Ẹ jẹ́ yẹ mí kàlẹ́ o*

25 – *Ìyá mí Òṣọ̀rọ̀ngà, àṣẹ!*

8 – A respeito de nossa vida. É Ifá quem chamaremos
9 – Chamaremos Ifá. Eu chamo Ifá junto com todo mundo
10 – Receba-me
11 – Salve-me
12 – Grande mundo (humano)
13 – Perdoe-me
14 – Eu chamo por todos vocês
15 – Propague Ifá. Propagaremos Èṣù
16 – Èṣù do caminho, Èṣù da boca, Èṣù da encruzilhada.
17 – Eu chamo os nomes de todos vocês
18 – Chamamos juntos, permita que tudo seja bom para mim
19 – Em nome de minha mãe, Òṣóròngà
20 – Que come com os olhos
21 – Que come com os olhares
22 – Permita que seja bom para mim até o fim
23 – Aquela que come com os olhos
24 – Permita que seja bom para mim até o fim
25 – Minha mãe Òṣóròngà, assim seja!

I – ORÍKÍ DE ỌRÚNMÌLÀ

YORÙBÁ

1 – *Ọ̀rúnmìlà ki ó máà bẹ́si òun*
2 – *Bí ó bá fẹ́ẹ̀ gbà gbogbo àwọn nkan*
3 – *Bi eran àti ẹiyẹ*
4 – *Tí òun jẹ́ ti àiyé*
5 – *Pé òun o máà nòn ón lọ́wọ́*
6 – *Làti gbà padà fún láti ọwọ́ awọn ọmọ arà ilé*

TRADUÇÃO

1 – Ọ̀rúnmìlà deveria chamá-lo
2 – Se ele queria recuperar a todos e

3 – Cada um dos animais e das aves,
4 – Que tinha comido da Terra
5 – Ele (Èṣù) os assistia para
6 – Reavê-los das mãos da humanidade.

II – ORÍKÍ DE ỌRÚNMÍLÁ

YORÙBÁ

1 – *Ọ̀rúnmìlà ọmọ Òrókò.*
2 – *Ọmọ Alájerù.*
3 – *Ọmọ àdúgbò òkè Ìgẹ́tì.*
4 – *Ọmọ Àgbónnìrègún.*
5 – *Ará Ùṣì ara Èkìtì.*

TRADUÇÃO

1 – Ọ̀rúnmìlà filho de Òrókò.
2 – Filho de Alájerù.
3 – Filho da região da montanha Ìgẹ́tì.
4 – Título de Ọ̀rúnmìlà.
5 – Nativo da cidade de Ùṣì e da cidade de Èkìtì.

6 – *Ọmọ obòkun ará Ifẹ̀ọmọ omi.*
7 – *Ará Òwò ará odò Bíní.*
8 – *Rán àṣẹ l'ọ́wọ́ rẹ sí mí.*
9 – *Ìyá mí Kí Ìbùkun wá Láti owó re.*
10 – *Èmi tọrọ ibà l'ọ́wọ́ yín àṣẹ.*
11 – *Mo júbà atẹlẹ ọwọ́ rẹ.*
12 – *Àti èmi yio tọrọ l'ọ́wọ́ òrìṣà mí,*
13 – *Àlàáfià púpọ̀ fún gbogbo ènìyàn.*
14 – *Ìrókò Òlúwéré Ògiyán èléijú!*

6 – Filho das águas de Ifẹ́.
7 – Nativo da cidade de Òwò, às margens do Rio Bíní.
8 – Mande a força de suas mãos para mim.
9 – Minha mãe, que suas bênçãos venham pelas suas mãos.
10 – Eu peço bênção do poder de suas mãos.
11 – Meus respeitos às palmas de suas mãos.
12 – E eu pedirei nas mãos do meu òrìṣà.
13 – Muita paz para todas as pessoas.
14 – Ìrókò, senhor da suave bondade, árvore mais proeminente, no seio da floresta!

Reverência a Ọrúnmìlà

Reverência ao Senhor do Destino Supremo (Olódùmarè).
Reverência à Ọrúnmílá, pai e mestre de Ifá.
Reverência aos 401 caminhos de chão de terra batida, destinados a dar fuga aos inumeráveis espíritos de ancestrais que são venerados em uma casa.
Reverência à pessoa com uma faca ou espada na cinta.
Reverência ao desinformado.
Reverência aos modos de viver, aos quatro cantos do mundo.
Reverência ao adulto.
Reverência à criança.
Reverência à casa da Terra que tem a oportunidade e se recusa a assumir suas responsabilidades.
Reverência a ambos os tempos.
Reverência às palmas das mãos e aos pescoços.
Reverência às ruas, encruzilhadas, três fardas e outras roupas deixadas por um caçador depois de sua morte, no sol, as quais são, geralmente, expostas perto do portão da cidade.
Reverência ao estranho hoje.
Reverência à casa do espinho.
Reverência à tempestade de um dos espíritos venerados pelos yorùbá.
Reverência a Ọrúnmìlà, defensor, protetor e guardião da cabaça de pescoço longo e do pequeno bastão de ferro.

Reverência à Ọrúnmìlà e à realização do período de tempo presente, de modo que indique o tempo futuro como ajuda parcial e resposta.

Nós devemos saudar, considerar e admirar Ọrúnmìlà como nosso superior, pois, nas horas de aflição, angústia dos redemoinhos de vento, Ele é a resposta para os problemas.

Desde criança, temos de admitir como nosso superior o *bàbá* (ou seja, pai e mestre) para nos levantar, erguer-nos, tirar-nos do lugar escuro e perdido em que nos encontramos; como se fôssemos crianças, para nos dar frutas e folhas, para termos um modo de viver com saúde e sorte na velhice. Temos de fechar a ferida com objetos perfurantes para ganhar uma marca do que avonteceu no passado, tecer malhas ou panos para possuir, carregar e ocupar descendência de frutos carnais.

Reverência às crianças com descendências de frutos carnais, que estão relacionadas com a posição que ocupam na família à qual pertencem.

São pessoas veneráveis que caminham com passos brilhantes.

Proclamar as qualidades dessas pessoas declinando seus títulos pessoais e saudando-as com os títulos que possuem, relacionados à posição que ocupam na família à qual pertencem. Fazer roupas, assar pedaços de alguma coisa, saudar fontes e nascentes, havendo, porém, punição ou castigo para o consumo de dinheiro ou de gasto de despesas para outras coisas que não sejam tão-somente para o problema.

Saudar e cumprimentar o fazendeiro, fazer malhas, ou seja, roupas, e dar as primeiras frutas maduras, para não haver infelicidade.

Todo Bàbálórìṣà ou Ìyálórìṣà deve fazer saudações. Aquele fazendeiro, sendo ele uma pessoa caprichosa, deve pegar panos brancos e tecer roupas. Deve pegar fruto do coqueiro, em uma árvore, colocar dentro de uma cesta e saudar egún, com coisas brancas, para não ser barrado nem impedido nas suas caminhadas ao longo da jornada da vida.

Há longos tempos, Bàbálórìṣà ou Ìyálórìṣà colheram frutos de árvore e jogaram em um círculo, junto com um verme longo, encontrado geralmente nas águas de lugares úmidos. Dividindo o fruto em partes, eles vinham para o entendimento de outras pessoas ou coisas como estas: encontrar e dar nascimento ao povo necessitado; considerar e admitir como superior a casa sagrada. Nós devemos abrir a boca e, sob os cuidados de empurrá-los para a humanidade, concordar e consentir o que há para ser feito. Ou melhor, nascer de novo por ele, Bàbálórìṣà, ou ela, Ìyálórìṣà, que indica o tempo futuro; para jogar, cozinhar e tingir tecido e couro, deverá, inesperada e repentinamente, enxertar-se junto com os demais, para tornar-se velho. Para os longos tempos, deverá ler, para o entendimento dos outros, o que indica o tempo futuro de modo certo e adequado.

Deverá (o Bàbálórìṣà ou Ìyálórìṣà), com muito efeito, fazer malhas ou tingir em couro. Ele ou ela deve proclamar as qualidades de alguém em volta de um círculo. Admitir ele (o Bàbálórìṣà) como seu superior e deverá dividir em partes os pedaços dos frutos de uma árvore em volta de um círculo e ir batendo com alguma coisa dura que possuir, proclamando: "Ọrúnmílà é quem indica o tempo futuro. Ele é meu superior na Terra, pois conhece o molde do meu destino".

Àṣẹ! Assim seja!
Àṣẹ, Àṣẹ, Àṣẹ.

Capítulo 6

Ìjúbà Odù Mẹ̀rìndìnlógún
(Invocação aos Dezesseis Destinos)

YORÙBÁ
1 – *Eṣinsin a máà kobí imi wo Orì wọ ẹyin.*
2 – *Lò dà fodù mèrìndìlógún.*
3 – *Tó lógun ẹrú tó lóun ò lẹ́ni,*
4 – *Eṣinsin a máà korí imi wọin wọin.*
5 – *Lò dà foju mèrìndìlógún.*
6 – *Tó loji iwọfá to lóun ò lẹnia.*
7 – *Tó bá jé pé toun Ọ̀rúnmìlà.*
8 – *Odò a jẹ́kí wọ́n ba òun dọ̀.*
9 – *Ibití àgbàgbà bà ti dọjà si.*
10 – *Lẹiyẹ oko ti i nãà.*
11 – *Ibití ògẹ̀dẹ̀ bá ti fìdí balẹ̀ sí.*
12 – *Igbó ni í dà.*

TRADUÇÃO
1 – A Mosca costuma cumprimentar a Cabeça investindo em vocês.
2 – O uso da criação usa como base os 16 destinos Mães.
3 – Para que o Chefe do Carrego não seja apenas uma Pessoa,
4 – A Mosca, se impregna de sangue como o Òrìṣá.
5 – A destruição usa a criação em seus 16 caminhos-chaves.
6 – Para despertar o sistema de Ifá, que Ele não seja sua pessoa.
7 – Que chamará por Ele – Ọ̀rúnmìlà – o Céu dos meus sonhos.
8 – Rio, deixe-nos carregar a reverência a Ele (= IFÁ).
9 – O mais antigo ancestral cobre sua Cabeça de Branco.
10 – As aves do campo nos cobrem e purificam também.
11 – Antiga invocação, nascida do fundamento da criação da Terra.
12 – A floresta é seu reino da criação, da manifestação.

13 – *Ibití Ìrókò bá ti fìdí balẹ̀ si.*

13 – O nascimento de Ìrókò carrega o fundamento da criação do mundo; pois Ele é a árvore da vida, a sombra do Mundo.

14 – *Igbó nì í dà.*

14 – A floresta é o seu reino da criação, da manifestação.

15 – *Àwọ́n mẹ́rìndílógún ní ńfara wọ́n.*

15 – Os 16 caminhos-chaves raspam nesses corpos com a sorte.

16 – *Ire fihin wá iré tohun bọ̀.*

16 – A sorte corrigida traz a sorte que Ifá adora.

17 – *A jẹ́ rẹ́ ọlọná ọná.*

17 – Aquele que é o mentor, senhor dos caminhos e das direções.

"*Gbogbo akukó ki kọrin lóni nijẹ ti gẹgẹ banì ẹyin.*" ("Todos os galos que hoje cantam ainda ontem eram ovos.") Provérbio yorùbá.

Capítulo 7
Èjì Ogbè
Primeiro Odù dos Dezesseis Principais

1 – OWÓ ẸYỌ MÉRÌNDÍNLÓGÚN (Jogo de Búzios)

2 – KÁ DA OWÓ ẸYỌ MÉRÌNDÍNLÓGÚN (Caídas dos Búzios)
Um búzio aberto e 15 fechados.

3 – ÌWÀ ODÙ (Características do Odù)

Traição, choro por morte, humildade, paciência, vitórias financeiras. Não se deve praticar jogos a dinheiro. Tendência ao desmascaramento público. Magia maléfica. É um odù que representa o princípio e o fim.

4 – ẸSẸ̀ ODÙ (LENDAS BÁSICAS EXPLICATIVAS SOBRE OS CAMINHOS DO ODÙ)

5 – ODÙ ÈJÌ ỌGBÈ (o primeiro odù dos 16 principais)

Primeiro ẸSẸ̀ ÈJÌ ỌGBÈ (primeiro verso de Èjì Ogbè)
ẸSẸ̀ EKÍNÍ – primeira instância

YORÙBÁ	TRADUÇÃO
1 – Ẹ̀mi ò rójú apérémọpéte.	1 – Eu não tenho olhos para brigas/confusão.
2 – Ẹ̀mi ò rójú apérémọpéte.	2 – Eu não tenho olhos para brigas/confusão.
3 – Ẹ̀mi ò rójú apérémọpéte.	3 – Eu não tenho olhos para brigas/confusão.
4 – A dífá fún Ọ̀rúnmilà.	4 – Foi feito o jogo de Ifá para Ọ̀rúnmilà.
5 – Ifá n'sọ̀wò epò relé Ìláwẹ̀,	5 – Ifá está fazendo o comércio de dendê na cidade de Ìláwẹ̀.
6 – Gbogbo ará Ìlawẹ̀ niyí, ikà ni wọ́n,	6 – Todas as pessoas de Ìláwẹ̀ são cruéis.

7 – *Ìgbà Tí Òrúnmìlà rúbọ tán.*	7 – Quando Òrúnmìlà terminou de fazer as oferendas,
8 – *Ló bá múra, ó di ìlú Ìláwè,*	8 – Preparou-se, então, para entrar na cidade de Ìláwè.
9 – *Bí àwọn ará Ìláwè ti fojú kan Òrúnmìlà,*	9 – Quando as pessoas de Ìláwè viram Òrúnmìlà,
10 – *Ni nwọn bá dìde sí í, elòmírà'n mú gbọ̀ngbọ̀.*	10 – Levantaram-se contra ele; alguns pegaram paus.
11 – *Elòmíràá sì mú kùmọ̀.*	11 – Pegaram paus grandes.
12 – *Nwọ́n ló ku ibi tí Òrúnmìlà ó wọ̀*	12 – Disseram: "Aonde Òrúnmìlà vai agora?"
13 – *Ni Èṣù bá di atẹ́gùn*	13 – Aí, Èṣù virou vento
14 – *Ótè lé Òrúnmìlà,*	14 – E seguiu Òrúnmìlà,
15 – *Ó ní kí Òrúnmìlà ó má se bá wọn jà,*	15 – E disse à Òrúnmìlà para não brigar com eles,
16 – *Orin ni kí ó máà fí wọn kọ́.*	16 – Que (Òrúnmìlà) deve levar a vida cantando.
17 – *Ni Òrúnmìlà bá fí Ìyẹrẹ̀ ṣohun awo*	17 – Aí, Òrúnmìlà começou a cantar Orin awo
18 – *Ó ní ará Ìláwè:*	18 – E falou para o povo de Ìláwè:
19 – *"Mo rupọ ọ́.*	19 – "Eu carrego óleo de dendê.
20 – *Epò tí mo rù,*	20 – O óleo de dendê que carrego,
21 – *Ẹ mọ́ jẹ ó fọ́.*	21 – Não deixo espalhar.
22 – *Ará Ìláwè*	22 – Povo de Ìláwè
23 – *Mo rúpọ̀".*	23 – Eu carrego óleo".

Segundo ẸSẸ̀ ODÙ ÈJÌ ỌGBÈ (segundo verso do Odù Èjì Ọgbè)
ẸSẸ̀ ÈKÈJÌ – (segunda instância)

YORÙBÁ	TRADUÇÃO
1 – *Òrẹ́ ó gbẹlẹ̀ta,*	1 – O amigo atencioso da vizinhança,
2 – *Èléji lọ̀rẹ́ gbá.*	2 – Distribuidor da amizade.
3 – *A dífá fún Ṣóoròyè ọmọ Àṣáwòròkò.*	3 – Foi feito o jogo para Ṣóoròyè, filho de Aṣaworoko.
4 – *Nwọ́n ní ó rúbọ nitori Àjẹ́.*	4 – Disseram a ele que fizesse oferendas, porque Àjẹ́, as feiticeiras queriam ser agradadas.
5 – *Nwọ́n ni ó rẹku méjì òlúwéré*	5 – Disseram que ele oferendasse dois ratos ligeiros,
6 – *Kó rẹja méjì abiwẹ gbàdà,*	6 – Dois peixes abatidos no fundo do rio de águas traiçoeiras,
7 – *Obí adiè méjì abẹdo lùkẹ́lùkẹ́.*	7 – Dois *obi*, duas galinhas que ciscassem na beira do rio.

8 – Ęwúrę́ méji abàmú rędę̀rędę̀
9 – Gbogbo rę̀ náà ló rú
10 – Ìgbà ró rúbọ tán
11 – Láyé yę ę́ tan

12 – Ó wá bę̀rę sí yin àwọ́n awo rę̀

13 – Àwọ́n awo rę̀ nyin Ifá
14 – O ya ęnu kótó,

15 – Orin awo ló bọ sí lę́nu

16 – Ęsę tó mà,
17 – Ijo fá á
18 – Ó ni ó náà tó gę́gę́,
19 – Kifá ó sọlé dọja fáwó

20 – Ę̀ní ṣawó, mọ́ ṣagbe

21 – Témi ó sàn
22 – Ó wá tó gę́gę́
23 – Káyé ó yę mí wàyí o

24 – Èmi ṣawó mo ṣagbe

25 – Témi ó sàn

8 – Duas cabras bastante alertas,
9 – E tudo isso lhes foi oferecido,
10 – Os velhos também ofereceram.
11 – Oferendaram à Terra o que há de melhor
12 – E ele veio perguntar pelos seus fundamentos ao Senhor.
13 – Os fundamentos dele elogiam Ifá
14 – E ela, então, ficou satisfeita com a cabaça,
15 – Com as cantigas de fundamento dos que levaram para agradar e satisfazer.
16 – Eles esticaram as pernas,
17 – E, então, dançaram para Ifá.
18 – Ele disse que é assim mesmo,
19 – Que Ifá fala, na casa do feirante, ao vender coisas para o fundamento.
20 – O Senhor que sacramenta o fundamento e eu que esmolo, peço esmolas,
21 – Para que eu possa recompensá-lo.
22 – Ele vem justamente,
23 – Em toda a parte do mundo vivificar minha existência.
24 – Eu sacramento o segredo, eu exponho ao Sol,
25 – Para que eu possa premiá-lo.

Terceiro ĘSĘ̀ ODÙ Èjì ỌGBÈ (terceiro verso do Odù Èjì Ọgbè)
ĘSĘ̀ EKÉTÀ (terceira instância)

YORÙBÁ
1 – Ęrinlá ní nsunkún ibú
2 – Àgbàrá girì nìí sunkún ògbọ́n
3 – A difá fún Aládélọ́wọ̀ nifę́
4 – Nwọ́n ni ó káaki mọlę̀

5 – Ó jàre

TRADUÇÃO
1 – O elefante diz, chorando, na mata.
2 – A parede do poder é o choro do sábio.
3 – Foi feito o jogo para Àládélọ́wọ́ na cidade de Ifé.
4 – Eles disseram que cumprimentasse a Terra Ancestral,
5 – Por favor,

6 – Ẹbọ ní ó se
7 – Nwọ́n ni ó máà s'afá ẹni tí n'ṣààgún

8 – Kò sí náà ṣààgun bí ẹni ti n'ṣafá

9 – Ijó ni njó
10 – Ayọ̀ ní nyọ̀
11 – Ó nyín àwọ́n awo rẹ̀

12 – Àwọn awo rẹ̀ nyin Ifá

13 – Ó ni: Ìṣáwùrú kìí ráhùn omi

14 – Máríwò ọ̀pẹ̀ kìí ráhùn lọ́rún ọ̀pẹ̀

15 – Ifá mọ́ jẹ́ nráhùn ajé ntó lájé

16 – Ifá mọ́ jẹ́ nráhùn ọmọ ntó lọmọ

17 – Ifá mọ jẹ́ nráhùn ohun gbogbo ntó l'óhun gbogbo

18 – Ẹni òlú bí kìí ráhùn ohun gbogbo

19 – Ifá mọ́ jẹ̀ nráhùn ohun gbogbo ntó l'ohun gbogbo

6 – E ele fez a oferenda.
7 – Eles disseram que ele será desastrado ou grosseiro se a pessoa está suportando.
8 – Também não existe suporte se a pessoa for grosseira ou desastrada.
9 – Ele está dançando,
10 – Pois ele está feliz.
11 – Ele está elogiando os fundamentos dele
12 – E os fundamentos dele estão elogiando Ifá.
13 – Ele diz: o aspecto desigual não raciona água.
14 – A folha da palmeira do dendezeiro não é mesquinha com a palmeira do céu que suplica.
15 – Ifá é construção racionando a riqueza, mais do que a riqueza necessária.
16 – Ifá é construção racionando filhos, mais do que filhos necessários.
17 – Ifá é construção racionando todas as coisas, mais do que todas as coisas necessárias.
18 – A pessoa, senhora do nascimento, não é avarenta com todas as coisas.
19 – Ifá é construção racionando todas as coisas, mais do que todas as coisas necessárias.

Quarto ẸSẸ̀ ODÙ Èjì ỌGBÈ (quarto verso do Odù Èjì Ọgbè)
ẸSẸ̀ EKÉRIN – quarta instância

YORÙBÁ	TRADUÇÃO
1 – *Gbogbo orí àfín ewu*	1 – Toda cabeça é um palácio real perigoso.
2 – *Abuké ló r erù Òrìṣà máà sọ.*	2 – O aleijado usa o carrego do òrìṣà, habitualmente a se lamentar.
3 – *Làà làà gbàjã ló ti kó iṣẹ ẹ dé.*	3 – O sonho do comandante de guerra labuta para conquistar.
4 – *A dìfá fún Ọ̀rúnmìlà,*	4 – Foi feito o jogo de Ọ̀rúnmìlà,
5 – *Níjọ́ tí nilo rẹmu ọmọ Olódùmarè ṣọbìnrin;*	5 – No dia que estava indo conquistar a filha de Olódùmarè;
6 – *Èmí ọmọ Olódùmarè*	6 – Ver como vive a filha de Olódùmarè.
7 – *Ọmọ atẹ́ni, lẹ́gẹ́lẹ́gẹ́; forí ṣapeji.*	7 – Filha sem graça, de beleza tênue, superprotegida.
8 – *Ọ̀rúnmìlà gbọ́ rírú ẹbọ́ ó rú.*	8 – Ọ̀rúnmìlà, no vencimento do ato de fazer o sacrifício, oferendou.
9 – *Ó gbọ́ ìkáràrà, ẹbọ há fún ún.*	9 – Ele esgotou o pátio interior dando-lhe oferenda notória.
10 – *Ó ni: àṣẹ bẹ́ni ò bá bọ́.*	10 – Ele disse: "Sim, o poder não carrega a adoração".
11 – *Owó mbẹ́.*	11 – O dinheiro está suplicando.
12 – *Ni ọ̀ọ́tọ́ ni: owó mbẹ̀;*	12 – Na intimidade diz: "O dinheiro está suplicando".
13 – *Àṣẹ bẹ́ni ò bá bọ́.*	13 – Sim, o poder não carrega a adoração.
14 – *Aya mbẹ́.*	14 – A mulher (esposa) está suplicando.
15 – *Ni ọ̀ọ́tọ́ i, aya mbẹ́;*	15 – Na intimidade diz: "A mulher está suplicando".
16 – *Àṣẹ bẹnìí: ò bá bọ́.*	16 – Sim, o poder não carrega a adoração.
17 – *Ọmọ mbẹ́.*	17 – O filho está suplicando.
18 – *Ni ọ̀ọ́tọ́ ni: ọmọ mbẹ́;*	18 – Na intimidade diz: "O filho está suplicando".
19 – *Àṣẹ bẹnìí ò bá bọ́.*	19 – Sim, o poder não carrega a adoração.
20 – *Iré gbogbo mbẹ́: hihan inã, iré gbogbo mbẹ́.*	20 – Toda fortuna (sorte) está suplicando. Toda sorte está suplicando.

06 – ÒRÌṢÀ TI IDÁHÙN (ÒRÌṢÀ que responde)
Ọbátàlà, Ọ̀sun, Ògún, Ọ̀dẹ́, Abíkú, Ẽgúngún, Ṣàngó, Iyẹmọja

07 – ÀMÌ ODÙ – ORÚKO ODÙ (Impressão das marcas do ODÙ – Nome do ODÙ)

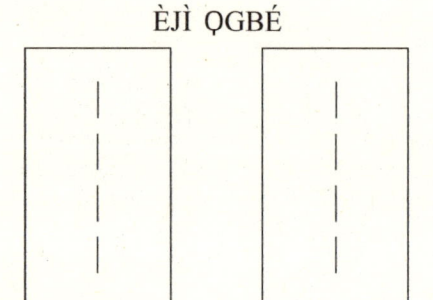

ÈJÌ ỌGBÉ

08 – ÒOGÙN (Magia)
Òògún iwòsan kúrò nínú ohun burúkú ni ọfọ yiwà fún (Magia para livrar a pessoa de maldade). Recitar o *ọfọ iwòsàn* junto com o *ẹbọ* indicado por Ifá.

09 – ÌDÍ (Finalidade)
Tem o objetivo de eliminar magia maléfica da vida de uma pessoa que, atingida por ela, sofreu aflições físicas. Esta magia traz novas oportunidades de trabalho e sorte.

10 – ÀWỌ́N OHUN ÈLÒ (Materia Necessário)
Iyèrọsun (pó de "Baphia nitida")
Ọṣẹ dúdú (sabão-da-costa)
Àṣo funfun (pano branco)
Igbá kékeré (cabaça pequena)
Kànrinkàn (bucha vegetal)

11 – ỌFỌ̀ ÒOGÙN (Encantamento da Magia)
Encantamento para marcar o lugar de nascimento
Àmì odù Ìwòrì-fún (impressão do odù Ìwòrì-fun)

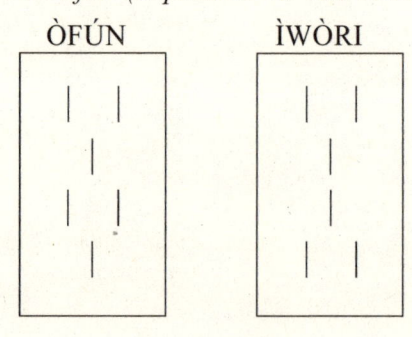

ÒFÚN   ÌWÒRI

ENCANTAMENTO
YORÙBÁ

1 – *Alágbára bi àgíjàn.*

2 – *Akoni inú Ifá!*

3 – *Akoni tí í sobi id' iré!*

4 – *Èlà oba òlú-ògbón*
5 – *Oba alápóo róto*

6 – *Èlà oba aláwìnín-in-rìnrìn-wìnkún*

7 – *Ifá-òlú-ògbón, iwo lò ní kí má roko!*

8 – *Èlà ìwo lò ní kí má má r'odò!*

9 – *Òlú-ògbón mo ní bí ò bá. Wá lo oko.*

10 – *Èlá, bí n ò 'yúndò?*

11 – *Ifá, mo ní kíni o wá máà jé?*

12 – *Òlúògbón ni "ebi kí í pa awónrínwón òn dalé!"*

13 – *Ebi kí ì pòni dosán!*

14 – *Ebi kì pa lárinká á d'óru!*

15 – *Mo ní Ifá, ó wá ti se, kí ntó lówó*

16 – *Ifá ní ewé rééréé ni: ó wí pé kí iré gbogbo ó máà ré mó mí*

TRADUÇÃO

1 – Poder nascido de assentamento humilde.

2 – Pessoa corajosa no interior de Ifá!

3 – Pessoa corajosa que é descendente do fundamento da fortuna!

4 – Èlà, rei e senhor da sabedoria.

5 – Rei do embornal, concebido de exercícios regulares e disciplinadores do mentiroso, do embusteiro (o *akapo Ifá*).

6 – Èlà, rei e senhor da sutileza, que caminha com admiração pelas partes das lendas.

7 – Ifá, senhor sábio, você usa o cumprimento habitualmente no campo!

8 – Èlà, você usa o cumprimento habitualmente ao chamar pelo rio!

9 – Senhor da sabedoria, eu tenho nascido, se não o carrego. Venho do campo austero.

10 – Èlà, nascido, não coabita da gravidez?

11 – Ifá, eu tenho o que ele vem habitualmente a ser?

12 – Senhor da sabedoria, "tem matado a fome dos que têm caminhado na criação da Terra".

13 – A fome não seduz a tarde nem complica!

14 – A fome não se mata na madrugada!

15 – Eu tenho Ifá, ele que vem fazer cumprimento suficiente com as mãos.

16 – Ifá tem a folha boa e diz, ele diz chamando e cumprimentando toda a fortuna. Ele costuma ser amigável, reconhecendo-me.

17 – *Ara gbogbo ni sefúnsefún fí í sefún.*
18 – *Ara gbogbo ni sósùnsósùn fí í sósùn.*
19 – *Ara gbogbo l'òòsá fí í eétú!*
20 – *Ifá, mo ní ó ti se kí ntó láya rere?*
21 – *Ifá ni: àkùko kì í w'óbìnrìn tì,*
22 – *Ògbó eyelé kì í s'apón,*
23 – *Máà-wá máà-wá kì í tán l'odo olójà!*
24 – *Mo ni ó ti se kí ntó l'áṣọ tuntun?*
25 – *Ifá ní komunkómo, e rojú kẹtó, ó bóso, ó rè tòré*

26 – *Áṣọ t'éjò da legbàágun owó.*

27 – *Èyi t'éjò da legbàágbón òlà;*

28 – *Ijó kan soso ní í bọ ó fùnle fólórun.*

29 – *Ifá, mo nì ó ti se, kí ntó, ó rí iré gbogbo?*

30 – *Tani ó máà fá gbogbo iré òhún wá bá mí?*
31 – *Ifá ní níní ni ó pé kínní iré gbogbo,*
32 – *Ilẹ kì í lanu únm p'òjó tí í fí í rò.*

33 – *Iré gbogbo ní ó máà rò wá bá mí.*

17 – Todo corpo tem desempenho em usar a educação.
18 – Todo corpo tem vigilância do sono, conservando-o.
19 – Todo corpo crê em Deus usando o pó medicinal!
20 – Ifá, eu tenho o que ele faz, mais do que o necessário, para ter uma boa esposa?
21 – Ifá diz: "O galo não é a vestimenta da mulher que a usa repetidamente",
22 – A ave exausta não é encantadora,
23 – Que habitualmente não vem se acabar na feira!
24 – Eu digo que tenho de fazer a roupa necessária e nova?
25 – Ifá tem refreado o olhar displicente que, por estranho que pareça, lava a roupa dele, induzindo o amigo a fazer o mesmo.
26 – Roupa da intriga, cria o desespero pelo dinheiro.
27 – Esta intriga cria uma pessoa irascível e desesperada pela honra;
28 – Assemelha-se a um obstinado, teimoso, tendo adorado voluntariamente.
29 – Ifá, eu sou o que faz, por estranho que pareça, vale toda a fortuna, a sorte?
30 – Quem, habitualmente, raspa toda a fortuna que possa me carregar?
31 – Ifá tem sobrepujado o chamado sobre toda a fortuna, toda sorte no
32 – Terreno que não é comiseração que se junta novamente à falência.
33 – Toda sorte, toda fortuna têm o costume de induzir o que me proporciona.

34 – *Èlà Òlúògbón, mo níní ó ti se b'ímo rere lòpòlópò súù.*

35 – *Ifá ní gbogbo obìnrin tí mo bá níní ó b'imo lópòlopò.*

36 – *Ifá Òlúògbón, mo ní àwon omo o mí ò ti se ní í kú?*

37 – *Ifá ní ilé ayó kí í pèdín.*

38 – *Gbogbo omo té alágbáyùn, bá kó r'Ògún ní í kó padà, á bó wálé!*

39 – *Ifá, mo ní àwón omo mí ó ti se di òpòlopò l'áyé?*

40 – *Ifá ní òpò súù, làá bá yanrin níbi gbogbo!*

41 – *Ifá, mo ní ó ti se kí ntó pe l'áyé?*

42 – *Ifá ní a sì rí kékéré igún;*

43 – *A kì í gbó Ikú ilé à fi bó gbó,*

44 – *Lógbólógbó n làá bàlé.*

45 – *Ifá, mo ní àwón omo wón ò ti se ní í parun l'áyé?*

46 – *Èlá ni: bíbá, làá bárú pérun, ni mòrun àikú.*

47 – *Bìbá làá bémilà laiso,*

48 – *Irú ejá kì í run,*

49 – *Irú eku kì í run,*

34 – Èlà, senhor da sabedoria, eu tenho de comemorar bem rapidamente com reflexão.

35 – Ifá tem várias filhas, que eu posso considerar o aniversário delas rapidamente.

36 – Ifá, senhor da sabedoria, eu tenho meus filhos e o que faço para que eles não morram?

37 – Ifá tem a casa feliz e não a casa debilitada.

38 – Todo filho partilha drenando a gravidez ao retornar à proteção ao chegar em casa!

39 – Ifá, eu tenho meus filhos. Eles transformarão (povoarão) rapidamente o mundo (a Terra)?

40 – Ifá tem a abundância previdentemente para repreender a indisposição para proveito de todos aqui!

41 – Ifá, eu tenho suprido e conservado o mundo?

42 – Ifá tem a abertura de ver o pequeno recanto;

43 – Aquele que ouve a morte na Terra, aquele que escuta,

44 – O jovem (inexperiente) de qualidade superior enternecido.

45 – Ifá, eu tenho filhos e eles não têm transformar o mundo?

46 – Èlá diz: carrega o nascimento, ocupando-se dos sonhos (da imaginação), como se mantém afastado do mundo, do mundo dos compadecidos (dos doentes).

47 – O carrego do nascimento assemelha à súplica em minha imaginação sem limites.

48 – O carrego do peixe não é induzido,

49 – O carrego do rato não é limitado,

50 – *Irú ẹiyẹ kì í run!*

50 – O carrego da ave não é endereçado!

51 – *Kìrù ènìyàn ó mámà run o*

51 – O cumprimento do carrego por alguém é habitualmente administrado.

52 – *Olọ́run ohun gbogbo gbà mí o*

52 – Senhor do duplo aspecto, me aceite!

11 – BÍ AṢẸ MAṢÉ (Modo de fazer)

Espalhar o iyẹ̀rọ̀sun no prato branco sobre ele, imprimir o odù Ìwòrì-fún, recitando o ọfọ ìwòsan. Em seguida, acrescentar o ọṣẹ dúdú, misturar bem, acondicionar em uma cabaça.

12 – BÍ AṢẸ MA LÒ (Modo de usar)

Colocar um pouco de ọṣẹ dúdú na bucha vegetal, tomar banho pela manhã em jejum, durante doze dias consecutivos. Jogue no mato a bucha vegetal usada.

13 – ỌJỌ́ TÓTỌ́ (dia propício)

Fazer às terças, quartas ou quintas-feiras.

14 – ÀSÌKÒ (Hora)

Entre 22h e 24h.

15 – ÒṢÙPÁ (Lua)

Crescente, Nova ou Cheia.

16 – IBI (LOCAL)

Para fazer: Ẹ̀gbẹ́.
Para usar: residência.

17 – ỌJỌ́ LÁTI LÒ (DIA DE USO)

Começar os banhos no dia seguinte ao preparo.

18 – ENI TÓ MÀṢE (Oficiante)

Bàbáláwó.

19 – OHUN TÍ KÒ GBỌ́DỌ̀ṢE (Resguardo)

Nenhum.

20 – ṢÉ ÀKÍYÈSÍ PÀTÀKÌ (Observação Importante):

1. Usar uma bucha vegetal para cada banho, despachando-a na mata após o uso.
2. Iyẹ̀rọ̀sùn pode ser substituído por folhas de Ìròkó ou de Gameleira-branca, secas e moídas.
3. Mulheres menstruadas não podem usar o ọṣẹ dúdú.

Capítulo 8

Òyẹ̀kú Méjì
Segundo Odù dos Dezesseis Principais

1 – ỌWỌ̀ ẸYỌ MẸ́RÌNDÍNLÓGÚN (Jogo de Búzios)

2 – KA DA OWO ẸYỌ MẸ́RÌNDÍNLÓGÚN (Caídas dos Búzios)
Dois búzios abertos e 14 búzios fechados.

3 – ÌWÀ ODÙ (Característica do Odù)
A plenitude. Perseguição judicial. Longevidade. Renascimento. Problemas familiares. Ascensão social. Males desaparecendo. Surgimento da morte controlada pelo pano vermelho e descoberta de novas doenças.

4 – ẸSẸ̀ ODÙ (Lendas básicas explicativas sobre os caminhos do Odù

5 – ODÙ ÒYẸ̀KÚ MÉJÌ (Segundo Odù dos 16 Principais). Primeiro ẸSẸ̀ ÒYẸ̀KÚ MÉJÌ (Primeiro Verso de ÒYẸ̀KÚ MÉJÌ). ẸSẸ̀ ÈKÍNÍ – (Primeira instância).

YORÙBÁ	TRADUÇÃO
1 – *Ìwọ kò fun àse.*	1 – Você não deu licença.
2 – *Èmi kò fun àse.*	2 – Eu não dei licença.
3 – *Òyẹ̀kú sese nláà bọ l'okè.*	3 – Òyẹ̀kú Mèjì acabou de aparecer em cima.
4 – *Nwọ́n ṣe bójúmọ́ ni nmọ́.*	4 – Eles acham que está começando a amanhecer.
5 – *Adífá fún Èjì Ọyẹ̀.*	5 – Foi feito o jogo para Èjì Ọyẹ.
6 – *Ti ó tojú ọrun la wáyé bi ọbẹ rékẹ.*	6 – O que do Céu veio para a Terra como uma luz, uma visão.
7 – *Njé ọwọ̀ lo bá nwù mí ò,*	7 – Então, se é dinheiro que eu quero.

8 – *Mo wí:*
9 – *Èjì ogbè.*
10 – *Ifá ni o yere tèmi fémi.*
11 – *Aya ló nwú mí ò,*
12 – *Mo wí:*
13 – *Èjì òyè.*
14 – *Ifá ni ó yere témí fémi.*

15 – *Ilé lo da awú mí ò.*
16 – *Mo wí:*
17 – *Èjì òyę.*
18 – *Ifá ni ó yere tèmi fémi.*

19 – *Gbogbo iré to ba wú mí o,*
20 – *Mo wí:*
21 – *Èjì òyè.*
22 – *Ifá ni ó yere tèmi fémi.*

8 – Eu falo:
9 – *Èjì Ogbè.*
10 – É Ifá quem vai me conduzir para as boas coisas.
11 – Se é esposa que eu quero,
12 – Eu falo:
13 – *Èjì Òyę.*
14 – É Ifá quem vai trazer essas boas coisas para mim.
15 – Se é casa que eu quero,
16 – Eu falo:
17 – *Èjì Òyę.*
18 – É Ifá quem vai trazer essas boas coisas para mim.
19 – Toda sorte que eu desejo.
20 – Eu falo:
21 – *Èjì Òyę.*
22 – É Ifá quem vai trazer essas boas coisas para mim.

Segundo ĘSĘ̀ ODÙ ÒYĘ̀KÚ MÉJÌ – (segundo verso de ODÙ ÒYĘ̀KÚ MÉJÌ).

ĘSĘ̀ ÈKÉJÍ – (segunda instância).

YORÙBÁ
1 – *Èéfin nì ìyí inà.*
2 – *Mònàmònà ni ìyí òjò.*
3 – *Aşo nlá ni ìyí Ẽgún.*

4 – *Adífá fún ofafa,*

5 – *Ti Işę omo olólá Igbá Òwùrò.*
6 – *A ni kí rú ębo ojójò,*

7 – *Òbúkó kan, égbàfà àti àşó dúdú kan.*
8 – *Nígbàti ofafa to àwón Babaláwo lo,*
9 – *Ti nwón sí so fún pé ki ó rú ębo;*
10 – *Nitori aìsàn nlá kan.*
11 – *Ofafa gbó ębo kò si rú ębo na.*

TRADUÇÃO
1 – A fumaça que é a glória do fogo.
2 – O raio que é a glória da chuva.
3 – Roupa grande (comprida) que é a glória de Ẽgún.
4 – Permita que se faça o jogo de Ifá para o urso.
5 – Que é filho do dono de riquezas até o dia de amanhã.
6 – Falamos para ele fazer o ębo para não adoecer,
7 – Com um cabrito, 12 mil búzios e um pano preto.
8 – Quando *Ofafa* (urso) procurou os Babaláwo,
9 – É que eles falaram para *Ofafa* fazer o ębo,
10 – Por causa de uma grande doença.
11 – Ofafa soube do ębo mas não o fez.

12 – *Ṣùgbọ́n kò pẹ̀ lẹ́hìn na aìsàn bẹrẹ ṣiṣe ọfafa,*
13 – *Ó fẹ́ rẹ́ kù.*
14 – *Nigbàna ní í tún tó àwọ́n Babaláwo lo,*
15 – *Nwọ́n sí tun sọ fún pé a fí bí ó ba lè ṣe ẹbọ,*
16 – *Ti àwọ́n ti sọ fún pé ki ó ṣe ni ilọpọ méjì-méjì.*
17 – *Ọfafa sẹ̀sẹ̀ wá rú ẹbọ yí,*
18 – *Nwọ́n sí so fún pé,*
19 – *Bi àisàn na ti ṣe to yí.*
20 – *Nwọ́n ni yio ni óhùn,*
21 – *À ti pé kò si igi ti yio fí Ọwọ́ rẹ̀ lè,*
22 – *Ti kò ni lè gún dé orí,*
23 – *Ifá ni ẹnikán gbàjùmọ́ ni èyí ki ó rúbọ.*
24 – *Kí àisàn kà ba ṣe tó bẹ́,*
25 – *Ti yio fí tá ilé àti ọ̀nà rẹ̀ tàn,*
26 – *Kí aisàn na tó sàn;*
27 – *À ti pé,*
28 – *Kí àisàn náà bá ti ṣẹnìn òdí.*

12 – Mas não demorou muito, logo depois, Ọfafa ficou doente.
13 – Ele quase morreu.
14 – E daí, ele voltou aos Babaláwo,
15 – E eles falaram que somente quando ele fizesse o ẹbọ,
16 – Que eles já haviam falado para ele que ele, agora, tem de fazê-lo em dobro.
17 – Agora que Ọfafa fez o ẹbọ,
18 – E falaram para ele que
19 – Como esta doença é tão grande assim,
20 – Disseram que ele vai ter voz ativa e comandar.
21 – Isto é, que iria continuar a recuperar sua glória,
22 – E que também não haverá qualquer árvore em que ele ponha a mão,
23 – Que ele não consiga chegar até o topo.
24 – Ifá disse que este é famoso e tem de fazer ẹbọ,
25 – Para que a doença não o pegue tanto,
26 – Até o ponto de vender a sua casa e os seus caminhos;
27 – Antes que a doença seja incurável,
28 – E também para que essa doença não o deixe sem saída.

6 – **ÒRÌṢÀ TÍ IDÁHÙN** (ÒRÌṢÀ Que responde)
Odùdùwà, Ọ̀sanyín, Èṣù, Ajé, Ọlọ́kun, Ọbá, Ṣàngó, Ìbéjí, Ògún.

7 – **ÀMÌ ODÙ** – ORÚKO ODÙ (Impressão das marcas do Odù – Nome do Odù)

Òyèkù Méjì

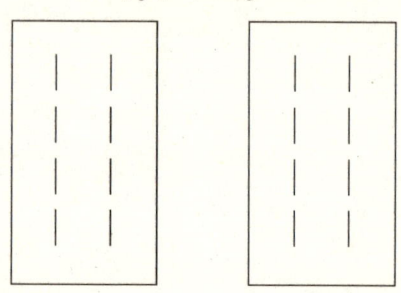

7 – ÒOGÙN ARÌNÀ KÓRÉ (Magia para o bom encaminhamento)
Recitar o Ọfọ̀ Òtúrá-gbè junto com o ẹbọ indicado por Ifá.

8 – ÍDÍ (Finalidade)
Eliminar os males da vida de uma pessoa, propiciar coisas boas, realização pessoal por meio de sonhos premonitórios.

9 – ÀWỌN OHUN ÈLÒ (Material Necessário)
Àmì odù òtúrà-gbé – impressão do odù òtúrà-Ogbé.

Ogbé   Òtúrà

– Kòròfo eyin adiẹ (casca de ovo de galinha)

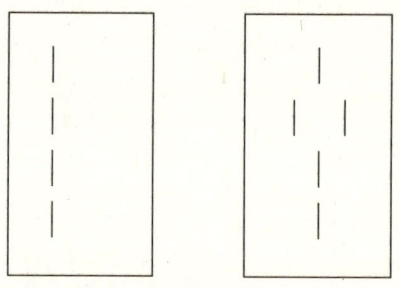

– Ọṣẹ dúdú (sabão-da-costa) (50 gramas)
– Ìgbà ewé òkikà (200 folhas de cajá), *Spondias monbin*, frescas
– Kànrìkàn (bucha vegetal)
– Bacia pequena de ágata
– Ìkòkò olomori (pote de barro com tampa)
– Ọsun

10 – ỌFỌ̀ ÒOGÙN (Encantamento do Odù Òtùrà-Gbè)
YORÙBÀ

1 – *Àwọn agbélé-riré Ògún,*

2 – *Àrìnnà-kóré ọgbọ̀n*

TRADUÇÃO
1 – Eles ficaram em casa e encontraram 20 sortes,
2 – Caminharam e encontraram 30 sortes.

3 – *Pé kí á ní ma kòórè àdọ́ta*

4 – *Àwọ́n ni wọ́n pade Òṣó Mọja nílé Aké*

5 – *Wọ́n pade Àkàrà lẹ̀ ni ti kògbò-kògbò*

6 – *Wọ́n pàdé omidan adétòrò òkìkí maje málé!*

7 – *Wọ́n Nífá ki lẹ̀ẹ̀ dá ké tó tilé wá?*

8 – *Wọ́n ni ọtúá-orífá ni!*

9 – *Wọ́n ni ọtúá-orífá ni ó fá iré tèmi ba mí*

10 – *Fá à ni ti ọtúá-orífá*

11 – *Bọ́kán bá yọ wá, a jánà*

12 – *Gẹrẹgẹrẹ, Ifá nwá mì í bọ̀!*

13 – *Gẹrẹgẹrẹ!*

14 – *Gbànán bá fá wá a jánà*

15 – *Gẹrẹgẹrẹ, Ifá nwá mì í bọ̀!*

16 – *Gẹrẹgẹrẹ!*

17 – *Ajé ṣalugá máà jẹ́kí nwá ọ kọ́ o tó dé!*

18 – *Pòròpòrò lèwé òkika á bọ loko*

19 – *Pòròpòrò!*

20 – *Gbogbo iré máà jẹ́kí nwá ọ kọ́ o tó dé!*

21 – *Pòròpòrò lèwẹ̀w òkikà á bọ́ loko o!*

22 – *Pòròpòrò!*

3 – Rapidamente, assim, foi que eu encontrei 50 sortes.

4 – Foram eles que encontraram Òṣó Mọja na casa de Aké (Egba Alake Reino do Ọba de Abẹokuta).

5 – Eles encontraram Árákàlẹ̀ de forma fácil, fácil.

6 – Encontraram a moça Adetoro? A fama trouxe Ajé para conhecer a casa!

7 – Perguntaram que tipo de jogo de Ifá vocês fizeram de sair de casa antes?

8 – Disseram que era Òtúá-Orifá (Òtúnwà-orífá)

9 – Que Ọtúá-Orífá é que vai trazer a sorte para mim.

10 – Atrair a sorte é propriedade de Ọtúá-Orífá.

11 – Se Bọ́kan (Combretum Micranthum) aparecer, você vencerá as dificuldades.

12 – Lentamente a sorte está me procurando (visitando).

13 – Lentamente!

14 – Se a parede vier a atravessar o caminho, eu passarei através dela, não será obstáculo.

15 – Lentamente a sorte está me visitando.

16 – Lentamente!

17 – Ajé Ṣalugá (Deus da Riqueza), não espere que eu o procure; antes, venha até mim. (Ajé, venha mesmo antes de eu pedir).

18 – Tão depressa como a folha de Okika, que cai no chão da fazenda.

19 – Rapidamente!

20 – Toda a sorte venha logo, não espere que eu a procure.

21 – Tão depressa, assim como a folha de Òkikà, que cai no chão.

22 – Rapidamente.

11 – BÍ AṢẸ MA LO (modo de fazer)
Moer as cascas dos ovos e torrar. Imprimir o odù Ọtúá-gbé sobre o pó de cascas de ovos, sobre o ọsun e no ọṣẹ dúdú. Misturar na bacia de ágata do ọṣẹ dúdú as folhas de cajá maceradas e o pó de cascas de ovos. Imprimir o odù Ọtúá-gbé, cobrir com o ọsun e tornar a misturar. Acondicionar no pote de barro.

12 – BI AṢẸ MA ṢÉ (modo de usar)
Espalhar um pouco de ọṣẹ dúdú na bucha vegetal para tomar banho em jejum durante 14 dias intercalados.

13 – ỌJỌ́ TÓTỌ́ (dia propício)
Terças ou quintas-feiras.

14 – ÀSÌKÒ (Hora)
Preferenncialmente no horário noturno.

15 – ÒṢÙPA (Lua)
Crescente ou Cheia.

16 – IBI (Local)
Para fazer: Ẹ̀gbẹ́.
Para usar: residência.

17 – ỌJỌ́ LÁTI LÒ (Dia para uso)
Primeiro dia de Lua Crescente ou Cheia.

18 – ENI TÓ MA SÉ (Oficiante)
Babaláwo.

19 – OHUN TÍ KÒ GBỌ̀DỌ̀ṢE (Resguardo)
Nenhum.

20 – SE ÀKÍYÈSÍ PÀTÀKÀ (Observação importante)
1. Usar uma bucha vegetal ou palha da Costa nova para cada banho.
2. Mulheres menstruadas não podem usar o ọṣẹ dúdú.

Capítulo 9

Ìwòrì Méjì
Terceiro Odù dos Dezesseis Principais

1 – ỌWỌ́ ẸYỌ MẸ́RÌNDÍNLÓGÚN (Jogo de Búzios)

2 – KÁ DA OWO ẸYỌ MẸ́RÌNDÍNLÓGÚN (Caídas dos Búzios)
Três búzios abertos e 13 fechados.

3 – ÌWÀ ODÙ (Característica do Odù)
Inimigos por perto. Outras pessoas tentam tirar herança. Instabilidade no casamento. Chantagem. Vítima de roubo. Morte.

4 – ẸSẸ̀ ODÙ (Lendas Básicas Explicativas sobre os Caminhos do Odù)

5 – ODÙ ÌWÒRÌ MÉJÌ

ẸSẸ̀ ODÙ ÌWÒRÌ MÉJÌ: (primeiro verso do ODÙ ÌWÒRÌ MÉJÌ)

ẸSẸ̀ EKÍNÍ – (primeira instância)

YORÙBÁ	TRADUÇÃO
1 – *Apa nì gbókó tàn inà oṣo;*	1 – *Apa* que vive na fazenda, acendendo o fogo de Oṣo (Apa = árvore assustadora, seca);
2 – *Oruru nì wẹ̀wù ẹjẹ kanlẹ̀;*	2 – É *Oruru* (pássaro) que veste roupa de sangue na parte da Terra;
3 – *Ilẹ̀ nì mọ tẹtẹ̀ẹ̀tẹ̀;*	3 – É a Terra que pisei, pisei, pisei;
4 – *Kí ntó topọ́n.*	4 – Que antes pisei (marquei, imprimi) na tábua de Ifá (Òpón).
5 – *Ẹ̀pẹ̀ tẹ̀ẹ̀rẹ̀ ereke,*	5 – Palmeira estreita de Ereke (cidade do antigo reino de Ọyọ),
6 – *Nì yàsí yá búki mẹ̀rìndílógún,*	6 – Que possui 16 fortalezas,

7 – *Adífá fún Ọ̀rúnmìlà.*

8 – *Nwọ́n ni bàbá ó ní bimọ sótù Ifẹ̀ yí.*

9 – *Mo gbó titi,*
10 – *Mo rín wọ́n, rín wọ́n,*
11 – *Ìgbàti ó kọ́ọ́ bi.*

12 – *Ò bí ọmọ-ni-mo-bí-tan, ní-mo-fí-nṣara.*

13 – *Òun nì nwọ́n fí joyè alara.*

14 – *Igbatí ó tún bí,*

15 – *Òun ni nwọ́n fí joyè Àjẹ́ro.*

16 – *Ó bí ọran ọmọ tajoro.*

17 – *Igbatí ó tún bí,*

18 – *Ó bí ọmọ ni-mọ̀-bí-tan, ni-mo-funfun-lara-gbẹ́rúgbẹ́rú;*

19 – *Òun ni nwọ́n fí joyè Olóyèmoyin.*

20 – *Igbati ó tún ùn bí.*

21 – *Ó bí ọmọ-ni-mo-bí-tán, ni-mo-kẹgikẹgi.*

22 – *Òun ni nwọ́n fí joyè Alakẹgi.*
23 – *Igbati ó tún bí.*

7 – Onde foi feito o jogo para Ọ̀rúnmìlà (por Òṣó).

8 – Eles estão dizendo ao Pai (Ọ̀rúnmìlà) que ele não teria filhos nesta cidade de Ifé.

9 – Eu ouvi tanto,
10 – Eu ri tanto deles, ri tanto,
11 – Quando nasceu o primeiro filho do velho (Ọ̀rúnmìlà).

12 – Ele nasceu e foi chamado por "filho de uma parte da cidade de Ara".

13 – Ele foi empossado por eles com o título de Alara (senhor do corpo).

14 – Quando nasceu outro filho dele de novo,

15 – Que recebeu deles título de "Àjẹ́ro" (feiticeira de confirmação da verdade na cidade de Àjẹ́ro).

16 – Ele nasceu e chamou-se, ao nascer, "filho tão desejado" (tão querido); no caso, "filho que pensamos juntos".

17 – Quando nasceu outro filho do ancião (Ọ̀rúnmìlà),

18 – Ele nasceu e foi chamado de "filho que acabou de nascer, e o corpo do pai ficou tão branco, tão branco (ficou velho e cansado)".

19 – Ele recebeu deles o título de Òlóyèmoyin (Senhor da vida doce).

20 – Quando nasceu de novo outro filho.

21 – Ele nasceu e foi chamado de "filho que acabou de nascer cortando árvores".

22 – Ele recebeu deles o título de Alakẹgi (o cortador de árvores).

23 – Quando nasceu de novo outro filho do ancião (Ọ̀rúnmìlà),

24 – *Ó bí ọmọ-ni-mo-bí-tán, ni-mo-nkẹgi-tà-lọja-Èjìgbòmẹkun.*

25 – *Òun ninwọn fi joyè óntàgi ólèlé.*

26 – *Igbati ó tún bí.*

27 – *Ó bi ọmọ-ni-mo-bí-tán, ni-mo-nfẹ́lù-tà-lọ́jà-Èjìgbòmẹkun.*

28 – *Nwọ́n mú ùn, nwọ́n fí joyè Èléjéjùmópé.*

29 – *Igbati ó tún bí.*

30 – *Ó bí Igbati mo-bimọ-tán-ni-ọran-mí-tó-gún-gẹ́gẹ́.*

31 – *Òun ni nwọ́n fí joyè òwàràngùn-aga.*

32 – *Igbati ó tún bi.*

33 – *Ó bí Igbati-mo-bimọ̀-tán, ni-wọn-nfówọ̀-ọmọ-mí wò mí.*

34 – *Òun nwọn fi joyè òlówò lótù Ifẹ́.*

35 – *Ọ̀rúnmìlà wá dájò ọdún.*

36 – *Ó sọ fún gbogbo àwọn ọmọ rè méjò,*

37 – *Ọ̀jọ́ ọdún wá péè,*

38 – *Ọ̀rúnmìlà sọdun, ó sọdun kọ́.*

24 – Ele nasceu e foi chamado de "filho que acabou de nascer cortando árvores para vender a lenha no mercado de Èjìgbòmẹkun".

25 – Ele recebeu deles o título de "ó ntá igi ò lèlé" (aquele que corta árvores para fazer casas).

26 – Quando nasceu de novo outro filho do ancião (Ọ̀rúnmìlà),

27 – Ele nasceu e foi chamado de "filho que acabou de nascer e começou a vender pó corante (vermelho) no mercado de Èjigbòmekun".

28 – Pegaram-no e fizeram-no "senhor do título de Èléjéjùmópé".

29 – Quando nasceu, de novo, outro filho do ancião (Ọ̀rúnmìlà),

30 – Ele nasceu e foi chamado de "filho que acabou de nascer e os problemas se resolveram".

31 – Ele foi recebido por eles com o título "Òwáràngún-aga" (aquele que se assenta bem no trono).

32 – Quando nasceu, de novo, outro filho do ancião (Ọ̀rúnmìlà),

33 – Quando ele nasceu, foi proclamado como o "filho que ao nascer foi logo respeitado".

34 – Ele foi chamado por eles pelo título de "Òlówò", em uma localidade na cidade de Ifẹ́ (*lótù*, uso de uma parte).

35 – Ọ̀rúnmìlà marcou a data da festa anual que ele desejava fazer.

36 – Ele (Ọ̀rúnmìlà) falou para todos os oito filhos dele,

37 – Que no dia da festa anual veio chamá-los,

38 – Ọ̀rúnmìlà falou na festa anual, ele discursou na festa,

39 – *Olówò náà sọdún, ó náà sọdún kó.*

40 – *Ọrúnmìlà fá ọsun ide lówó.*

41 – *Òlówò náà fá ọsùn idẹ lọ́wọ́.*

42 – *Ọrúnmìlà bọ̀ sálúbátà idẹ.*

43 – *Òlówò náà bọ̀ sálúbátà idẹ.*

44 – *Ọrúnmìlà dádé.*
45 – *Òlówò náà dádé.*
46 – *Ọmọ-ni-mo-bí-tan, ni mo-fí-nṣara;*

47 – *Ti wọ́n fi joyè alara dé.*

48 – *Ó ni àborúbọ̀yè bọ̀ṣiṣẹ,*

49 – *Ọran ọmọ tàjòrò,*

50 – *Tinwọ́n-fí-joyè-Ajero dé.*

51 – *O ni àborúbọ̀yè bọ̀ ṣisẹ.*

52 – *Ọmọ-ni-mo-bí-tán, ni-mo-funfun-lara-gbérúgbérú,*

53 – *Ti nwọ́n fi joyè Òlóyèmọyin dé.*

54 – *Ó ni àborúbọ̀yè bọ̀ṣiṣẹ.*

39 – Òlówò também falou na festa anual, ele também discursou na festa.

40 – Ọrúnmìlà raspou *ọsun*, nas pulseiras, nos pulsos.

41 – Òlówò também raspou *ọsun* nas pulseiras, nos pulsos.

42 – Ọrúnmìlà adorou o cajado de prata.

43 – Òlówò também adorou o cajado de prata.

44 – Ọrúnmìlà usou uma coroa.
45 – Òlówò também usou uma coroa.
46 – O filho disse: "Eu fui bem nascido". Disse ele: "Eu estou usando um cajado,

47 – Que recebi deles, o título de o senhor do corpo chegou, dono do título de Arasebo (o corpo trabalha a oferenda)."

48 – Ele disse: "Àborúbọ̀yé (título de Ọrúnmìlà), adorador da abertura dos trabalhos; as oferendas que eu fiz assim sejam aceitas",

49 – O filho que compra os problemas com o movimento da oferenda,

50 – Que eles denominam o título de "Ajero", o feiticeiro da oferenda chegou.

51 – Ele disse: "Àborúbọ̀yé (título de Ọrúnmìlà, adorador da abertura dos trabalhos), as oferendas que eu fiz assim sejam aceitas".

52 – O filho disse: "Eu que sou bem nascido. Eu que levo o carrego do branco,

53 – Que eles denominaram o título de Òlóyèmọyin, (Senhor que conhece o mel da vida',) chegou.

54 – Ele disse: "Àborúbọ̀yé (título de saudação a Ọrúnmìlà, adorador da abertura dos trabalhos), as oferendas que eu fiz assim sejam aceitas".

55 – Ọmọ-ni-mo-bí-tán, ni-mo-kẹ́gikẹ́gi,

56 – Ti nwọ́n fí joyè Àlákégi dé.

57 – Ó ni àborúbọ̀yè bọ ṣíṣẹ.

58 – Ọmọ-ni-mo-bí-tán, ni-mo-nkẹgi-tá-lọ́jà-Èjìgbòmẹkun,

59 – Ti nwọ́n fí joyè ó ntàgi òlélé dé.

60 – Ó ni àborúbọ̀yè bọ ṣíṣẹ.

61 – Ọmọ-ni-mo-bí-tán, ni-mo-nfẹ́lù-tà-lọ́jà-Èjìgbòmẹkun,

62 – Ti nwọ́n fí joyè Ẹ́léjèlúmọ̀pẹ́.

63 – Ó ni àborúbọ̀yè bọ ṣíṣẹ.

64 – Ọmọ-ni-o-bí-tán, ni-oran-mí-tógún-gẹgẹ,

55 – O filho disse: "Eu sou bem nascido, fui chamado de Kégikégi (aquele que corta árvore ou galhos),

56 – Que eles denominaram com o título de Àlákégi, o senhor que quebra árvores (ou galhos) chegou".

57 – Ele disse: "Àborúbọ̀yé (título de saudação a Èlà. Ọ̀rúnmìlà, adorador da abertura dos trabalhos), as oferendas que eu fiz assim sejam aceitas".

58 – O filho disse: "Eu que sou bem nascido, eu estou cortando lenha para vender no mercado de Èjìgbòmekun,

59 – Que eles denominaram com o título de Ntági òlélé (o que tem o poder de estar cortando lenha/ aquele que corta árvores para fazer casas), chegou.

60 – Ele disse: "Àborúbọ̀yé (título de saudação de Ọ̀rúnmìlà, adorador da abertura dos trabalhos), as oferendas que eu fiz assim sejam aceitas".

61 – O filho disse: "Eu que sou bem nascido, eu estou querendo bater na porta da venda, do mercado de Èjìgbòmẹkun,

62 – Que eles denominaram com o título de 'Èléjèlúmọ̀pẹ́' (senhor que sabe pedir para bater):

63 – Ele disse: 'Àborúbọ̀yé' (título de saudação a Ọ̀rúnmìlà, adorador da abertura dos trabalhos), as oferendas que eu fiz assim sejam aceitas".

64 – O filho disse: "Eu que sou bem nascido afirmo que os problemas que se avolumam serão quebrados,

65 – *Ti nwọ́n fí joyè
ọwáràngún-aga dé.*

66 – *Ó ni àborúbọ̀yè bọ̀ ṣíṣẹ.*

67 – *Igbati mo-bímọ-tán, ni-
nwọ́n-nfọ́wọ́- ọmọ-mí-
wòmi,*

68 – *Ti nwọ́n fí joyè Òlówò, lótù
Ifẹ́ dé,*

69 – *Ó dúró.*
70 – *Ọ̀rúnmilà ni ìwọ náà pe
àborúbọ̀yè bọṣíṣẹ*

71 – *Ọ̀rúnmilà ni ẹ ti jẹ́?*

72 – *Ólówò ni, ìwọ Ọ̀rúnmilà
sọdún, sọdún kọ́.*

73 – *Òun Òlówò sọdún, òun
sọdún kó.*
74 – *Ìwọ Ọ̀rúnmilà fí ọsùn idẹ
lọ́wọ́.*
75 – *Òun Òlówò náà fí ọsùn idẹ
lọ́wọ̀.*
76 – *Òun Òlówò náà ni fọsùn idẹ
lọ́wọ̀.*

77 – *Ìwọ Ọ̀rúnmilà bọ sálúbátà
idẹ.*
78 – *Ìwọ Ọ̀rúnmilà dádé.*
79 – *Òun Òlówò náà dádé.*

65 – Que eles denominaram com o título de Owáràngún-aga dé (aquele que vem se apossar do trono/aquele que se assenta bem no trono).

66 – Ele disse: "Àborúbọ̀yé' (título de saudação de Ọ̀rúnmilà, adorador da abertura dos trabalhos), as oferendas que eu fiz assim sejam aceitas".

67 – Quando eu reconheço o "bom nascimento", digo que estou usando as mãos, para que meus irmãos me olhem e me cumprimentem.

68 – Denominado por eles com o título de "Ólówò", que chegou em uma localidade da cidade de Ilé Ifé (Lótù Ifé = partilhador da cidade de Ifé),

69 – Onde ele permaneceu.
70 – Ọ̀rúnmilà disse: "Você também é o 'executor da adoração da vida', alimenta os trabalhos".

71 – Ọ̀rúnmilà disse: "O senhor (Òlówò) é assim?"

72 – Òlówò disse: "Você, Ọ̀rúnmilà, falou na festa anual, falou e discursou".

73 – Ele, Òlówò, falou na festa anual. Ele falou e discursou.

74 – Você, Ọ̀rúnmilà, usa *osun* nas pulseiras e nos pulsos.

75 – Ele, Òlówò, também usa *osun* nas pulseiras e nos pulsos.

76 – Ele, Òlówò, também disse que usa *osun* nas pulseiras e nos pulsos.

77 – Você, Ọ̀rúnmilà, adora apoiar-se no cajado de prata,

78 – Você, Ọ̀rúnmilà, usa uma coroa.
79 – Ele, Òlówò, também usa uma coroa.

80 – Bẹ́ẹ̀ ni nwọ́n sí ni ẹnikan ẹ fórí ade balẹ̀ fẹ́nikan,

81 – Ní Ọ̀rúnmìlà bá bínú.
82 – Ó ṣinidi ọpa fadaka lọ́wọ́ Òlówò.
83 – Ni Ọ̀rúnmìlà bá kọrí sí idi ọpẹ Àgùnká,

84 – Èyí tó yàsí búkà mẹ́rìndìlógún,
85 – Ló bá di wí pé aboyún ò bí mọ́,
86 – Àgàn ò tówó àlà bòsún.
87 – Ọ̀kùnrin ò dide;
88 – Wọ́n bá ailera òkùnrùn.
89 – Akérémọ́dóò wẹ̀wù iràwè.

90 – À tọ̀ gbẹ́ mọ́ ọmọkùnrìn nidií.
91 – Ọ̀bìnrin ò rí àṣẹ ẹ̀jẹ̀ ijoko ẹkàn rẹ́ mọ́.
92 – Gbogbo aye wá nwí pé,

93 – Nigbá Ọ̀rúnmìlà tí mbẹ́ layé;

94 – Báyi kọ́ layé rí.

95 – À wọ́n ọmọ Ọ̀rúnmìlà bá mẹ́ẹ̀ji kẹ́ẹ́tà.
96 – Nwọ́n nì a Difá ni lókò Aláwo.

97 – Nwọ́n ni ki wọ́n ò rà eku méji òlúwéré,

98 – Won ni ki wọ́n ò rà emọn méji òlúwéré,

80 – Assim foi dito por eles para falar às pessoas de coroa que não querem se curvar para outra pessoa de coroa,
81 – Então, Ọ̀rúnmìlà se aborreceu.
82 – Ele, Ọ̀rúnmìlà, retirou o cajado de prata das mãos de Òlówò.
83 – Então, Ọ̀rúnmìlà encaminhou-se ao àṣẹ plantado na palmeira de Àgúnká.
84 – Aquele com que ele desalojou as 16 fortalezas,
85 – Ele fez a previsão que as mulheres não engravidariam mais,
86 – E elas ficaram estéreis.
87 – Os homens não teriam ereção;
88 – E eles ficaram impotentes.
89 – Os regatos foram cobertos por "Ìràwé" (planta venenosa que retira oxigênio da água, matando o ecossistema).
90 – O esperma secou no pênis.
91 – As mulheres não tinham mais o poder de menstruar.
92 – Foi um falatório geral (= todo mundo falou ao mesmo tempo)
93 – Quando Ọ̀rúnmìlà estava invocando, predestinando o mundo;
94 – Agora, o mundo não era como se via antes.
95 – Os filhos de Ọ̀rúnmìlà tomaram uma decisão.
96 – Eles foram consultar Ifá, nas terras de Àláwó (o senhor do segredo).
97 – Eles disseram (Ifá) que eles fossem comprar dois ratos que não fossem agitados (calmos).
98 – Eles disseram que eles fossem comprar dois hamsters que não fossem agitados (calmos).

99 – *Kí wọ́n ò rà ẹja méji abíwẹ̀gbàdà,*
100 – *Kí wọ́n o rú obídiẹ méji abẹdọ lùkẹ́lúkẹ́;*

101 – *Ẹwúrẹ́ méji abàmú rẹdẹrẹdẹ,*
102 – *Ẹyinlá méji tó fiwọ ṣọṣùká.*
103 – *Ìgbàtí nwọ́n rúbọ tán,*

104 – *Nwọ́n kọrí sí idi ọ̀pẹ àgùnká,*
105 – *Èyí tó yàsí yà búkà mẹ́rìndílógún.*
106 – *Nwọ́n nṣe!*
107 – *Ifá ká relé o.*
108 – *Ọmọ Onírè.*

109 – *Ọmọ enikan sàka bí Àgbọ́n.*

110 – *Ifá ká relé o,*
111 – *Èwí nlé adò.*

112 – *Òrìṣà ndẹ́tà.*
113 – *Ẹrinmi lóde Òwó.*

114 – *Ifá ká relé o,*
115 – *Ò máà binúmọ́.*
116 – *Ejò sare ajo.*
117 – *Máà ipò Èléré.*
118 – *Ẹniyin ipò ọ̀tún.*
119 – *Èjò amọ̀dì.*

120 – *Gbòlájókòó, ọmọ ọkinkin, tíí mẹ́rìn fọn.*

121 – *Ifá ká relé o, ó jare.*
122 – *Ọkùnrin kúkúrú òkè Ìgẹ́tì,*

99 – Que eles não comprassem peixe com barbatanas grandes;
100 – Que eles oferecessem duas galinhas gordas, oferendadas em pedaços,

101 – Duas cabras totalmente novas e mochas (sem chifres),
102 – E dois cabritos criados por eles (filhos de Ọ̀rúnmìlà).
103 – Quando eles acabaram de fazer a oferenda,

104 – Eles se encaminharam para a palmeira de àgùnká.
105 – Aquela com que ele desalojou 16 fortalezas.
106 – Assim eles o fizeram!
107 – Ifá retornou para casa.
108 – Filho do Senhor da cidade de Iré.

109 – Filho daquele outro que é rápido como a picada de uma abelha.

110 – Ifá, volte para casa.
111 – São os cânticos na casa de Adò.

112 – Òrìṣà virando-se em três.
113 – Hipopótamos nas cercanias (nas ruas) da cidade de Owó.

114 – Ifá, volte para casa,
115 – Não fique mais zangado.
116 – Cobra da corrida,
117 – Aquela cidade de Èléré.
118 – Aquela cidade de Òtún.
119 – Cobra de sangue mestiço (híbrida).

120 – O ato de criar riquezas, o filho de Okinkin faz o elefante balir (gritar).

121 – Ifá, volte para casa, por favor.
122 – Pequeno homem das montanhas nubladas da cidade de Igeti,

123 – *Gbọ́lájókò ọmọ ọ̀kìnkín tíí mẹ́rin fọ́n.*

124 – *Ọmọ ọ̀pọ̀lọpọ̀ imọ̀ tíí tú jíàjià wọdò.*

125 – *Ọmọ aṣẹṣẹ́ yọ ọgọmọ tíín fún òmíngínmingìn.*

126 – *Ọmọ ejò Olórí méjì tíí sáré ganranganran lórí èrèwé.*

127 – *Ọmọ inã jókò mọ̀ jọrún.*

128 – *Ọmọ inã jò ókò mọ́ jẹ́ Eluju.*

129 – *Ọ̀rúnmìlà ni òun, ò tún relé o.*

130 – *Ò ni ki wọ́n ó tẹ́wọ́.*

131 – *Ni ami júbà fún ẹ.*

132 – *Ó wá fún wọ́n ni ikin mẹ́rìndílógún.*

133 – *Wọ́n nimbẹ́, ẹ bá délé.*

134 – *Ẹni tẹ́ mọ̀ bí nù ún ikin mẹ́rìndílógún.*

135 – *Nigbana wọ́n bẹ́ ẹ bá délé.*

136 – *Wọ́n bẹ́ ẹ fọmọ bí,*

123 – O ato de criar riquezas, o filho de Okinkrin faz o elefante balir (gritar).

124 – Homem muito sábio que sabe como atravessar o rio.

125 – Filho do poder de felicitar as gotas de chuva que disparam fininhas, fininhas.

126 – Filho da cobra de duas cabeças que corre rapidamente sobre a folhagem.

127 – Filho do fogo que queima as fazendas, mas não consegue queimar a pequena árvore do Orun (céu).

128 – Filho do fogo que queima as fazendas, mas não consegue queimar a árvore de Eluju.

129 – Ọ̀rúnmìlà disse a ele (Òlówò) que jamais voltaria para casa (Terra).

130 – Ele disse (Òlówò) que eles (os filhos) estenderiam as mãos para ele, primeiramente

131 – Em sinal de respeito a ele (Ọ̀rúnmìlà).

132 – Então, ele veio e trouxe para eles (os filhos) 16 cocos de dendê (= *ikin*).

133 – Então eles disseram suplicando: "Senhor, volte para casa" (Terra).

134 – O Senhor (Ọ̀rúnmìlà) deu aos filhos o conhecimento subjetivo (interior) da sabedoria dos 16 cocos de dendê (=*ikin*).

135 – Então, eles (os filhos) suplicaram ao Senhor que voltasse para casa (Terra).

136 – Eles suplicaram que o Senhor (Ọ̀rúnmìlà) se utilizasse dos filhos (nascidos dele).

137 – *Ti ẹni tẹ́ ẹ mọ̀ bí nù ún,*

138 – *Ilé lẹ bá fẹ́ kọ́ láyé*

139 – *Àṣọ́ lẹ bá fẹ́ ni layé;*

140 – *Iré gbogbo tẹ́ ẹ bá fẹ́ ni layé.*

141 – *Ẹni tẹ́ ẹ mọ̀ bi nú ùn.*

142 – *Iré gbogbo tẹ́ e bá fẹ́ ni láyé.*

143 – *Nigbana ti nwọ́n, bọ́ délẹ́ ẹ.*

144 – *Ọ̀rúnmìlà apèdèfẹyọ̀;*

145 – *Ẹ̀làsòdè.*

146 – *O ni igbati nwọ́n délẹ́.*

147 – *Bi o bá máà lówó,0*

148 – *Bẹ́ẹ̀rẹ kini lọwọ́ orí rẹ wò;*
149 – *Ò nì bẹ́ẹ̀rẹ kini ikin wọ́n Difá.*

150 – *Ifá rélé Ọlọ́kun kò dé mọ́.*

151 – *Ó lẹni tẹ́ ẹ bá rí.*

152 – *Ẹ ṣa máà*

153 – *Nígbá pè tori bàbá.*

137 – Que o senhor utilize os conhecimentos (do *ikin*) dado a eles (filhos).

138 – Que queiram saber construir o mundo;

139 – Com vestimentas de Terra queiram a Terra (investidura)

140 – E toda a sorte os fará querer transformar as desgraças sobre mundo (Terra).

141 – As desgraças se farão conhecidas por meio dos "conhecimentos subjetivos" (do *ikin*).

142 – Trazendo toda sorte sobre as desgraças do mundo.

143 – Então, eis que eles (filhos de Ọ̀rúnmìlà) louvaram o retorno do Senhor (Ọ̀rúnmìlà) para casa (Terra).

144 – Ọ̀rúnmìlà chegou chamando o desejo de alegria;

145 – Èlà (Ọ̀rúnmìlà) surgiu do nada.

146 – Quando ele falou (Ọ̀rúnmìlà) para eles ao voltar para casa (Terra).

147 – Se o que vocês querem é dinheiro,

148 – Pergunte primeiro à sua cabeça.

149 – São a eles (*ikin*) a quem vocês vão consultar primeiro.

150 – Então Ifá chegou na casa de Ọlọ́kun (Senhor dos mares) e não retornou mais.

151 – Ele (Ọ̀rúnmìlà) é o "Senhor que reconheceu e carrega (nas oferendas) as desgraças."

152 – O Senhor (Ọ̀rúnmìlà) habitualmente consagrado;

153 – Quando chamam pelo Pai (Ọ̀rúnmìlà).

Segundo ẸSẸ̀ ODÙ ÌWÒRÌ MÈJÌ (segundo verso do ODÙ ÌWÒRÌ MÈJÌ)

ẸSẸ̀ ẸKÉJÌ – (segunda instância)

YORÙBÁ	TRADUÇÃO
1 – Èru ọkọ̀ ni orí, kò ni mùndùnmúndún.	1 – A enxada tem cabeça, mas não tem miolo (não pensa).
2 – Adífá fún èjì-koko, èjì-ìwòrì,	2 – Fizemos o jogo para èjì-koko, èjì-ìwòrì,
3 – Ti ó nlọ s'òdè Ọ̀yọ́.	3 – Que estão indo para cidade de Ọ̀yọ́.
4 – Nwọ́n ni ki ó rú ẹiyẹle méjì,	4 – Falaram que eles fizessem oferenda de dois pombos,
5 – Ẹyin adiẹ méjì, àti ẹgbẹ́dògbọ́n owó ẹyọ	5 – Dois ovos de galinha e 280 búzios.
6 – Nwọ́n ni kò ni rí ibi nibẹ́,	6 – Disseram que eles não encontrarão maldade lá.
7 – Nwọ́n ni iré ni yio rí.	7 – Disseram que é o bem que eles vão encontrar.
8 – Ifá ni òun kò ni jẹkí a rí ibi,	8 – Ifá disse que não permitirá que nós encontremos a maldade.
9 – Ni ohun ti a dà Ifá sí yí.	9 – E para que serve este Ifá?
10 – Ojù awo kìí rí ibi, Èjì-ìwòrì!	10 – O olho de Awo não verá a maldade, Èjì-ìwòrì!
11 – Ojù awo kìí ri ibi, Èjì-ìwòrì!	11 – O olho de Awo não verá a maldade, Èjì-ìwòrì!

TERCEIRO ẸSẸ̀ ODÙ ÌWÓRÌ MÉJÌ (terceiro verso do ODÙ ÌWÒRÌ MÈJÌ)

ẸSẸ̀ EKẸ̀TÀ – (terceira instância)

YORÙBÁ	TRADUÇÃO
1 – Ọ̀rúnmìlà ni ó dí sí.	1 – Ọ̀rúnmìlà falou que é para parar.
2 – Mo ni ki Órò yẹbá.	2 – Eu falei para que o òrìṣà Orò se desviasse.
3 – O ni ki a ṣọ́ omi dà,	3 – Ele falou para tomar cuidado antes de jogar água,
4 – Kí a ma báà dà ọmọ sí àléjò l'ará.	4 – Para que não jogássemos água em cima do visitante.
5 – Mo ni àléjò wò ní?	5 – Eu perguntei a ele: "Que tipo de visitante?"
6 – O ni àléjò ajé ni.	6 – Ele falou: "Visitante de Ajé (Deus da riqueza)".
7 – Ọ̀rúnmìlà ni o di ṣí, mo ni k'Órò yẹbá.	7 – Ọ̀rúnmìlà falou que é para parar, eu falei para que Orò se desviasse.

8 – O ni ki a ṣọ́ omi dà,

9 – Kí a ma báà da omi si àléjò l'ará.

10 – Mo ni àléjò wò ní?

11 – O ni àléjò aya nì.

12 – Ọ̀rúnmìlà ni o di ṣí, mo ni k'Óró yèbá.

13 – O ni ki a ṣọ́ omi dà.

14 – Kí a ma báà da omi ṣi àléjò l'ará.

15 – O ni àléjò ọmọ ni.

16 – Mo ni àléjò wò ní?

17 – Ó ni ti wọ́lé ọmọdé.

18 – Ọ̀rúnmìlà ni di ṣí.

19 – Mo ni k'Órò yèbá.

20 – Ó ni ki a ṣọ́ omi dà,

21 – Kí a ma báà dà omi sí àléjò l'ará.

22 – Mo ni àléjò wò ní.

23 – O ni àléjò Oyè nì.

24 – Ifá ni òun rí iré àléjò;

25 – Iré ajé, iré aya, iré ọmọ, àti iré oyè.

26 – Ò ni ki a rúbọ ẹiyẹlẹ́ kan àti, agbẹbọ adiè kan.

8 – Ele falou para tomar cuidado antes de jogar água,

9 – Para que não jogássemos água em cima do visitante.

10 – Eu perguntei a ele: "Que tipo de visitante?"

11 – Ele falou que o visitante é uma futura esposa.

12 – Ọ̀rúnmìlà falou que é para parar.

13 – Eu falei que Orò se desviasse.

14 – Ele falou para tomar cuidado antes de jogar água,

15 – Para que não jogássemos água em cima do visitante.

16 – Eu perguntei a ele: "Que tipo de visitante?"

17 – Ele falou que é visitante da criança (filho).

18 – Ọ̀rúnmìlà falou que é para parar.

19 – Eu falei para que Orò se desviasse.

20 – Ele falou para tormar cuidado antes de jogar água,

21 – Para que não jogássemos água em cima do visitante.

22 – Eu perguntei a ele: "Que tipo de visitante?"

23 – Ele falou que o visitante é de Ọ̀yè (coroação).

24 – Ifá falou que encontrou o bem do visitante;

25 – O bem da sorte, o bem da esposa, o bem de ter filhos e o bem da coroação.

26 – Ele falou para fazermos oferenda de um pombo e de uma galinha velha.

6 – ÒRÌṢÀ TÍ IDÁHÙN (Orixá que responde)
Ifá, Èṣù, Ògún, Nãnã Buruku, Ṣọnpọnna, Oṣúmarè.

7 – ÀMÌ ODÙ – ORÙKO ODÙ (IMPRESSÃO DAS MARCAS DO ODÙ – NOME DO ODÙ)

ÌWÒRÌ MÉJÌ

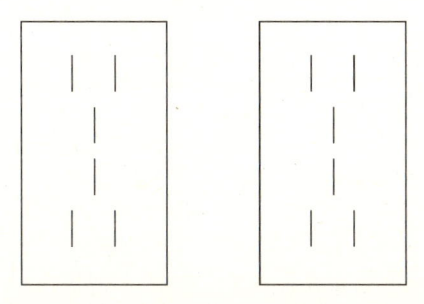

8 – ÒOGÙN TÍ ODÙ ÌWÒRÌ MÉJÌ (MAGIA DO ODÙ ÌWÒRÌ MÉJÌ)
Recitar o ọfọ do odù junto ao ẹbọ indicado por Ifá.

9 – ÍDÍ (Finalidade)
Esta magia fará com que a pessoa consiga pagar suas dívidas, receba ajuda dos amigos e lhe serão oferecidas coisas boas sem que esteja esperando.

10 – ÀWỌN OHUN ÈLÒ (Material necessário)
– Kànrìnkàn (bucha vegetal)
– Iyọ̀ (sal)
– Oyin (mel de abelhas)
– Ọṣẹ dúdú (sabão-da-costa)
– Awo (prato)

11 – ỌFỌ ÒOGÙN (ENCANTAMENTO DO ODÙ ÌWÒRÌ MÉJÌ)

YORÙBÁ
1 – Ifá lọlọfin Àjíkí.

2 – Òrìṣà lọlọfín àjí-fòròlò

3 – Ẹlẹ́gbàrá lọlọfín àjí-fohun pereki.
4 – Àgbà-bòlòjò níí ṣe yẹyẹ Ògún,

TRADUÇÃO
1 – Ifá precisa ser cumprimentado logo que acordamos.

2 – Òrìṣà precisa ser cumprimentado logo que acordamos.

3 – Elégbára precisa ser cantado com boa voz logo que acordamos.
4 – Àgbá Bòlòjò que é a mãe de Ògún,

5 – *Níjọ́ ìgbín bá tẹnu bolẹ̀;*

6 – *Ilẹ̀ a tà á l'ọ́rẹ́.*

7 – *Ìgbà èwè àgbẹ̀dẹ́ẹ́ mí o!*

8 – *Ò bá wá bá mí mú àwìn kúrò l'ọ́rùn*

9 – *Òkòka enu awo lèjẹ́,*

10 – *Ọ̀rọ̀ enu awo làṣẹ.*

11 – *Àgbá tó báwò jà, kọ. Mẹ́sẹ́ẹ́ rẹ̀ kọ́ lè;*

12 – *Adífá fun Ọ̀rúnmìlà.*

13 – *Ifá fàràá rẹ̀ ṣọ̀fà lọwọ́ọ̀ ṣẹmi ṣẹ́ẹ́ rẹ̀!*

14 – *Ifá wá á yá mí l'ẹ́kùlù!*

15 – *Awo ti n sinkin, kì i fàràá rẹ ṣọ̀fà,*

16 – *Má wá yá mí lẹ́kùlú o!*

17 – *Awo ti nsinkin, kìí fàràá rẹ ṣọ̀fà,*

18 – *Ọ̀rúnmìlà wá yá mí lẹ́kùlù!*

19 – *Awo ti nsinkin kìí fàràá rẹ ṣọ̀fà.*

5 – No dia em que o caramujo faz contato com a Terra,

6 – A terra lhe ofecerá prêmios (alimentação, subsistência).

7 – Óh! Minhas 200 folhas de Agbedee (folha de Odan)!

8 – Vocês devem vir para tirar as dívidas de meu pescoço.

9 – Sete são os desejos de Awo (sete são os desejos da mente de Awo),

10 – A palavra da boca de Awo é que vai se realizar,

11 – O velho que briga com Awo deve estar preparado;

12 – Faz com que consultemos Ọ̀rúnmìlà.

13 – Ifá, faz como escravo na mão do inimigo!

14 – Ifá não me escravize!

15 – Awo (o fundamento, o segredo, o mistério do Òrìṣà), que será coroado, não se entrega como escravo.

16 – Não me escravize!

17 – Awo, que será coroado, não se entrega como escravo,

18 – Ọ̀rúnmìlà, não me escravize!

19 – Awo (o fundamento, o segredo, o mistério do Órìṣà), que será coroado, não se entrega como escravo.

12 – **BÍ ÁṢẸ́ MA ṢẸ (Modo de fazer)**
Colocar o sal no prato, e sobre ele imprimir o odù Ìwòrì Méjì; recitar o ọfọ e misturar o mel de abelhas. Comer esta mistura com as mãos, depois esfregá-las no corpo, mentalizando o que deseja. Acondicionar o oṣẹ dúdú na mesma vasilha. Tornar a imprimir o odù Ìwòrì Méjì.

13 – **BÌ AṢẸ MA LÒ (Modo de usar)**
Colocar um pouco de oṣẹ dúdú na bucha vegetal e tomar banho, no horário noturno, pelo período de cinco dias intercalados.
A bucha vegetal ou palha da Costa, após cada banho, é jogada fora, na mata.

14 – ỌJỌ́ TÓ TỌ́ (dia propício)
   Conforme a necessidade.
15 – ÀSÌKÒ (Hora)
   Sempre à noite, tanto para fazer, quanto para usar.
16 – ÒṢÙPÁ (Lua)
   Crescente ou Nova.
17 – IBI (LOCAL) Para fazer: Ẹ̀gbeẹ́
   Ẹ̀gbeẹ́ e residência. Para usar: residência.
18 – ỌJỌ́ LÁTI LO (Dia para uso)
   Conforme o dia em que foi feita a magia.
19 – ENI TÓ MA ṢẸ (Oficiante)
   Bàbáláwó.
20 – O HUN TÍ KÓ GBỌ́DỌ̀ ṢẸ́ (Resguardo)
   Não usar roupas de cor escura após os banhos.
21 – ṢÉ ÀKÍYÈSÍ PÀTÀKÌ (Observação Importante)

   1. Esta magia também pode ser realizada através do Odù Èjì-Ọgbè, cuja impressão é:

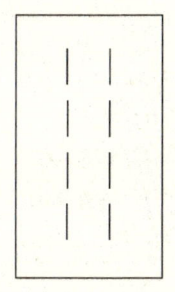

   Èjì-Ọgbè

   2. Contar cinco banhos após o primeiro dia em que comeu o sal com mel de abelhas. Vide resguardo.

Capítulo 10

Òdí Méjì
Quarto Odù dos Dezesseis Principais

1 – ỌWỌ́ ẸYỌ MẸ́RÌNDÍNLÓGÚN (Jogo de Búzios)
2 – KÁ DA OWO ẸYỌ MẸ́RÌNDÍNLÓGÚN (Caídas de Búzios)
   Quatro búzios abertos e 12 búzios fechados.
3 – ÌWÀ ODÙ (Características do Odù.)
   A maldade ronda a pessoa. Relação de amizade, sempre melhor e em maior quantidade, com o sexo oposto. Ascenderá social e profissionalmente, com o auxílio do seu òrìṣà Òlóri. Calúnia. Perversão sexual.
4 – ẸSẸ̀ ODÙ (Lendas Básicas Explicativas sobre os Caminhos dos Odù)
5 – ODÙ ÒDÍ MÉJÌ (quarto Odù dos 16 principais)

Primeiro ẸSẸ̀ ÒDÍ MÉJÌ (primeiro verso do ODÙ ÒDÍ MÉJÌ)
ẸSẸ̀ ÈKÍNÍ – primeira estância
YORÙBÁ

1 – *Ìgbín kò gbin iwájú ilé rẹ̀ lórí llẹ̀*
2 – *Afèbòjó kó pilẹ̀ àràn.*
3 – *A kìí gbòjú fifò l'ádiẹ ágádá.*
4 – *Ta nìí gbòjú yían álágẹmọ.*
5 – *Adífá fún èju-ò-kò mí,*
6 – *Ọmọ Oyèníran.*
7 – *Nwọ́n ní ó rúbọ àikú.*

    de sua casa na terra.
2 – O tatu não fica sem cavar a terra.
3 – A galinha amarrada não foge (voa).
4 – Como pode o camaleão andar enquanto está mudando de cor?
5 – Consultamos o Ifá para èju-ò-kò mí (nome da pessoa).
6 – Filho de Oyèníran.
7 – Disseram-lhe para ele que fizesse o sacrifício para não morrer.

8 – Ó rúbọ.
9 – Nwọ́n dá Ifá fún.
10 – Ijọ́ nì njọ́,
11 – Ijó ayọ̀ ló njọ̀.
12 – O nyin àwọ́n awo rẹ̀,
13 – Àwọ́n awo o rẹ̀ nyin Ifá.
14 – O ya ẹnu kótó,
15 – Orin awo ló bó sí i lenu.
16 – Ó ní mbá rógbọ́, náà fí rera.
17 – Mbá dàgbà bí Ẹ́lẹ́jú, má yọ̀ ṣẹ́ṣẹ́;
18 – Mbá ròbgọ̀, máà fí rera.

TRADUÇÃO
1 – O caramujo não encosta a ponta
8 – Ele fez uma oferenda.
9 – Foi feito o jogo de Ifá para ele.
10 – Ele dançou uma dança (Ele dançou de alegria) e,
11 – Ficou feliz.
12 – Ele está elogiando seus fundamentos e
13 – Seus awo (fundamentos) estão elogiando Ifá.
14 – Ele admirou-se
15 – Com a canção de awo que ele cantou.
16 – Ele falou: "Se eu ficar velho no mundo, eu ficarei feliz".
17 – "Se eu envelhecer, tornar-me-ei rei de Ẹlẹju e eu ficarei feliz;
18 – Se eu envelhecer no mundo, eu ficarei feliz."

Segundo ẸSẸ̀ ODÙ ÒDÍ MÉJÌ
(segundo verso do ODÙ ÒDÍ MÉJÌ)

ẸSẸ̀ ÈKÉSÌ
YORÙBÁ

1 – Àránkanlẹ̀ lasọ ayaba.
2 – Àwákanlẹ ni ti yàrà.
3 – Adífá fún àṣàmó.
4 – A bu f'árumọ̀.
5 – Òdímọ̀ndímọ̀ níí sọmọ ikẹyìnà wọ́n méjèjè.
6 – Nwọ́n ni gbogbo wọ́n ó rúbọ.
7 – Nítorí ọlọ́run ajé
8 – Nwọ́n ṣe ẹ́,
9 – Nwọ́n nlájé;
10 – Nwọ́n nníré gbogbo.
11 – Nwọ́n yanu kótó,
12 – Orin awo ni wọ́n nkó.
13 – Nwọ́n ni òdìmọ̀ dímọ̀ rere o.

TRADUÇÃO
1 – A roupa da rainha deve ser longa.
2 – O fosso da cidade deve ser profundo.
3 – Jogamos Ifá para Asámò (nome de pessoa).
4 – Foi feito o jogo para Arumọ̀ (nome da pessoa).
5 – Òdímọ̀ndímọ̀ é o caçula deles dois.
6 – Falaram para que todos eles fizessem oferendas.
7 – Por causa do Deus da riqueza.
8 – Eles fizeram o ẹbọ.
9 – Eles começaram a ter riqueza,
10 – Eles começaram a ter todas as coisas boas.
11 – Eles se admiraram,
12 – Com a canção de Awo que começaram a cantar.
13 – Falaram que Òdímọ̀ fez coisas boas.

14 – *Òdìmòdìmọ̀ rere!*
15 – *Ó gbèsé mukúrò ikú.*
16 – *Ó gbése mukúrò ilera.*
17 – *Òdìmòdìmọ̀ o rere!*
18 – *Ò ṣọ́nà ṣọ́nà rere o.*

19 – *Ó ṣọ́nà rere,*
20 – *Ó bá ṣọ́nà fájè.*

21 – *Ó ṣonã fáyà.*
22 – *Má jéki ọlọ́nà bàjẹ́,*

23 – *Ó bá ṣonã rere.*

14 – Oh! Bom Òdímòdímọ̀!
15 – Você deve afastar a morte.
16 – Você deve afastar a doença.
17 – Oh! Bom Òdímòdímọ̀!
18 – Aquele que abre os caminhos, abre os bons caminhos.

19 – Abre bons caminhos e
20 – Deve abrir caminhos para a riqueza.

21 – Abrir caminhos para ter esposa.
22 – Não deixe a casa do dono do caminho estragar-se.

23 – Abre bons caminhos.

Terceiro ẸSẸ̀ ODÙ ÒDÍ MÉJÌ (terceiro verso do ẸSẸ̀ ODÙ ODÍ MÉJÌ) ẸSẸ̀ EKÉTÀ - (terceira instância)

YORÙBÁ
1 – *Òdí méjì dínà Ikú.*
2 – *Ó dínà àrùn.*
3 – *Ó dínà o kurukuru wéle.*

4 – *Aṣọ agbádá nì ó yẹ bàtá.*

5 – *Ṣaki ni ó tọrùn gbọ́ bọ̀rọ̀bọ̀rọ̀.*

6 – *Afẹwuorun-difá níí ṣawọ Ọsiníkàrò.*

7 – *Adífá f'áàtàn gègèré,*
8 – *Tí nfoni ojú ṣọgbérè ọmọ.*

9 – *Nwọ́n ní ó rúbọ.*
10 – *Ò rúbọ tán.*
11 – *Nwọ́n ṣẹfá fún ùn,*
12 – *Ijọ̀ nì njọ̀,*
13 – *Ayọ̀ nì ǹyọ̀,*
14 – *Ó nyín àwọ́n awó rè.*
15 – *Àwọ́n awo rè nyin Ifá.*
16 – *Ó yà enu kótó,*
17 – *Orin awo ní nkò.*
18 – *Ó níọ̀bá bá wá kọ̀ wàá tàwa jọ.*

TRADUÇÃO
1 – Òdí méjì afastou a morte.
2 – Afastou a doença.
3 – Afastou os problemas desconhecidos.

4 – Vestir àgbádá não é próprio para o que toca ilú de Ṣàngó.

5 – O ṣaki (pano que se usa atravessado) não sai do ombro logo.

6 – Aquele que usa roupa especial para jogar Ifá e quem faz o culto para Ọ̀síníkàrò

7 – Foi feito jogo para Áàtàn Gègèrè,
8 – Que chora para lamentar a falta de filho (esterilidade).

9 – Pediram que fizesse oferendas.
10 – Acabou de fazer oferendas.
11 – Foi feito o jogo de Ifá para ele.
12 – Dançou de alegria.
13 – Ficou feliz.
14 – Está elogiando seus awo.
15 – Seus awo estão elogiando Ifá.
16 – Ele admirou-se.
17 – Cantou a canção de awo.
18 – Ele falou: "Seria melhor você vir para melhorar nossa vida,

19 – *Á àtàn gègèrè.*
20 – *Ọkọ́ níí kówàa ẹbẹ̀ jọ,*
21 – *Wá láti tún aiye wa ṣe*

19 – Á àtàn gègèrè.
20 – É a enxada que melhora os sulcos da terra (tira suas impurezas).
21 – Venha para melhorar nossa vida.

6 – ÒRÌṢÀ TÓ IDÁHÙN (Orixá que responde)
  Èṣù, Ìbéjì, Ẽgúngún, Ọbátàlà, Ṣàngó, Ìrókó, Ọ̀ṣun, Ọlọ̀kun.

7 – ÀMÌ ODÙ – ORÚKO ODÙ (Impressão das marcas do Odù – Nome do Odù)

ÒDÍ MÉJÌ

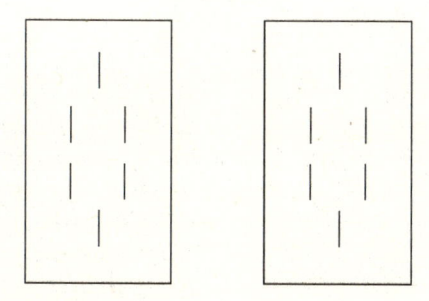

8 – ÒOGÙN (Magia)
  Recitar o ọfọ (encantamento) do odù Òdí Méjì junto com o ẹbọ indicado por Ifá.

9 – ÌDÍ (Finalidade)
  Esta magia propiciará ao usuário tranqüilidade, novas oportunidades de trabalho e melhorias nas relações afetivas.

10 – ÀWỌ́N OHUN ELO (Material necessário)
  – Ìyèrọ̀sùn (Baphia Nitida)
  – Ewé òlúse sáájú (Erva lanata)
  – Ọṣẹ dúdú (Sabão-da-costa)
  – Aṣọ funfun (Pano branco)
  – Kànrìnkàn (Bucha vegetal)
  – Àmì odù Èjì Ọgbè (Impressão do odù Éjì Ọgbè)

ÉJÌ OGBÈ

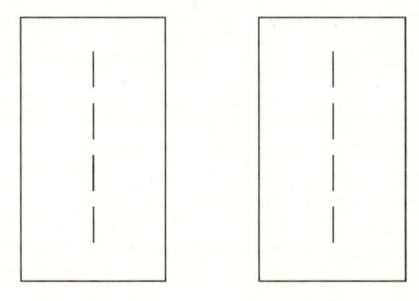

11 – ỌFỌ̀ ÒOGÙN (Encantamento do Odù Òdí Méjì)

YORÙBÁ	TRADUÇÃO
1 – *Wínrín-a-só.*	1 – Wínrín vai falar.
2 – *Oníbú-owó.*	2 – Dono de riqueza.
3 – *Owínrín-wínrín-ní so.*	3 – Owínrín sempre fala com Wínrín.
4 – *Ọ̀tàtà-ñ-rúwó-wolé.*	4 – A venda está trazendo dinheiro para casa.
5 – *Ọ̀wàni-wání.*	5 – Ọ̀wànì está me procurando.
6 – *Ilé owá ni mọ wà.*	6 – É na casa de Owa que eu estou (comunidade de Ijẹṣa) procurando,
7 – *Gbogbo iré tí mo bá fẹ́,*	7 – Toda a sorte que eu quero,
8 – *Ẹ máà wá nì ní pòròpòrò!*	8 – Venha me procurar rapidamente!
9 – *Ifá ilé yá a wá se ire tẹ̀mi fún mí!*	9 – Ifá da casa, ponha no meu caminho as coisas boas!
10 – *Ìwọ ló ṣe t'agbe f'àgbé,*	10 – Você que fez para àgbé (pássaro de penas azuis),
11 – *Tó fi s'aṣọ ọrẹ́ láró.*	11 – Que a roupa dele ficasse azul.
12 – *Ìwọ ló ṣe tàlùkò f'álùkò,*	12 – Você que fez para álùkó (pássaro de penas vermelhas),
13 – *Tó fi s'aṣọ o rẹ̀ l'ọ́sun.*	13 – Que tornou a roupa dele cor de Ọ̀sun (vermelho-tijolo).
14 – *Ìwọ ló ṣe t'odidẹrẹ́ "mọ̀fẹ́-ẹya ijàmọ̀" fún ùn.*	14 – Você que fez para odidere (pássaro) o "Mọ̀fẹ́ – eya ijàmọ̀" (oriki).
15 – *To fí bọ̀ ṣọ̀kọ̀tọ̀ òdòdò,*	15 – Ele vestiu a coxa do pássaro de amarelo.
16 – *Tó tún wọ mọ̀sàají;*	16 – E ainda vestiu Mọ̀sàají (típica roupa de rei);

17 – *Aṣọ oba tí í kona yanran-yanran.*
18 – *Ìwọ ló se Àkisa.*
19 – *Ó joyè ojù-ò-rówó-sá.*

20 – *O ṣe fún tẹ̀tẹ̀rẹ̀gún,*

21 – *Ó joyè àláatan.*

22 – *O ṣe fúnbíràáná ti í jómìnì,*

23 – *Òmíní donílẹ̀ rẹrẹẹrẹ.*
24 – *Ọ̀wàni-wání.*
25 – *Òlúṣe sááju, kọ́ ọ wá ṣe tẹ̀mi fún mí!*
26 – *Ṣenṣe diwòrò.*
27 – *Yá wá ṣe tẹ̀mi fún mí.*

17 – Roupa do rei que brilha intensamente.
18 – Você que fez para Àkisa
19 – Que ele tomasse o reinado (título) daquele que sempre consegue riquezas.
20 – Você fez para Tẹ̀tẹ̀rẹ̀gún (*Amaranthus Spinosus*),
21 – Que ele fosse coroado como Àláàtàn.
22 – Você que fez para Bíràáná, que é a banana d'água.
23 – Banana d'água ficou abundante.
24 – Ọ̀wàni-wání está me procurando.
25 – Òlúṣe sááju, venha fazer minhas coisas!
26 – Ṣenṣe Díwòró (oríkí de Ọ̀kànràn),
27 – Venha depressa fazer o meu oriki para mim.

12 – BÍ AṢẸ MA ṢÉ (Modo de fazer)
Imprimir o Odù Èjì Ọgbè no iyẹrọsùn sobre a folha Òlúse Sáájú, recitando o ọfọ e misturando em seguida tudo ao ọṣẹ dúdú. No momento em que sendo tudo estiver misturado, dizer o oríkí abaixo:

YORÙBÁ
"*Dídùn ló dé,*
E wá á bá mí
Gbogbo ènìyàn e wá bá mí l'ósin-lóra rébétété
L'ósin-lóra n l'àkàrà nínú tepò-toyin rí dódò."

TRADUÇÃO
"A doçura que chegou,
Venha para mim.
Todo mundo venha me encontrar na tranqüilidade
É com tranqüilidade que o àkàrà fica
Dentro do dendê, é indiscutível
A tranqüilidade do mel de abelhas."

13 – BÍ AṢẸ MA LÒ (Modo de usar)
Colocar na bucha vegetal um pouco de ọṣẹ dúdú, tomar banho, em jejum. Coforme for esfregando a bucha no corpo, mentalizar as mesmas palavras que foram usadas para misturar os elementos. Após o banho, jogar a bucha na mata. Fazer uma seqüência de seis banhos intercalados.

14 – ỌJỌ́ TÓ TỌ́ (dia propício)
Quartas e quintas-feiras ou sábados.

15 – ÀSÌKÒ (Hora)
Qualquer horário.

16 – ÒṢÙPÁ (Lua)
Crescente.

17 – IBI (LOCAL) Para fazer: Ègbeẹ́
Ègbẹ́ e residência. Para usar: residência.

18 – ỌJỌ́ LÁTI LÒ (Dia para uso)
No dia seguinte, após o preparo do oṣẹ dúdú.

19 – ENI TÓ MA ṢÉ (Oficiante)
Babaláwo.

20 – OHUN TÍ KÒ GBỌ́DỌ̀ ṢÉ (Resguardo)
Não usar no período menstrual.

21 – ṢÉ ÀKÍYÈSÍ PÀTÀKÌ (Observação Importante)
Não há restrições especiais, exceto no período menstrual.

Capítulo 11
Ìrosùn Méjì
Quinto Odù
dos Dezesseis Principais

1 – ỌWỌ́ ẸYỌ MẸ́RÌNDÍNLÓGÚN (Jogo de Búzios)

2 – KÁ DA OWÓ ẸYỌ MẸ́RÌNDÍNLÓGÚN (Caídas dos Búzios)
Cinco búzios abertos e 11 fechados.

3 – ÌWÀ ODÙ (Características do Odù)
Coragem, vitória sobre inimigos. A pessoa deve ouvir mais o seu companheiro íntimo. Por meio de ẹbọ, a pessoa conquistará a simpatia do òrìṣà Ṣàngó. Sofrimento. Perigo.

4 – ẸSẸ̀ ODÙ (Lendas básicas explicativas sobre os caminhos de Odù)

5 – ODÙ ÌRỌSÙN MÉJÌ
Primeiro ẸSẸ̀ ODÙ ÌRỌSÙN MÉJÌ – (primeiro verso do Odù ÌRỌSÙN MÉJÌ), ẸSẸ̀ EKÍNÍ – (primeira instância)

YORÙBÁ
1 – Èbìtì já ọwọ paiyà lúlẹ̀.

2 – Adífá fún Oyèníràn,
3 – Tí ó nsọ ẹ́kún aláilóyún;

4 – Tí ó sí ngbàwé aláìrípọ̀n.

5 – Nwọ́n ni kí ó rú ẹbọ.
6 – Nwọ́n ni ọmọ kan ni yio bí yí.
7 – Nwọ́n ni gbogbo àiyè ni yio mọ̀ ọ́n.

TRADUÇÃO
1 – A armadilha caiu em cima (Fechou-se a armadilha)

2 – Jogamos Ifá para Oyèníràn,
3 – Que está chorando pelo fato de não ter engravidado;

4 – Que está jejuando porque não tem filho para carregar nas costas.

5 – Falaram para ela fazer oferenda.
6 – Falaram para ela que é um filho que vai nascer agora.
7 – Disseram para ela que o mundo inteiro irá conhecê-lo.

8 – *Kijikiji rẹ̀ yio sí gbà àiyè ká.*
9 – *O rú ìgbà abẹ́rẹ́,*
10 – *Àgùtàn kan,*
11 – *Ọ̀kànlá owó,*
12 – *Ìkòkò epò kan.*

13 – *Nígbàti Oyèniràn máà bí,*

14 – *Óbi ọjọ.*
15 – *Ifá ni ẹnìkán nsọ́ ẹ́kún ọmọ,*

16 – *Yio síbi ọmọ kan,*
17 – *Ọmọ Ọ̀kùnrìn ni ọmọ náà yìo jẹ́.*

8 – A grandeza dele vai encobrir o globo terrestre.
9 – Ela faz sacrifício de 200 alfinetes,
10 – Um carneiro,
11 – Onze búzios,
12 – Uma panela de barro cheia de dendê.
13 – Quando nascer o filho de Oyèníràn,
14 – Ela parirá o próprio dia.
15 – Ifá disse que alguém está chorando para ter filho,
16 – Vai nascer um filho;
17 – E o filho será menino.

Segundo ẸSẸ̀ ODÙ ÌRỌSÙN MÉJÌ (segundo verso do ODÙ ÌRỌSÙN MÉJÌ)
ẸSẸ̀ EKÉJÌ – (segunda instância)

YORÙBÁ
1 – *Iná kú fẹ̀ẹ̀ru bòjú.*

2 – *Òṣúpá kú fíràwò lè̟,*

3 – *Ṣàṣà nìràwọ tíí ṣalátilẹ́yín fóṣùpá.*

4 – *Adífá fún Ọ̀rúnmìlà.*
5 – *Ifá nṣawò nṣàpón,*
6 – *Nwọ́n ní ó káaki mọlẹ̀.*

7 – *Ó jàre,*
8 – *Ẹbọ ni ó ṣe.*
9 – *Nígbà tó rúbọ tán,*

10 – *Tó bímọ̀ tán;*

11 – *Ó wáa nyin àwọ́n awo rẹ̀.*
12 – *Àwọ́n awọ rẹ̀ nyin Ifá;*

13 – *Ó ní aya ló nígbá obí.*

14 – *Ọmọ ló nígbá ata,*

TRADUÇÃO
1 – O fogo morreu e se encontrou com cinzas.
2 – A Lua morreu e deixou a estrela para trás.
3 – Raramente terá a estrela de apoiar a Lua, isto é, a estrela não depende da Lua.
4 – Jogamos Ifá para Ọ̀rúnmìlà.
5 – Ifá está fazendo culto,
6 – Falaram para ele alimentar o Òrírá Irúnmọ́lẹ́.
7 – Por favor,
8 – Faça o sacrifício.
9 – Quando acabou de fazer o sacrifício,
10 – E acabou de nascer o filho (ou conseguir aquilo que deseja),
11 – Aí começou a elogiar seus awo.
12 – Seus fundamentos (awo) estão elogiando Ifá.
13 – Disse que é a esposa que tem tabuleiro de Obí.
14 – O filho é que tem o tabuleiro de pimenta.

Ìrọsùn Méjì – Quinto Odù dos Dezesseis Principais 91

15 – *Bí aya ti ngbé gbá obí,*
16 – *Lọmọ ngbégbá ata.*

15 – Enquanto a esposa está carregando o tabuleiro de Obí,
16 – O filho carrega o tabuleiro de pimenta.

Terceiro ẸSẸ̀ ODÙ ÌRỌSÙN MÉJÌ (terceiro verso do ODÙ ÌRỌSÙN MÉJÌ) ẸSẸ̀ EKÉTÀ – (terceira instância)

YORÙBÁ
1 – Àdáná yá òkété,
2 – Àfàkálè gbọrọ.
3 – Bí tẹ̀tẹ̀rẹ̀gún bá só lódò,
4 – Atiiri gọgọọgọ sínú omi.
5 – Adífá fẹ́ẹ̀kán Aláwo mìnìnjọ.
6 – Oún lè níyì báyì?
7 – Ni ẹ̀ẹ̀kán dá Ifá sí.
8 – Nwọ́n ni púpọ nì ìyí rẹ,
9 – Ṣùgbọ́n kọ rúbọ,
10 – Ó sí rú ù,
11 – Ó rù abẹ mẹ́wà,
12 – *Àti aṣọ mìnìnjọ kan,*
13 – Abẹ́ mẹwà tó rù náà,
14 – Ni àwọ́n awo rè kàn mọ ọn lẹ́sẹ̀;
15 – Tó fí nṣọkọọ fún gbogbo ẹrankó.
16 – Aṣọ mìnìnjọ̀ tó rú náà.
17 – Ni Nwọ́n dà bọ ó lára,
18 – Tí ó sọ ọ di arẹwà ẹranko.
19 – Ijọ́ nì njọ́,
20 – Ayọ nì nyọ̀,

TRADUÇÃO
1 – A toca da cotia está sempre quente,
2 – Gbọ́rọ̀ (folha *Curcubita máxima ou Curcubita pepo)* rastejará sempre na terra.
3 – Se tẹ̀tẹ̀rẹ̀gún (folha *Amaranthus spinosus*) for para o rio,
4 – Vai aprofundar suas raízes na água.
5 – Jogamos Ifá para o leão de pêlo lustroso.
6 – Será que posso ter fama assim? (Por acaso terei fama?)
7 – Foi o que levou o leão a fazer o jogo de Ifá.
8 – Disseram que a sua fama será grande,
9 – Mas que ele tem de fazer ẹbọ́.
10 – E ele o fez.
11 – Ofereceu dez navalhas,
12 – E uma roupa lustrosa,
13 – As dez navalhas que ofereceu (foi com que)
14 – Que seus awo martelaram nos seus pés;
15 – Que ele está usando para ensinar a todos os animais.
16 – A roupa lustrosa que ele ofereceu,
17 – Que eles (awo) usaram para cobrir o corpo do leão,
18 – E lhe fez um animal bonito.
19 – Ele está dançando,
20 – Ele está feliz,

21 – Ó nyin àwọ́n awòó rè.	21 – Está elogiando seus awo.
22 – Àwọ́n awo rẹ nyin Ifá.	22 – Seus awo está elogiando Ifá.
23 – Ó yà ẹnu kótó,	23 – Ele abriu a boca em admiração,
24 – Orin awo ní nkọ.	24 – São as canções do seu awo que ele está cantando.
25 – Ẹsẹ̀ tọ́nã,	25 – Esticou a perna.
26 – Ijọ́ fàá.	26 – E começou a dançar.
27 – Ó ní bẹ́ẹ̀ gẹ̀gẹ́:	27 – Ele falou assim:
28 – Ni àwọ́n awo nṣẹnu rere pè Ifá.	28 – Que nossos awo usam boa voz para chamar Ifá.
29 – Àdáná yá òkété;	29 – A toca da cotia está sempre quente,
30 – Àfàkálẹ̀ gbọrọ.	30 – Gbọrọ rastejará sempre na Terra.
31 – Bí tẹtẹrẹgún ba sọ lódò,	31 – Se Tẹtẹrẹgún for para o rio,
32 – A tiiri gogoogo sìnú ọmọ.	32 – Aprofundará nele suas raízes.
33 – Adífá fẹ́ẹ̀kán Aláwo mìnìnjọ,	33 – Fazemos jogo de Ifá para o leão de pêlo lustroso,
34 – Àdágbìyí ẹranko.	34 – O animal que recebe fama sozinho,
35 – Ọọsà tó fíyí fẹ́ẹ̀kán.	35 – Foram os òrìṣà que deram a fama ao leão.
36 – Àdágbìyí ẹranko.	36 – Animal que por si só é famoso.
37 – Àdágbìyí ẹranko o.	37 – Animal que por si só é famoso.
38 – Àdágbìyí ẹranko.	38 – Animal que por si só é famoso.
39 – Ọọsà ló fiyì fẹ́ẹ̀kàn;	39 – Foram os òrìṣà que deram a fama ao leão.
40 – Àdágbìyí ẹranko.	40 – Animal que por si só é famoso.

Quarto ẸSẸ̀ ODÙ ÌRỌSÙN MÉJÌ (quarto verso do ODÙ ÌRỌSÚN MÉJÌ)

ẸSẸ̀ ẸKẸ́RÌN – quarta instância

YORÙBÁ	TRADUÇÃO
1 – *Gúnnugún lálàá,*	1 – Urubu (Gúnnugúnnú) sonhou que
2 – *Gúnnugún njorí.*	2 – Urubu está comendo cabeça
3 – *Àkàlàmọ̀gbọ́ lá àlá,*	3 – Àkàlàmọ̀gbọ (Abutre Ground Hornbill) sonhou que
4 – *Àkàlàmọ̀gbọ́ a sí jẹ́ ẹ̀dọ̀,*	4 – Àkàlàmọ̀gbọ́ vai comer fígado.
5 – *Adiẹ lá àlá àtowó eni dówó eni,*	5 – A galinha (adiẹ) sonhou passar de mão em mão
6 – *Àtọwọ́ ẹ dọ́wọ́ ẹni,*	6 – Passando de mão em mão.
7 – *Náà l'àdiẹ fi dọtùú Ifẹ́.*	7 – É assim que a galinha chegou a Ifá.

8 – *Adífá fún onílégọgọrọ àgbáyé,*

9 – *Èyi tí í fẹ́ẹ̀ gbójú lé.*

10 – *Nwọ́n ní ó rúbọ,*
11 – *Nítorí Ikú.*
12 – *Ó ṣe ẹ́.*
13 – *Ikú o pa á.*
14 – *Ifá mo gbẹ́kẹ́ lé ọ,*
15 – *Àgbáyé!*
16 – *Ònílè gọgọrọ,*

17 – *Àgbáyé!*

8 – Foi feito o jogo para Àgbáyé (Òníléɡọɡọrọ Àgbáyé = oriki de Ifá).

9 – Aquele que gosta de morar na frente da casa.

10 – Falaram para ele fazer ẹbọ,
11 – Por causa da Morte,
12 – Ele o fez.
13 – Mas a Morte não o matou.
14 – Ifá, eu dependo de você,
15 – Salvador!
16 – Dono de Casa Alta (aquele que mora nas alturas),

17 – Salvador!

6 – ÒRÌṢÀ TÍ ÍDÁHÙN (Orixá que responde) Ṣàngó, Ọṣún, Ọbàtàlà, Ọ̀sáyín.

7 – ÀMÌ ODÙ – ORÚKO ODÙ (Impressão das Marcas do Odù – Nome do Odù)

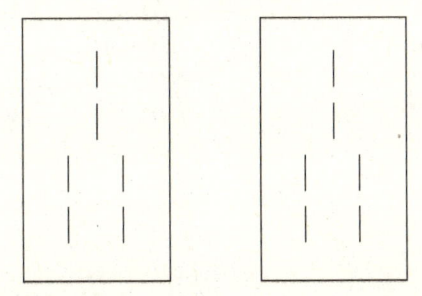

ÌRỌSÙN MÉJÌ

8 – ÒOGÙN ÌRỌSÙN MÉJÌ: (Magia do Odù ÌRỌSÙN MÉJÌ)
Recitar o ọfọ do odù junto com o ẹbọ indicado por Ifá.

9 – ÌDÍ (Finalidade)
Esta magia propiciará ao usuário abertura de caminhos e perdão do òrìṣà Ṣàngó, quando o consulente estiver em dívida com seu òrìṣà Ẹlẹ́dà. Para depois, então, agradá-lo com oferendas especiais, a fim de atrair as benesses de seu òrìṣà, com ẹbọ indicado por Ifá.

10 – ÀWỌN OHUN ÈLÒ (Material necessário)
  – Atarẹ mẹ́sàn (nove grãos de pimenta-da-costa)
  – Ọsun (*Pterocarpus erinacedus*) (pó vermelho)
  – Àmì odù, Ògúndà-gbè (impressão do odù Ògúndà-gbè)

    ỌGBÈ   ÒGÚNDÀ

  – Àdo (cabacinha)
  – Àwo (prato)

11 – ỌFÒ ÒOGÙN (Encantamento do Odù IRÒSÙN MÉJÌ)

YORÙBÁ
1 – *Agará ọmọ agáka.*

2 – *Agará ọmọ agáka.*
3 – *Àkàrà nlá níí gbọjà léhìn àgbàdà nlà.*

4 – *Ọlọ́mọ, asàwínní-Ajé!*

5 – *Ìwòrì-ọ́fún-ọlọ̀-ébora.*

6 – *Àwọn ni wọ́n bí òníwón-n-wọ́-n-tiwọ́ Ọ̀yọ́.*
7 – *Àwọn ni wọ́n bí òníwón-n-wọ́-n-tiwọ́ Ọ̀yọ́*
8 – *Àwọn ni wọ́n bí sọ́ni-ṣọ́rọ̀-ki-n-sọ̀-ọ́-sájé!*

TRADUÇÃO
1 – Agará, filho de Agaká (aquele que escolheu o orí e alma para cada pessoa que nasce).

2 – Agará, filho de Agaká.
3 – É grande Akará que sobra depois, na frigideira grande (querendo dizer que quanto maior o tacho, maior o número de Akará que se pode fazer).

4 – A Deusa da riqueza é um bem que ninguém deixa chamar!

5 – Ìwòrì-ọ̀fún – dono de mercadoria de ébọra.

6 – Foram eles que nasceram no antigo Ọ̀yọ́.

7 – Foram eles que nasceram no antigo Ọ̀yọ́.

8 – Foram eles que nasceram e chamaram-se: "Jogaram-me dentro da abundância e eu te coloco dentro da riqueza"!

9 – *Báa bá fẹ́ ẹ́ lájé,*
10 – *Ẹrú ẹni ní í sọni!*

11 – *Ẹrú àtẹ́tẹ́ní ni àkọ́rà ajé njẹ,*

12 – *Dájé bá fẹ́ ẹ́ yalé ẹni wa.*

13 – *Sinsinmi níí sinmi;*

14 – *Ìwọ́ ọlá lè ya ko wá sinmi.*

15 – *Sinsinmi nì ó wá sinmi;*
16 – *Sísùn ni o sùn kó sinmi!*
17 – *Iré IKó Gbogbo ke yà ilé mí wá!*
18 – *Iré gbogbo sinsinmi ni ki ẹ wá sinmi!*
19 – *Tẹ́tẹ́lájé, súré wá,*

20 – *Kí o wá ko iré gbogbo wá fún mí.*
21 – *Ajé sáré tẹ̀tẹ̀ wá, ki o wá rá tẹ́tẹ̀ní-na fún mí.*
22 – *Tẹ̀tẹ̀ní-na láṣọ́ àkọ́rà ire gbogbo.*
23 – *Ire gbogbo sáré wa,*

24 – *Kí ó wá rà tẹ̀mi fún mí.*

25 – *Tẹ̀tẹ̀ní ni aṣọ àkọ́rà.*

26 – *Iré gbogbo sáré wá,*
27 – *Kí o wá ra tẹ̀mi fún mí.*

28 – *Àṣẹ.*

9 – Se quisermos ter riqueza,
10 – É o nosso escravo que vai nos ajudar (querendo dizer que é o nosso escravo que vai trabalhar para nos trazer riqueza)!
11 – O primeiro escravo é a primeira riqueza que compramos;
12 – Se a riqueza quiser vir para a nossa casa (no sentido de quando a riqueza vier morar conosco),
13 – Descansar é quem vai descansar (isto é, permanecerá para sempre em minha companhia) [com a folha de vassourinha].
14 – Você, riqueza, deve vir para descansar.
15 – Venha descansar;
16 – Deve dormir e ainda descansar!
17 – Todas as sortes, vocês devem vir para minha casa!
18 – Todas as sortes, você devem vir para descansar!
19 – Tẹ́tẹ́lájé (tenha riqueza logo), Tẹ́tẹ́lájé vem correndo,
20 – Para trazer todas as sortes para mim.
21 – Aje, venha correndo, venha para comprar aquele tẹ́tẹ́ni para mim (folha).
22 – Tẹ́tẹ́ni, que é a primeira roupa de todas as sortes.
23 – Todas as sortes, venham correndo,
24 – Para me comprar o que é meu, para mim.
25 – Tẹ́tẹ́ni é o nome da primeira roupa que compramos.
26 – Todas a sortes, venham correndo,
27 – Para me comprar o que é meu, para mim.
28 – Assim seja!

12 – BÍ AṢẸ MA ṢÉ (Modo de fazer)
Mastigar os nove grãos de pimenta-da-costa e cuspi-los nas duas mãos. Esfregar as mãos uma na outra e mentalizar o que deseja agilizar, passando-as na cabeça. Imprimir o odù Ògúndá-gbé sobre o ọsun no prato, recitando o ọfọ. Acondicioná-lo na cabacinha.

13 – BÍ AṢẸ MA LÒ (Modo de usar)
Colocar o ọsun dentro do sapato (lado esquerdo), dizendo em voz alta: "Ogúndá venceu Ọgbè!" Calçar o sapato e ir resolver a situação. Usar o ọsun até o mesmo terminar e quando houver necessidade.
O objetivo desta magia é proporcionar ao usuário desembaraço e velocidade nas coisas que está querendo resolver há muito tempo.

14 – ỌJỌ́ TÓ TỌ́ (dia propício)
Quarta, quinta e sexta-feira.

15 – ÀSÌKÒ (Hora)
Para fazer: entre 18 e 23 horas.
Para uso: conforme a necessidade.

16 – ÒṢÙPÁ (Lua)
Crescente, Cheia ou Nova.

17 – IBI (LOCAL)
Ẹ̀gbẹ́ e residência.

18 – ỌJỌ́ LÁTI LÒ (Dia para uso)
Conforme a necessidade.

19 – ENI TÓ MA ṢÉ (Oficiante)
Bàbálawó.

20 – OHUN TÍ KÒ GBỌ́DỌ̀ ṢÉ (Resguardo)
Não há.

21 – ṢÉ ÀKÍYÈSÍ PÀTÀKÌ (Observação Importante)
1. O ọsun, pó vermelho de origem africana, pode ser substituído pelo nosso urucum em pó. Na magia, tido como elemento propiciatório de vitórias, boas notícias, etc.
2. Caso o usuário queira repetir o ato de esfregar as mãos com pimenta, poderá fazê-lo antes de colocar o ọsun no sapato.

Capítulo 12

Ọ̀wọ́nrin Méjì
Sexto Odù
dos Dezesseis Principais

1 – ỌWỌ́ ẸYỌ MẸ́RÌNDÍNLÓGÚN (Jogo de Búzios)

2 – IKÉ ADÍFÁ (Caídas dos Búzios)
Seis búzios abertos e dez fechados.

3 – ÌWÀ ODÙ (Características do Odù)
Vitórias. Calúnias. Doença estomacal. Sofrimento por ingratidão. Morte. Nascimento. Problemas renais. Comércio próspero. Magia maléfica.

4 – ẸSẸ̀ ODÙ (Lendas Basicas explicativas sobre os caminhos de Odù)
5 – ODÙ Ọ̀WỌ́NRÌN MÉJÌ
Primeiro ẸSẸ̀ ODÙ Ọ̀WỌ́NRÌN MÉJÌ (primeiro verso do ODÙ Ọ̀WỌ́NRÍN MÉJÌ) ẸSẸ̀ ÈKÍNI – (primeira instância)

YORÙBÁ
1 – Ọ̀lànà ọwọ́ ní Ṣ'awò l'òdè ido.

2 – Ọ̀lànà ẹsẹ ní Ṣ'awò wọ́n l'òdè Ọ̀tún.

3 – Ọtọ, Ọya ní Ṣ'áwò won l'òdè kórò.

4 – Íbí tí o ba wà lóri awo l'óní,

5 – Kí ó máà dií,
6 – Kí o máà rẹ́ẹ́ s'ílẹ̀ ọmọ.

7 – A D'Ifá fún Ọ̀rúnmìlà,

TRADUÇÃO
1 – Ọ̀lànà ọwọ́ é aquele que faz o culto na praça de Idò.

2 – Ọ̀lànà ẹsẹ é aquele que faz o culto na praça de Ọ̀tún,

3 – Ọtọ Ọya que faz o culto na praça de Kórò.

4 – Onde quer que estejam na cabeça de Awo, hoje,

5 – Vai amarrando-os,
6 – Vai guardando-os no fundo do rio.

7 – Faz com que joguemos para Ọ̀rúnmìlà,

8 – *Nígbàti o nṣe awo rẹ́ odè Òyọ́.*
9 – *Nwọ́n ni kí o rú ẹbọ àkùkọ adiẹ méji.*
10 – *Ẹíyẹle kan, óbi mẹ́tà epò púpà.*
11 – *Nitori ki ọnã àjò rẹ bã dara.*
12 – *Òrúnmìlà rù ẹbọ, o sí gbe ẹbọ naa sí etí odò.*
13 – *Ifá ní kí o rù ẹbọ nitori ìrìn àjò,*
14 – *Kí a ba lò kọ́ iṣẹ òni d'élé.*

15 – *Adòòlúkẹ n'ṣẹ awo lọ òdè Ajikẹọlú.*
16 – *Adétutu n'ṣẹ awo lọ òdè Aji-fọran-rere lọ.*
17 – *A D'Ifá fún Òrúnmìlà,*
18 – *Ni ọjọ́ ti o n'ṣẹ awó rẹ̀ lọ Ajikẹòlú.*
19 – *Nwọ́n ṣo fún pé ki ó fí ẹwúré bọ òkè ìpònrí rẹ*
20 – *Kí, onã àjò rẹ ba lè dara fún.*
21 – *Òrúnmìlà kò bò òkè ìpònrí rẹ titi ó fi lọ só, ọnã àjò.*
22 – *Nígbàti ò dé ibiti ó nlọ ṣe awo.*
23 – *Kò sí ẹniti ó wá sí ọdọ̀ rẹ̀ láti ṣe awo.*
24 – *Nígbàti o rí pé ebí npa òun.*
25 – *Nígbàna ni ó padà wa sí ilé láti wá bọ òke ìpònrí rẹ.*
26 – *Nígbàti o pa ẹwurẹ náà, o pin fún àwon àgbà, àgbà ìlú,*

8 – Quando foi fazer o culto na cidade de Ọ̀yọ́.
9 – Falaram para fazer sacrifício de dois frangos,
10 – Um pombo e três obi, óleo de dendê;
11 – Para que sua viagem fosse boa.
12 – Ọ̀rúnmìlà fez a oferenda como recomendado e colocou à beira do rio.
13 – Ifá nos está pedindo para fazer um sacrifício por causa da viagem,
14 – O que iremos fazer. Diz que assim poderemos trazer o nosso lucro até nossa casa.
15 – Adòòlúkẹ, ele está fazendo culto na praça de Ajikẹòlú.
16 – Adétutu, em Aji-fọran.
17 – Falaram para ser feito o jogo para Ọ̀rúnmìlà,
18 – No dia em que estiver fazendo seu culto na praça de Ajikẹòlú.
19 – Falaram para ser feita uma oferenda de bode para seu antepassado,
20 – Para que a viagem seja boa.
21 – Ọ̀rúnmìlà não fez a citada oferenda para seu antepassado, antes de viajar.
22 – Quando chegou ao lugar onde iria fazer o culto,
23 – Ninguém veio até ele para ajudá-lo,
24 – Quando sentiu fome,
25 – Aí voltou para casa a fim de fazer a oferenda para seu antepassado.
26 – Quando ele matou o bode, distribuiu os pedaços para os velhos da cidade.

27 – *Nwọ́n sí bẹ̀rẹ̀ sí fún ni ẹgbẹ̀wà, ẹgbẹ̀ wá.*
28 – *Ọrúnmilà di òlówò ni ọjọ́ náà,*
29 – *Ó si bẹ̀rẹ̀ sí kọ́ orin wípè:*
30 – *"Kabi owó mo wá o?*
31 – *Ara ẹnia ni owó má wá o?*
32 – *Ara ẹnia l'owó má wá o?*
33 – *Óla ni ẹnia wá o?"*
34 – *Ifá ni ẹniti a dá Ifá yí fún yio rí Òlúrànlọ́wọ́.*
35 – *Nínú óhùnkónhùn ti ó ba dá ọwọ́ lè láti ṣe;*
36 – *Bi kọ́ tílé sí ọwọ́ l'owó rè.*

27 – Aí eles começaram a dar-lhe 2 mil cauris.
28 – Ọrúnmilà ficou rico naquele dia,
29 – E começou a cantar assim:
30 – "Vamos perguntar onde está a riqueza?
31 – É com a própria pessoa que ela está?
32 – É com a própria pessoa que se encontra a riqueza?
33 – A riqueza está na própria pessoa?"
34 – Ifá disse que a pessoa vai encontrar amigos que a ajudarão.
35 – Em qualquer coisa que fizer.
36 – Mesmo que a pessoa não tenha dinheiro.

6 – **ÒRÌṢÀ TÍ IDÁHÙN** (Orixá que responde)
Èṣù, Ọṣun, Erínlẹ̀, Ọbaluayie, Bàbá Ẹgún.

7 – **ÀMÌ ODÙ – ORÚKỌ ODÙ** (Impressão das Marcas do Odù – Nome do Odù)

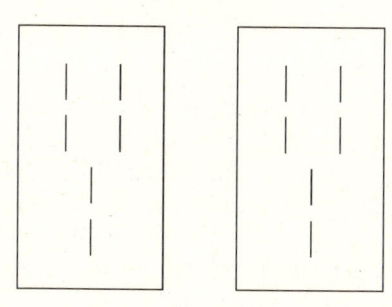

ÒWỌ́NRÍN MÉJÌ

8 – **ÒOGÙN ÀWÚRE ÌTAJÀ FÚN GBOGBO ONÍṢÓWÓ:** (Magia para aumentar as vendas em um local comercial)
Recitar o ọfọ do odù Ọ̀wọ̀nrín Méjì junto com o ẹbọ indicado por Ifá.

9 – **ÌDÍ** (Finalidade)
Esta magia propiciará sorte, sucesso, aumento de vendas, expansão comercial; serve para tornar positiva a vida do consulente.

10 – ÀWỌN OHUN ÈLÒ (Material necessário)
 – Iyọ̀ (sal)
 – Oyín (mel de abelhas)
 – Àdó (cabacinha)
 – Irú (ewé) [*Parkia filicoidea leguminosae*]
 – Èṣì ilẹ̀ (ewé) [*Urera mannii obovata*]
 – Idilẹ̀ (fundamento da terra) – terra onde está plantada èṣì ilẹ̀.
 – Omi (água)
 – Iko (palha-da-costa)
 – Odó (pilão)

11 – ỌFỌ̀ ÒOGÙN (Encantamento do Odù ỌWỌ́NRÌN MÉJÌ)

YORÙBÁ	TRADUÇÃO
1 – *Irú ló ní ki ọmọdé àti àgbà máà rú wa.*	1 – Irú é aquele que ordenou às crianças e aos adultos que viessem a mim.
2 – *Iyọ lo ni ọmọdé àti àgbà máà yò mọ́ mí.*	2 – É Iyọ que ordena às crianças e aos adultos que sejam alegres comigo.
3 – *Èṣì ilẹ̀ ni ki ọmọdé àti àgbà máà fí owó owó wọ́n yìn mí.*	3 – Èṣì Ilẹ̀ é aquele que ordena às crianças e aos adultos para que usem suas riquezas a fim de me dar sustento.
4 – *Ẹnìkan ki fí oyin sénu ki ó túdà nù.*	4 – Ninguém põe na boca e cospe.
5 – *Kí tọ́mọdé tàgbá*	5 – Que tanto crianças como adultos
6 – *Máà yò mọ́ mí.*	6 – Fiquem satisfeitos comigo.

12 – BÍ AṢẸ MA SÉ (Modo de fazer)
No pilão, colocar o irù e o iyọ e socar. Acrescentar èṣi ilẹ, um pouco de água e misturar bem. Por último, acrescentar o mel de abelhas e acondicionar na cabaça. Nesse momento, recitar o ọfọ antes de tampar a cabaça. Trançá-la com a palha-da-costa de maneira que possa pendurá-la. Deixar por três dias aos pés de Èṣù.

13 – BÍ AṢẸ MA LÒ (Modo de usar)
No terceiro dia, pendurar a cabaça acima da porta principal da casa do consulente.

14 – ỌJỌ́ TÓ TỌ́ (dia propício)
Quartas e quintas-feiras.

15 – ÀSÌKÒ (Hora)
   Para fazer: entre 24 e 4 horas.
   Para uso: 24 horas.

16 – ÒṢÙPÁ (Lua)
   Crescente ou Nova.

17 – IBI (Local)
   Para fazer: Ẹgbẹ́
   Para usar: comércio

18 – ỌJỌ́ LÁTI LÒ (Dia para uso)
   Sexta-feira ou domingo.

19 – ENI TÓ MA ṢÉ (Oficiante)
   Bàbálawó.

20 – OHUN TÍ KÒ GBỌ́DỌ̀ ṢÉ (Resguardo)
   No dia em que for feita a magia, o usuário deve manter-se em total silêncio, mentalizando os seus desejos.

21 – ṢÉ ÀKÍYÈSÍ PÀTÀKÌ (Observação Importante)
   1. É importante que seja verificado se o local onde a cabacinha será pendurada está limpo, astral e fisicamente. Caso contrário, providenciar antes a limpeza indicada por Ifá.
   2. A magia deve ser renovada a cada 12 meses, conforme a indicação do oficiante.

Capítulo 13

Ọ̀bàrà Méjì
Sétimo Odù
dos Dezesseis Principais

1 – ỌWỌ́ ẸYỌ MẸ́RÌNDÍNLÓGÚN (Jogo de Búzios)

2 – KÁ DA OWÓ ẸYỌ MẸ́RÌNDÍNLÓGÚN (Caídas dos Búzios)
Sete búzios abertos e nove fechados.

3 – ÌWÀ ODÙ (Características do Odù)
Prosperidade. Tendência à pobreza. Desprestígio. Insegurança. Novos negócios. Falsidade. Novas oportunidades.

4 – ẸSẸ̀ ODÙ (Lendas básicas explicativas sobre os caminhos do Odù).

5 – ODÙ Ọ̀BÀRÀ MÉJÌ.
Primeiro ẸSẸ̀ ODÙ Ọ̀BÀRÀ MÉJÌ (primeiro verso do ODÙ Ọ̀BÀRÀ MÉJÌ) ẸSẸ̀ EKÍNI – primeira instância.

YORÙBÁ	TRADUÇÃO
1 – *ỌMỌ ÉGÚN NA KÍ ỌTÍ TÈTÈ PANI.*	1 – O filho de Ẽgún pega rapidamente a cabaça de bebida,
2 – *Ó tá èyí wìnìwìnì kanlẹ̀.*	2 – Ele espalhou um pouco de bebida no chão.
3 – *Adífá fún ọká,*	3 – Foi feito o jogo para Ọka,
4 – *ỌMỌ ÌLÚ ÌLÓRÒ, FÚN ÈRÈ̀,*	4 – Filha da cidade de Ìlórò, foi feito também para Erè,
5 – *Ọmọ Ilàbàtà.*	5 – Filha da cidade de Àbàtà.
6 – *Adífá fún àkekè,*	6 – Foi feito o jogo para Àkekè,
7 – *Ọmọ iléèpò.*	7 – Filho da cidade de Epò.
8 – *Adífá fún ẹiyẹlé,*	8 – Foi feito o jogo para Ẹyẹle,
9 – *Ọmọ Láṣèwé.*	9 – Filho de Láṣèwé.
10 – *Nwọ́n ní kí gbogbo wọ́n ó rúbọ.*	10 – Pediram a todos que fizessem oferendas.
11 – *Nwọ́n rúbọ́ tán,*	11 – Ao acabarem de fazer as oferendas,

Ọ̀bàrà Méjì – Sétimo Odù dos Dezesseis Principais

12 – *Nwọ́n ṣe Ifá fún wọn.*
13 – *Ni nwọ̀n bá bẹ̀rẹ̀ sí ní ọ̀pọ̀lọpọ̀ àláàfíà ara.*
14 – *Ìgbàtí inú wọ́n dùn tán,*
15 – *Orin awo ni wọ́n nkọ.*

16 – *Nwọ́n ní: mo mọ̀ yin o,*
17 – *Ẹ dàbọ̀.*
18 – *Mó m'ọká,*
19 – *Ọmọ ìlú Ìlorò.*
20 – *Mo merè,*
21 – *Ọmọ ilàbàtà.*
22 – *Mọ̀ àkekè,*
23 – *Ọmọ ilúèpò.*
24 – *Mo meyẹlé,*
25 – *Ọmọ Láṣèwé.*
26 – *Ẹ̀ṣé ò ṣohun àmúṣeré,*

27 – *Ìyà ò ṣohun àmúsàwadà.*

28 – *Adífá fún Èji Ọ̀bàrà,*

29 – *Ti nhàgbọ́n ọlà;*

30 – *Ti gbogbo ayé nrín.*
31 – *Ó hàgbọ́n ọlà tán,*

32 – *Nwọ́n ní ó gbẹlẹ́gẹ́dẹ́.*

33 – *Ó gbẹlẹ́gẹ́dẹ́ tán.*

34 – *Ẹlẹ́gẹ́dẹ́ bo rebete,*

35 – *Ò kẹ́ ẹ.*
36 – *Ó kó sórí àpátá,*
37 – *Ó ṣa a,*
38 – *Ó gbè.*
39 – *Èṣù ní ó rúbọ.*

40 – *Ó ní òhún ti rúbọ.*

41 – *Èṣù ní kí ó kó ẹlẹ́gẹ́dẹ́ rẹ̀ sínú ilé,*
42 – *Kí a kọ́ ó lọ sílé Àlárá;*

12 – Foi feito o jogo para eles.
13 – Aí eles começaram a ter muita saúde.
14 – Quando se tornaram felizes,
15 – Foram as canções do fundamento que começaram a cantar.
16 – Disseram: Eu agradeço.
17 – Aceite minha licença.
18 – **Eu conheço** Ọka,
19 – Filho da cidade de Ìlórò.
20 – Eu conheço Erè,
21 – Filho da cidade de Àbàtà.
22 – Eu conheço Àkekè,
23 – Filho da cidade de Epò.
24 – Eu conheço Ẹiyẹlé,
25 – Filho da cidade de Láṣèwé.
26 – Pobreza não é coisa com a qual se brinque,
27 – Sofrimento não é coisa da qual se deboche.
28 – Foi feito o jogo para Èji Ọ̀bàrà (odù),
29 – Que está fazendo a cesta da riqueza,
30 – Do qual todos estão rindo.
31 – Ele acabou de fazer a cesta da bondade.
32 – Pediram a ele para semear pepinos.
33 – Ele, então, acabou de plantar pepinos.
34 – Eles nasceram grandes e em bastante quantidade.
35 – Ele os cortou,
36 – E os botou em cima da rocha,
37 – Espalhou os pepinos ao sol,
38 – Eles secaram.
39 – Èṣù pediu a ele para fazer as oferendas.
40 – Ele então respondeu que já tinha feito as oferendas.
41 – Èṣù pediu a ele que colocasse os pepinos dentro da casa,
42 – Para levá-los à casa de Alárá,

43 – *Tó fẹ́ fi ẹlẹ́gẹ́dẹ́ se òkú iyá a ṛẹ́.*

44 – *Ó gbọ́ra ó sílé Alárá.*

45 – *Ó tá ọpọlọpọ ẹlẹ́gẹ́dẹ́ fún Alárá.*

46 – *Èṣù tún ní kí ó gbéra,*

47 – *Kí ó lọ sílé Ajèrò.*

48 – *Ó tún tá ọ̀pọ̀lọpọ̀ ẹlẹ́gẹ́dẹ́ fún Ajèrò,*

49 – *Bẹ́ẹ̀ ló tà ẹlẹ́gẹ́dẹ́ káàkìri,*

50 – *Fún gbogbo àwọ́n ọlọ́jà mẹ́ríndílógún, (ní Ajerò)*

51 – *Ló bá dalájé;*

52 – *Ó dolówó rẹbẹtẹ.*

53 – *Ijó ní njó,*

54 – *Ayọ̀ ní nyọ̀, ó nyín àwọn awo rẹ̀.*

55 – *Àwọn awo o rẹ̀ nyin Ifá.*

56 – *Ó Ya ẹnu kótó;*

57 – *Orin awo lọ bọ sí l'ẹ́nu.*

58 – *Ẹsẹ tí ó nà,*

59 – *Ijó fá à.*

60 – *Ó ní bẹ́ gongon ni:*

61 – *Ni awọ́n awo òun nṣẹnu rere ó pè Ifá,*

62 – *Ìṣẹ́ ṣohun àmúṣeré,*

63 – *Ìya ò ṣohun àmúsàwàdà.*

64 – *Adífá fún Èjì Ọ̀bàrà.*

65 – *Ti nhagbọ̀n ọ̀là.*

66 – *Ti gbogbo aye nrín,*

67 – *Ẹlẹ́gẹ́dẹ́ méré.*

68 – *Èjì Ọ̀bàrà, kin ló ntà?*

69 – *Ti ó fi d'alaje?*

70 – *Ẹlẹ́gẹ́dẹ́ méré.*

71 – *Ó dà bí ntọ́ ọ̀kan wò,*

43 – O qual queria pepinos para a ocasião do culto da morte de sua mãe.

44 – Ele então levantou e foi para a casa de Alárá.

45 – Vendeu muitos pepinos para Alárá.

46 – Èṣù disse de novo para ele se levantar

47 – E ir para a casa de Ajèrò.

48 – Foi assim que ele vendeu os pepinos em Ajèrò,

49 – Que lhe foram pedidos para ele levar,

50 – Para todos os donos dos 16 mercados (de Ajèrò),

51 – E se tornou rico,

52 – Conseguindo muito dinheiro.

53 – Aí ele começou a dançar,

54 – Ficou feliz, e começou a elogiar os seus fundamentos.

55 – Seus fundamentos, em contrapartida, elogiavam Ifá.

56 – Ele abriu a boca admirado,

57 – Dela foram cançõse de fundamento que saíram.

58 – A perna que esticou,

59 – Foi pega pela dança.

60 – Ele disse que é assim mesmo:

61 – Que os fundamentos dele chamaram Ifá com boa voz.

62 – Pobreza não é coisa de brincadeira.

63 – Sofrimento não é coisa da qual se deboche.

64 – Foi feito o jogo para Èjì Ọ̀bàrà.

65 – Ele está fazendo a cesta da riqueza.

66 – Todos estão debochando.

67 – Dos pepinos (de Erè) somente.

68 – Èjì Ọ̀bàrà, que está vendendo?

69 – O que o tornou rico?

70 – Somente os pepinos.

71 – Me dá vontade de experimentar um.

72 – *Ẹlẹ́gẹ́dẹ́ méré.*
73 – *Èjì Ọ̀bàrà kin ló ntà?*
74 – *Ti ó fí d'olówó?*
75 – *Ẹlẹ́gẹ́dẹ́ méré.*

72 – Somente os pepinos.
73 – Èjì Ọ̀bàrà, o que está vendendo?
74 – O que o tornou rico?
75 – Somente os pepinos.

6 – ÒRÌṢÀ TÍ IDÁHÙN (Orixá que responde)
Òṣúmarè, Ẹrínlẹ̀, Àbíkú, Ọya, Ifá.

7 – ÀMÌ ODÙ – ORÚKỌ ODÙ (Impressão das Marcas do Odù – Nome do Odù)

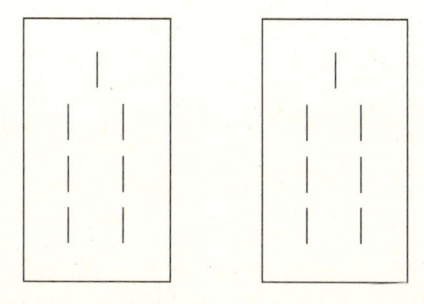

ỌBÀRÀ MÉJÌ

8 – ÒOGÙN ỌṢẸ ÀWÚRE (Magia do sabão para sorte)
Recitar o ọfọ do odù junto com o ẹbọ indicador por Ifá.

9 – ÌDÍ (Finalidade)
Esta magia propiciará ao usuário recebimento de coisas boas, novas propostas de trabalho, negócios. As coisas boas procurarão o usuário, ascensão profissional. Esta magia deve ser usada, principalmente, por trabalhadores e comerciantes.

10 – ÀWỌN OHUN ÈLO (Material necessário)
– Ọṣẹ dúdú (sabão-da-costa)
– Abo adiẹ (galinha que já teve pintinhos)
– Obì àbàtà (dois obí àbàtà de três, quatro ou cinco cotilédones)
– Ìtàkùn ata (raiz de pimenteira velha, que dá fruto de ano em ano)
– Odidi ọ̀gã (um camaleão inteiro, seco)
– Ẹwẹ́ ìrókò (folha de ìrókò (*Chlorophora excelsa*) ou de gameleira-branca)
– Kànrìnkàn (bucha vegetal)
– Igbá ọlọ́mọrí (cabaça com tampa)
– Odó (pilão)

11 – ỌFỌ̀ ÒOGÙN (Encantamento do sabão para sorte)

YORÙBÁ
1 – Ìgbá ònigbá
2 – Awo aláwo ni ìrókò nló láti fi tò ilé
3 – Kí owó òlówò o di tèmi l'óní
4 – Kí ọrẹ́ ọlọ́rẹ́ o di témi l'óní
5 – Orí igi ata ki dá sún ọmọ nígbàkan
6 – Kí owó máṣe dá ní ọwọ́ mí
7 – À bá tí Alágẹ́mọ bá dá.
8 – Ni òrìṣà òkè ó gbá.

TRADUÇÃO
1 – A cabaça dos outros.
2 – O prato dos outros é que Ìrókò usa para enfeitar a casa.
3 – Que o dinheiro dos outros seja meu hoje.
4 – Que o prêmio dos outros seja meu hoje.
5 – A pimenteira não dá uma pimenta por vez (dá muitas pimentas).
6 – Que o dinheiro não falte na minha mão.
7 – A intenção que Alagẹmọ (òrìṣà) pretende realizar (Alagẹmọ = camaleão)
8 – É o que os òrìṣà irão aceitar.

12 – BÍ AṢẸ MA ṢẸ ṢÉE (Modo de fazer)
Socar no pilão o camaleão, a raiz de pimenteira, a folha de ìrókò, os obí àbàtà. Depois de tudo pilado junto, colocar diretamente no chão. Acrescentar o sabão-da-costa. Misturar tudo e sacrificar a galinha. Voltar a misturar, então recitar o ọfọ. Acomodar o ọṣẹ awure na cabaça.

13 – BÍ AṢẸ MA LÒ (Modo de usar)
Espalhar um pouco do sabão na bucha vegetal e tomar banho, jogando-a na mata após o uso. Depois de tomar banho, não ir para a rua e nem falar com ninguém por, pelo menos, 24 horas.

14 – ỌJỌ́ TÓ TỌ́ (dia propício)
Segunda, terça, quarta ou quinta-feira.

15 – ÀSÌKÒ (Hora)
Para fazer: entre as 24 as 4 horas.
Para uso: 24 horas..

16 – ÒṢÙPÁ (Lua)
Nova ou Crescente, Cheia ou Nova.

17 – IBI (LOCAL)
Para fazer: Ẹgbẹ́
Para Usar: residência

18 – ỌJỌ́ LÁTI LO (Dia para uso)
Terças e quintas-feiras, às 24horas.

19 – ENI TÓ MA ṢÉ (Oficiante)
Bàbálawó.

20 – OHUN TÍ KÒ GBỌ́DỌ̀ ṢÉ (Resguardo)
A partir do primeiro banho, o usuário não poderá comer galinha durante dois dias.

21 – ṢÉ ÀKÍYÈSÍ PÀTÀKÌ (Observação Importante)
1. A galinha usada nesta magia já deve ter tido muitos pintinhos.
2. O obí tem de ter de três a cinco cotilédones.
3. A raiz de pimenteira tem de ser de uma árvore que já tenho dado pimenta várias vezes.

Capítulo 14

Ọ̀kànràn Méjì
Oitavo Odù
dos Dezesseis Principais

1 – ỌWỌ́ ẸYỌ MẸ́RÌNDÍNLÓGÚN (Jogo de Búzios)

2 – KÁ DA OWO ẸYỌ MẸ́RÌNDÍNLÓGÚN (Caídas dos Búzios)
Oito búzios abertos e oito búzios fechados.

3 – ÌWÀ ODÙ (Características do Odù)
Inimigos rondando. Tendência a ter fortuna. Doenças. Morte repentina. Descontentamento. Pessoa mal-agradecida. Orgulho. Oferendar Ẽgún.

4 – ẸSẸ̀ ODÙ (Lendas básicas explicativas sobre os caminhos do Odù)

5 – ODÙ Ọ̀KÀNRÀN MÉJÌ
Primeiro ẸSẸ̀ ODÙ Ọ̀KÀNRÀN MÉJÌ (primeiro verso do ODÙ Ọ̀KÀNRÀN MÉJÌ) ẸSẸ̀ EKÍNI – primeira instância

YORÙBÁ	TRADUÇÃO
1 – Àrá kò sán rí ní àsìkò ọyẹ́,	1 – Nunca trovejará durante a estação de Ọyẹ́*.
2 – Kùrukùru ò tá mọ̀nàmọ́ná.	2 – Durante a estação de Kurukuru* não há raio.
3 – Akọ àparò, abo àparò,	3 – Codorna macho, codorna fêmea,
4 – Nwọ́n ò lagbe lóri sansansan.	4 – Não tem crista na cabeça aparentemente.
5 – Adífá fún Ọlọ́fin,	5 – Fizemos o jogo de Ifá para Ọlọ́fin,

---

* N.A.: Ọyẹ́ e Kurukuru são sinônimos e referem-se a uma estação climática da Nigéria, equivalente a tempo frio.

6 – *Ọlọ́fin nrùntẹ̀.*
7 – *Nwọ́n ní ò gbọ́dọ̀ kú rùntẹ̀,*
8 – *Ònàṣẹ́ aya rẹ̀, n 'ṣọ̀jọ̀jọ̀ àrùn.*
9 – *Nwọ́n ní ò gbọ́dọ̀ kú àrùn.*
10 – *Ọ̀kànbí, ọmọ rẹ̀, nṣọrẹngẹdẹ.*
11 – *Nwọ́n ní kó ní kú nítorí Àrùn,*
12 – *Onídúdú gba dúdú,*
13 – *Onípupa gba pupa,*
14 – *Aláyinrin gbayinrin,*
15 – *Baraapètú.*
16 – *Ò bá mò mọ̀ kókú,*
17 – *Ó kọ̀ àrùn,*
18 – *Baraapètú.*

6 – Ọlọ́fin está ficando leproso.
7 – Disseram que ele não vai morrer de lepra.
8 – Ònaṣẹ̀, sua esposa, está ficando com a doença.
9 – Disseram que ela não vai morrer dessa doença.
10 – Ọ̀kámbí, seu filho, também ficou doente.
11 – Disseram que ele não vai morrer da doença.
12 – Aquele de preto aceitou o preto,
13 – Aquele de vermelho aceitou o vermelho,
14 – Aquele de brilho aceitou o brilho.
15 – Baraapètú (nome de um antepassado, um ẽgúngún).
16 – Você deve rejeitar a morte,
17 – Rejeitar a doença,
18 – Baraapètú.

Segundo ẸSẸ̀ ODÙ ỌKÀNRÀN MÉJÌ (segundo verso do ODÙ ỌKÀNRÀN MÉJÌ)
ẸSẸ̀ ẸKEJÌ – (segunda instância)

YORÙBÁ
1 – *Òṣàlà fìwà sókè.*
2 – *Adífá f'ólú méjì,*
3 – *Nwọ́n nsunkún ọmọ ọ́ ròde Ìwásànràn,*
4 – *Nwọ́n ní ẹbọ ní kí wọn ó wá rú,*
5 – *Kí wọn ó sì ta Ìbèjì lọ́rẹ.*
6 – *Nwọ́n sí ṣe béè.*
7 – *Nígbàtí wọ́n dé ọ̀dẹ́ Ìwàsànràn,*
8 – *Nwọ́n bí ọmọ,*
9 – *Ìbèjì sì ní ọmọ naa,*
10 – *Nwọ́n wá nyín àwọ́n awo.*
11 – *Tó dá Ifá fún wọn,*
12 – *Nwọ́n ní bẹ́ẹ̀ gẹ́gẹ́;*
13 – *Ni àwon awo àwọ́n nṣure rere pé Ifá.*

TRADUÇÃO
1 – Òṣàlà deixou seu comportamento no alto (como exemplo).
2 – Foi feito jogo para Ólú Méjì.
3 – Estão chorando, procurando o filho na praça de Iwàsánràn,
4 – Disseram que eles deveriam vir para fazer ẹbọ.
5 – E para dar oferendas à Òrìṣà Ìbéjì.
6 – E eles assim fizeram.
7 – Quando eles chegaram à praça de Ìwàsànràn,
8 – Naceram-lhes os filhos,
9 – Os filhos foram gêmeos.
10 – Eles começaram a elogiar seus fundamentos.
11 – Quem fez o jogo de Ifá para eles
12 – Disse que é assim mesmo.
13 – Que os fundamentos deles elogiam Ifá com boa voz.

14 – *Òṣàlà fì wà kókè.*

15 – *Adífá fún Olú Méjì,*
16 – *Nwọ́n nsúnkún ọmọ ó ròde Ìwásànràn,*
17 – *Mo di àtúmbí loní.*
18 – *Mo di àtúmbí!*
19 – *Òṣàlà fì wà sókè,(bí àpèjúwe)*

20 – *Mo di àtúmbí!*
21 – *Ólú méjì di mẹ́rìn (Àwọ́n nkán bẹ̀rẹ̀ sí ní lọsíwású ẹso rere yọ)*

22 – *Kọ́ ṣẹ!*
23 – *Òlú mẹ́rìn dì méjọ̀,*
24 – *Kó ṣẹ!*
25 – *Òlú méjọ̀ dì mẹ́rìndínlógún,*
26 – *Kọ́ ṣẹ!*
27 – *Ẹbọ tí mo rú dà,*
28 – *Kó ṣẹ!*

14 – Òṣàlà deixou seu comportamento no alto (como exemplo).

15 – Foi feito o jogo para Òlú Méjì,
16 – Estão chorando, procurando o filho na praça de Iwàsánràn,
17 – Eu nasci de novo, hoje.
18 – Eu nasci de novo!
19 – Òṣàlà deixou seu comportamento no alto (como exemplo),

20 – Eu nasci de novo!
21 – Òlú Méjì (dois Òlú) viraram quatro (as coisas começaram a melhorar, a frutificar, a dar resultados excelentes),

22 – Assim seja!
23 – Quatro Òlú viraram oito,
24 – Assim seja!
25 – Oito Òlú viraram 16,
26 – Assim seja!
27 – O ẹbọ que eu fiz foi aceito,
28 – Assim seja!

Terceiro ẸSẸ̀ ODÙ ỌKÀNRÀN MÉJÌ – (terceiro verso do ODÙ ỌKÀNRÀN MÉJÌ) ẸSẸ̀ ẸKẸ́TÀ – (terceira instância).

YORÙBÁ
1 – *Pàtámbọ́lẹ̀ Òkíríbìtì.*

2 – *Adífá fún àrìrà, gàgàagá,*

3 – *Èyí tíi sọmọ Ọ̀ránmíyàn lókò.*
4 – *Nígbàtí Ṣàngó mbẹ́ láàrin òṣìrì.*
5 – *Tí Olúbámbí mbẹ́ láàrin ọ̀tá,*

6 – *Nwọ́n bí í káaki mọ̀lẹ̀.*

7 – *Jàre, kí o bẹ̀rẹ fún ìràn lọ́wọ́*
8 – *Ẹbọ ni ó ṣe.*
9 – *Ìgbà tó rúbọ tan,*

10 – *Ó sì ní ìṣẹ́gun,*
11 – *Ó ní bẹ́ẹ̀ gẹ́gẹ́.*

TRADUÇÃO
1 – Pàtámbọ́lẹ̀ Okiribíti (Título, apelido, nome de Ṣàngó).
2 – Foi feito o jogo de Ifá para Àrírá, Gàgàagà.*

3 – Aquele que é filho de Ọ̀ránmíyàn na fazenda,
4 – Quando Ṣàngó está entre inimigos,
5 – Quando Òlúbámbí está entre inimigos,
6 – Pediram a ele que fizesse oferendas a Imọ́lẹ̀.
7 – Por favor, pediram por favor.
8 – A oferenda vai ser feita.
9 – Quando terminou de fazer oferenda,
10 – Ele conseguiu vitória.
11 – Ele disse que é assim mesmo.

*N.A.: Gàgàagà – som onomatopéico, imitativo da batida dos *ikin* no tabuleiro de Ifá.

12 – *Ni àwọ́n awo òun nṣẹnu rere pé Ifá.*
13 – *Pàtámbọ́lẹ̀ Òkíríbìtì.*
14 – *Adífá fún Àrìrà, gàgààgà,*
15 – *Èyi tíí sọmọ Ọ̀ránmíyàn lókò,*
16 – *Nigbàtí Ṣàngó mbẹ́ láàrin òṣìrì.*
17 – *Tí Olúbámbí mbẹ́ Làrín ọ̀tá.*
18 – *Njẹ́ kíni Àrìrà fí ṣẹ́gun ọ̀tá?*

19 – *Igba ọta?*

20 – *Igba ọta ni.*
21 – *L'Àrìrà fí ṣẹ́gun ,*

22 – *Igba ọta.*

12 – Seus fundamentos usam de boa voz para chamar Ifá.
13 – Pàtámbọ́lẹ̀ Okiribíti (título de Ṣàngó)
14 – Foi feito o jogo para Àrìrà, gàgààgà.
15 – Aquele que é filho de Ọ̀ránmíyàn na fazenda,
16 – Quando Ṣàngó está entre inimigos,
17 – Quando Òlúbámbí está entre inimigos,
18 – Agora, o que Àrìrà usou para conseguir vitória (ou vencer inimigos)?
19 – Duzentas pedras (usou a força de 200 òrìṣà)?
20 – Foram 200 pedras que
21 – Arira usou para vencer os inimigos,
22 – Duzentas pedras.

6 – ÒRÌṢÀ TÍ IDÁHÙN (Orixá que responde)
Ìrókò, Ifá, Iyẹmọja, Ọṣọ̀ọ̀sí, Ọdé, Ọya.

7 – ÀMÌ ODÙ – ORÚKO ODÙ (Impressão das Marcas do Odù – Nome do Odù)

ÒKÀNRÀN MÉJÌ

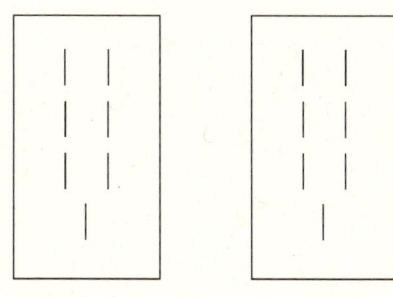

8 – ÒOGÙN ÌSỌ̀YÈ (Magia para ativar a memória)
Recitar o ọfọ enquanto estiver torrando os elementos.
A ó jó àwọ́n nkan gbogbo ti ó súyọ nínú.
Ọfọ̀ yi mó atarẹ
Ọfọ̀ yí mọ́ obí àti

*Ọfọ̀ yí mọ́ orógbó.
A ó máà fìfó ẹ̀kọ mú tàbí ká máà fi lá oyin ìgàn.*

Torrar atarẹ, obí e orogbo juntos até virar pó. Reservar.

9 – ÌDÍ (Finalidade)
Esta magia melhora a memória, fortalece a mente e permite que o usuário se lembre rapidamente das coisas. Ideal para estudantes que vão prestar exames e profissionais cujo principal instrumento de trabalho é a memória.

10 – ÀWỌN OHUN ÈLÒ (Material necessário)
 – Atarẹ (pimenta-da-costa)
 – Obí funfun (obí branco de 6 cotilédones)
 – Orógbó (orogbo)
 – Ewé atí kòròfo nẹyẹ okika (folha e casca da árvore de cajá-manga)
 – Ewé Eéran (*Digitaria debilis*)
 – Omi òjò (água de chuva)
 – Kúlúsọ (ẹrun talamọ) (formiga tanajura vermelha)
 – Ẹ̀kọ/ọkà bàbà (Àkàsà ou mingau de sagu)
 – Adó (cabacinha)
 – Ìkòkò-irin (panela de ferro)
 – Ọkọ ìtànná igi (fogão lenha)

* Torrar juntos conforme determinado no item 7. Misturar este pó àquele feito com os demais ingredientes.

11 – ỌFỌ̀ ÒOGÙN (Encantamento da magia)

YORÙBÁ	TRADUÇÃO
1 – *Ṣọ́kin awo o ṣọ́kìn.*	1 – Ṣọ́kin, fundamento de Ṣọ́kìn.
2 – *Ṣọ́kọ́ awo o ṣọ́kẹ́.*	2 – Ṣọ́kẹ́, fundamento de Ṣọ́kẹ́.
3 – *Ẹ̀fúufù-lẹ̀lẹ̀, awo ilé ẹlẹkìrì-bòjò.*	3 – Brisa, fundamento da casa de Ẹlẹkìrì-bòjò.
4 – *Ó dífá fún Ọ̀rúnmìlà,*	4 – Foi feito o jogo para Ọ̀rúnmìlà,
5 – *Níjọ́ tí Ifá ò níyè nínú mọ́!*	5 – No dia que Ifá não tem mais memória dentro de si!
6 – *Ifá ni, bó báyì ṣe pé tẹ́mi, ọmọ òun nì.*	6 – Ifá disse por que eu sou seu filho (pela vontade de Ifá eu sou seu filho).
7 – *Ó ni, ọgbọ́n ìnú mí ẹ̀gbéjè, Jẹ́ ọgọrun*	7 – Ele disse: a sabedoria dentro de mim é de 100 (muito grande o raciocínio)
8 – *Ìmẹ̀ràn Ikùn mí ẹ̀gbẹ́fà.*	8 – Dentro de mim é de 1.200 (muito grande).
9 – *Ọ̀nã mẹ́rìndínlógún lóníyẹ̀yẹ̀ ọ́ lójú sí,*	9 – São 16 caminhos que Iyẹyẹ (cajá) usa para fazer sua morada.

10 – *Gbogbo rẹ̀, ní í fí i ṣawò, tí fí í súnmí!*
11 – *Èyíti mo bá ńgbàgbé!*
12 – *Kí n máṣe gbàgbé mọ́!*
13 – *Ẹrọn kí o mà a rán ni létí pọnràn;*
14 – *Àgbàrá òjò ki ó máà gbé gbogbo ré wá bá mí.*
15 – *Tọ́tọ́ ojúdò aya ọmọ.*
16 – *Ẹ̀là, mámà jẹ́kí ìyè tèmigbé!*
17 – *Tọ́tọ́ etídò, Àyá omi!*
18 – *Kúlúsọ ilẹ̀ẹ́lè, kúlúsọ́ ẹrun talamọ,*
19 – *Àwòko ọ kọgba orin,*
20 – *Ọdídẹrẹ-Ọ̀fẹ̀ ẹyẹ Ìjàmọ̀,*
21 – *Kí ẹ gbẹ wọ́n wá sínú inú mí!*
22 – *Àrọ̀ kí o máà rọ̀ gbogbo rẹ̀ wá sínú-mí.*
23 – *Òlúòjiyẹ̀gbẹ́, fọran àtòri máà tó ó sí mí nínú gẹ̀ẹ̀rẹ̀gẹ̀.*

10 – São todos eles que utiliza para fundamentos e para que haja nascente de água!
11 – Aquilo que eu estou esquecendo!
12 – Que eu não esqueça mais!
13 – Ẹrọn, lembre-se sempre e espontaneamente.
14 – Gota de chuva, traga todas as minhas lembranças para mim.
15 – Tọ́tọ́ (planta da nascente do rio, esposa da água
16 – Òrìṣà Ẹ̀lá, nunca deixe minha sabedoria desaparecer!
17 – Tọ́tọ́ (planta da beira do rio), esposa da água!
18 – Kúlúsọ́ (Ant Lion) da terra,
19 – Àwòko (pássaro), cante 200 canções,
20 – Ọdídẹrẹ-Ọ̀fẹ̀ (pássaro) de Ijámọ̀ (oriki),
21 – Vocês, tragam todas as lembranças para dentro de mim.
22 – Deixe-me repleto de lembranças dentro de mim.
23 – Ólúòjiyẹ̀gbẹ́ (nome de um rei no antigo Ẹkiti), rapidamente, Àtòri, vai arrumando a luz dentro de mim, exatamente.

12 – BÍ ÀṢẸ MA ṢÉ (Modo de fazer)
Colocar todos os ingredientes, menos a cabacinha, na panela de ferro para torrar no fogão a lenha, até virar pó. Peneirar para obter um pó bem fino. Acondicionar na cabacinha. Guardá-la em lugar fresco e seco.

13 – BÍ ÀṢẸ MA LÒ (Modo de usar)
Diluir no ẹkọ (ou no mingau de sagu) e tomar diariamente, em jejum.

143 – ỌJỌ́ TÓ TỌ́ (dia propício)
Qualquer dia.

15 – ÀSÌKÒ (Hora)

Para fazer: à noite.
Para uso: pela manhã, bem cedo.

16 – ÒṢÙPÁ (Lua)
Nova, Crescente ou Cheia.

17 – IBI (LOCAL)
Para fazer: Ẹgbẹ́
Para uso: residência

18 – ỌJỌ́ LÁTI LÒ (Dia para uso)
Todos os dias.

19 – ENI TÓ MA ṢÉ (Oficiante)
Bàbálawó.

20 – OHUN TÍ KÒ GBỌ́DỌ̀ ṢÉ (Resguardo)
Nenhum.

21 – ṢÉ ÀKÍYÈSÍ PÀTÀKÌ (Observação Importante)
1. Se o usuário não gostar de àkàsà ou de sagu, pode misturar o ìsọ̀yè com mel de abelha ou suco de sua preferência, ou ainda leite de vaca.
2. Consumir o pó até o mesmo terminar. Se quiser, pode dar um intervalo de 30 dias e voltar a consumir novamente.

Capítulo 15
ÒGúndá Méjì
Nono dos
Dezesseis Principais

1 – ỌWỌ́ ẸYỌ MẸ́RÌNDÍNLÓGÚN (Jogo de Búzios)

2 – KÁ DA OWÓ ẸYỌ MẸ́RÌNDÍNLÓGÚN (Caídas dos Búzios)
Nove búzios abertos e sete búzios fechados.

3 – ÌWÀ ODÙ (Características do Odù)
Primordialmente ligado a Ògún, deus yorùbá da guerra e do heroísmo. Seu símbolo é o ferro, que representa a coragem.
Coragem. Vitória. O sucesso depende principalmente da força do orí. Armas. Impotência sexual. Desconsideração. Egoísmo. Doença bucal. Esterilidade feminina.

4 – ẸSẸ̀ ODÙ (Lendas básicas explicativas sobre os caminhos do Odù)

5 – ODÙ ÒGÙNDÀ MÉJÌ
Primeiro ẸSẸ̀ ODÙ ÒGÙNDÀ MÉJÌ – (Primeiro Verso — ODÙ ÒGÚNDÁ MÉJÌ)
ẸSẸ̀ EKÍNI – (primeira instância)

YORÙBÁ	TRADUÇÃO
1 – Àwọ́n Olùmọ̀rọ̀ran wa, àma ro gbogbo ré.	1 – Òrúnmilà disse: Quando chegarmos diante do nosso conselheiro, contaremos tudo (nós abriremos com ele).
2 – Ifá mo ní Tani ólè gbénidé ibi àilópin, ẹni tó manda àbò bo ni.	2 – Ifá, eu pergunto, quem é capaz de levar alguém até o infinito? Estar sempre acompanhando (protegendo a pessoa)?
3 – Ṣàngó ní òhun lè gbé ní dé ibi àilópin.	3 – Ṣàngó disse que ele é capaz de levar alguém até o infinito.
4 – Nwọ́n ni njẹ́, bì rìn títí,	4 – Perguntaram a ele: Se você caminhar tanto,

5 – *Bí o bá bùrìn bùrìn,*
6 – *Bó o bá dé ìlú kòsò;*

7 – *Ilé bàbá re nkọ́?*
8 – *Bí nwọ́n bá se gbẹ̀gìrì,*

9 – *Bí wọ́n bá rọkà,*
10 – *Bí nwọ́n bá fún o lórógbó,*
11 – *À ti àkukọ adiẹ kan nkọ́?*
12 – *Ṣàngó ní bí mo bá ti yọ́ tán.*
13 – *Ngó padà sílé e mí ni.*
14 – *Nwọ́n ni Ṣàngó ò tó aláṣà nbá rọ̀kun.*
15 – *Ọ̀rúnmìlà ló dọ̀dẹ́dẹ́ nì bẹ́rẹ́*

16 – *Ifá mo ní ta ló tọ́ aláṣà nbá rọ̀kun?*
17 – *Ọyaní òun tó aláṣà nbá rọkun.*
18 – *Ọ̀rúnmìlà ló dọ́dẹ̀dẹ̀ nì bẹ́rẹ́,*
19 – *Bi ó bá bùrìn bùrìn.*
20 – *Bi ó bá délẹ́ ní Irá*

21 – *Nilé bàbá rè?*
22 – *Bi ó pa ẹranko gangan fún e,*
23 – *À ti báà ni ìkòkò pèlú ègbo?*

24 – *Ọya ni: nígbà o bá yọ tán,*

25 – *Mo bápàda lo sé ieé.*
26 – *Nwọ́n ni ti Ọya tà ló tó àláṣàn bá rọkun.*
27 – *Ọ̀rúnmìlà ni: ngbà wa bé tori agba wa, àwa ni titi wọ́n.*
28 – *Ifá mo ní ta ló tó aláṣà nbà rọ̀kun?*
29 – *Ọ̀ṣàlà ní bí o lè bá ẹnikan tó àláṣàn bá rọkun.*

5 – Se você andar e andar,
6 – E você chegar na cidade de Kòsò (Cidade de Ṣàngó),
7 – Na casa de seu pai?
8 – Se cozinharem gbẹgiri (sopa de feijão branco),
9 – E prepararem ọkà (àmàlà),
10 – E lhe derem orogbo,
11 – E um frango?
12 – Ṣàngó falou: Quando eu estiver bem satisfeito,
13 – Eu voltarei para minha casa.
14 – Disseram que Ṣàngó não é capaz de levar alguém até o infinito.
15 – Ọ̀rúnmìlà disse: Quando chegarmos diante do nosso conselheiro, abriremo-nos com ele.

16 – Ifá, eu pergunto: quem é capaz de levar alguém até o infinito?
17 – Ọya falou que é capaz de levar alguém até o infinito.
18 – Perguntaram a Ẹ́lá: Se você caminhar tanto,
19 – Se você andar e andar.
20 – Se você chegar na cidade de Irà (Cidade de Ọya),
21 – Na casa de seu pai?
22 – Se matarem um animal, muito grande para você.
23 – E lhe derem uma panela de canjica?
24 – Ọya falou: Quando estiver bem satisfeita,
25 – Eu voltarei para minha casa.
26 – Disseram que Ọya não é capaz de levar alguém até o infinito.
27 – Ọ̀rúnmìlà disse: Quando chegarmos diante do nosso conselheiro, diremos tudo a ele.
28 – Ifá, eu pergunto, quem é capaz de levar alguém até o infinito?
29 – Ọ̀ṣàlà disse que ele é capaz de levar alguém até o infinito.

30 – *Nwọ́n ní njé bíorìn títí,*

31 – *Bí ó bá bùrìn bùrìn,*
32 – *Bo bá de Ifọ́n,*

33 – *Nílé bàbá rẹ nkọ́?*
34 – *Bi nwọ́n pa adiẹ tótóbi,*
35 – *Tí óní nínú rẹ ẹ yin púpọ̀*
36 – *Bi wọ́n bá igba Ìgbín,*
37 – *Àsi loláti ṣe ẹ̀gusi lilọ?*

38 – *Ọ̀ṣàlà wí: nigba ti ohun yọ tán,*
39 – *Ng ó padà sílé mí ni.*
40 – *Nwọ́n ni: ò lé ba ẹnikan tó àláṣàn bá rọkun.*
41 – *Ọ̀rúnmìlà ni: nígbà wa dé làárin àgbà wa, àwa ni titi wọ́n.*

42 – *Ifá, ng béèrè, tani lè bá ẹnikan tó àláṣàn rọkun?*
43 – *Èlégbàrá ni tó lè bá ẹnikan tó àláṣàn rọkun.*
44 – *Bèére fún ọ: bì o rin titi,*
45 – *À ti o bá bùrìn bùrìn,*
46 – *Titi o dé nílú Kètú,*

47 – *Nílé bàbá rẹ nkọ́?*
48 – *Bi wọ́n pá akukọ fun ọ,*
49 – *Pèlú epòlọ́ pòlọpọ̀?*
50 – *Èlégbàrá wí ti: nígbà ng ba ti yọ tan,*
51 – *Ng iyo délé si mí.*
52 – *Nwọ́n ni ti Elegbará ò lè bá titi àláṣàn rọkun.*

53 – *Ọ̀rúnmìlà ni igbati nwà làárin àgba wa, àwa ni titi wọ́n.*

54 – *Ifá ng bèèrè, tani lè bá ẹnikan titi àláṣàn rọkun?*

30 – Perguntaram a ele: Se você caminhar tanto,
31 – Se você andar e andar,
32 – E você chegar à cidade de Ifọn (Cidade de Ọ̀ṣàlà).
33 – Na casa de seu pai?
34 – Se matarem uma galinha grande,
35 – Que tenha ovos dentro dela,
36 – Se pegarem 200 caramujos,
37 – E usá–los para fazer molho de oṣiki (egusi)?
38 – Ọ̀ṣàlà respondeu: Quando eu estiver bem satisfeito.
39 – Eu voltarei para minha casa.
40 – Disseram que Ọ̀ṣàlà não é capaz de levar alguém até o infinito.
41 – Ọ̀rúnmìlà disse: Quando chegarmos diante do nosso conselheiro, contaremos tudo a ele.
42 – Ifá, eu pergunto, quem é capaz de levar alguém até o infinito?
43 – Èlégbàrá disse que ele capaz de levar alguém até o infinito?
44 – Perguntaram a ele: se você caminhar tanto,
45 – E andar e andar,
46 – Até você chegar à cidade de Kètú (Cidade de Èṣù),
47 – Na casa de seu pai?
48 – Se derem um galo para você,
49 – Com muito azeite de dendê?
50 – Èlégbàrá disse que quando eu estiver satisfeito,
51 – Eu voltarei para minha casa.
52 – Disseram que Èlégbara não é capaz de levar alguém até o infinito.
53 – Ọ̀rúnmìlà disse: Quando estivermos diante do nosso conselheiro, contaremos tudo a ele.
54 – Ifá, eu pergunto, quem é capaz de levar alguém até o infinito?

55 – Ògún ní Ògún tó àláṣàn nbá rọkun.
56 – Nwọ́n ní njẹ bí o bá rìn títí,
57 – Bí o bá bùrìn bùrìn,
58 – Bó dà dé ilù Iré,
59 – Nílé bàbá rẹ nkọ́?
60 – Bí nwọ́n bá fún ọ lẹ́wà ẹ̀yan,
61 – Bí nwọ́n pá abo ajá fún ọ tán,
62 – Tí nwọ́n fí àkùkọ adìẹ ṣèbòsẹ̀ rẹ̀,
63 – Bí nwọ́n bá fún ọ lọ́tí àti emu nkọ́?
64 – Ògún ní bí mo bá yó tán o,
65 – Ìjálá tantanrantan;
66 – Ni ng ó máà sun bọ́ wáléè mí.
67 – Nwọ́n ní Ògún ò tó Àláṣàánbá rọkun.
68 – Òrúnmìlà ló dọ̀dẹ̀dẹ̀ mí bẹ́rẹ́.
69 – Ifá mo ní ta ló tó aláṣà nbá rọkun?
70 – Òrúnmìlà ní òún tó aláṣà bá rọkun?
71 – Nwọ́n ní njẹ̀ bó o bá rìn títí,
72 – Bó o bá bùrìn
73 – Bó o bá d'ókè Ìgétì
74 – Ilé bàbá rẹ nkọ́?
75 – Bí nwọ́n bá fún ó léku méjì olúwérẹ̀,
76 – Ẹja méjì abíwẹ̀ gbàdà,
77 – Obídìẹ méjì abẹ̀dọ̀ lùkẹ́lùkẹ́,

55 – Ògún disse que ele é capaz de levar alguém até o infinito.
56 – Perguntaram a ele: Se você caminhar tanto,
57 – E andar e andar,
58 – Se você chegar à cidade de Irè (Cidade de Ògún),
59 – Casa de seu pai?
60 – Se derem para você feijão cozido,
61 – E acabarem de matar um cachorro para você,
62 – E usarem um galo para fazer oferenda para você,
63 – E derem para você cachaça e ẹmu? (ẹmu = vinho de palma)
64 – Ògún disse que quando estiver bem satisfeito,
65 – Ijálá em alto tom:
66 – Que seguirei cantando na volta para minha casa.
67 – Disseram que Ògún não é capaz de levar alguém até o infinito.
68 – Òrúnmìlà disse: Quando estivermos diante do nosso conselheiro, diremos tudo a ele.
69 – Ifá, eu pergunto, quem é capaz de levar alguém até o infinito?
70 – Òrúnmìlà disse que ele é capaz de levar alguém até o infinito.
71 – Perguntaram a ele: Se você caminhar tanto,
72 – E andar e andar,
73 – Quando você chegar à Montanha de Ìgétì,
74 – Casa de seu pai
75 – E derem para você dois hamsters que correm rápido,
76 – Dois peixes com barbatana grande,
77 – Duas galinhas com fígado grande,

78 – Ẹwúrẹ́ méjì abàkú rẹ̀dẹrẹ̀dẹ,
79 – Bí nwọ́n bá gúnyán,
80 – Tí nwọ́n r'okà,
81 – Bo o bá gbótí àbọ̀dá,
82 – Bo o bá gbata tí ò ṣíjú,
83 – Bo o bá gbóobì tí ó làdọ́?
84 – Ọ̀rúnmìlà ní: bí mo bá ti yó tán o,
85 – Ng ó padà wálé mí ni.
86 – Nwọ́n ní Ọ̀rúnmìlà pàápàá ò tó aláṣà nbá rọkun.
87 – Akápọ̀, ẹ́ ẹ̀ jusì;
88 – Ẹ́ ẹ̀ sọ̀rọ̀ kankan rárá.
89 – Ẹ́ ẹ̀ sọ̀rọ̀ nitori o yè jàwé.
90 – Ọ̀rúnmìlà, ng ò pé kò ní imọ̀;
91 – E wà fún mí ní mọ̀.
92 – Mapo èléré.
93 – Mọkun ọ̀tán.
94 – Mẹsin ilé ẹ lawẹ̀.
95 – Mapo èlẹ́jẹ̀lú.
96 – Ngọ́lájókòó, ọmọ Ọkinkin tíí mẹ̀rìn fọn.
97 – Ọ̀rúnmìlà ìwọ ni ẹniyin tíí boju; ìwọ ni kínní;
98 – Èmi ni ìgbẹ̀hìn.
99 – Àṣẹhìnwá, ba ni iwọ tíí kọ́ imọ sí ọmọ, báwó tí ba ni ni òé bi (= arailé)
100 – Ifá mo béère, tani lè bá ẹnikan titi àláṣàn rọkun?

78 – Duas cabras bem grandes,
79 – Se foi feito Iyan (purê de inhame para àmàlà)
80 – Se for preparado ọka (tipo de àmàlà)
81 – Se você aceita oti bem preparada (cachaça),
82 – E você aceita atarẹ (pimenta-da-costa),
83 – E você aceitou obí bem maduro e gostoso?
84 – Ọ̀rúnmìlà respondeu: Quando estiver bem satisfeito,
85 – Voltarei para minha casa.
86 – Disseram que Ọ̀rúnmìlà não é capaz de levar alguém até o infinito.
87 – Akápọ̀ (os bàbàláwò conselheiros) não puderam responder.
88 – Eles não falaram nada.
89 – Nada falaram porque não entenderam o provérbio.
90 – Ọ̀rúnmìlà, eu aceito que não tenho conhecimento,
91 – Vem me dar sabedoria.
92 – Mapo Èléré (oriki de Ọ̀rúnmìlà).
93 – Mọ̀kun Ọ̀tán (oriki de Ọ̀rúnmìlà).
94 – Mẹsìn ilé ẹ làwẹ̀ (oriki de Ọ̀rúnmìlà).
95 – Mapò Ẹ̀lẹ́jẹ̀lú (oriki de Ọ̀rúnmìlà).
96 – Sentado em cima da riqueza, filho de Ọkinkin, que faz com o que o elefante grite.
97 – Ọ̀rúnmìlà, você que é aquele que está adiante (você é o primeiro);
98 – Eu sou o último.
99 – Afinal de contas, foi você quem ensinou a sabedoria ao filho, como se fosse da família.
100 – Ifá, eu pergunto, quem é capaz de levar alguém até o infinito?

101 – *Ifá ní ti òrìṣà orí ní (odù, ori), ori perè,*
102 – *Tíí lè bá ẹnikan titi àláṣàn rọkun.*
103 – *Ọ̀rúnmìlà ni: bi Babaláwo kan bá kú,*
104 – *Nwọ́n ní: jù Ifá nínú ihò (ba iyo lọ ẹrọ wọ́n Babaláwo ni ìsìnkú rẹ́).*
105 – *Bi adọ̀ṣú kan Ti Ṣàngó kú,*
106 – *Nwọ́n ní: jù Ṣàngó rẹ lóde,*
107 – *Bi Àlúfà kan Ti Ògún kú,*
108 – *Nwọ́n ni: jù gbogbo inúdidùn rẹ Ti aginjù.*
109 – *Bi àlúfà kan Ti Òrìṣànlà kú,*
110 – *Nwọ́n ni: bá gbogbo ohun rẹ lodo pèlú ọ.*
111 – *Ọ̀rúnmìlà ni: latijọ́ àwọ́n ẹnia wà nkù,*
112 – *Titani lòrí gbẹ́ sílẹ̀ ṣàjù?*
113 – *Ifá ni ti orí nì,*
114 – *Orí pèrè,*
115 – *Tíí lè ni wa tọ titi rọkun.*
116 – *Bí nba ní owó lọ́wọ́,*
117 – *Nì orí mí pèlú tani nlọ kà.*
118 – *Orí mí nì ìwọ.*
119 – *Bi mo bá ní àwọn ọmọ láyé,*
120 – *Nì pèlú orí mí, pèlú tani ng lọ kà;*
121 – *Orí mí nì ìwọ.*
122 – *Gbogbo iré ti ng pèjọ láyé yí,*
123 – *Nì pèlú orí mí pèlú tani lọ kà;*
124 – *Orí mí nì ìwọ.*
125 – *Kò sí òrìṣà tíí dá nìí gbẹ;*
126 – *Lẹ́yìn orí ẹni.*
127 – *Orí pẹ̀le o adúpẹ́,*

101 – Ifá falou que é o òrìṣà orí (o destino, a cabeça), somente orí,
102 – Que é capaz de levar alguém até o infinito.
103 – Ọ̀rúnmìlà falou: Se um Babaláwo morrer,
104 – Vão dizer: Joguem o Ifá dentro do buraco (vão enterrar os instrumentos do Babaláwo em sua sepultura).
105 – Se um adọ̀sú de Ṣàngó morrer,
106 – Vão dizer: Joguem seu Ṣàngó fora (despachem seu Santo).
107 – Se um sacerdote de Ògún morrer,
108 – Vão dizer: Joguem todos os bens dele no mato.
109 – Se um sacerdote de Òrìṣànlà morrer,
110 – Vão dizer: Levem todas as coisas dele junto com ele,
111 – Ọ̀rúnmìlà falou: Desde o dia em que as pessoas estão morrendo,
112 – De quem a cabeça foi cortada para o chão, antes?
113 – Ifá disse que é orí,
114 – Somente orí,
115 – Que é capaz de nos conduzir até o infinito.
116 – Se eu tenho dinheiro nas mãos,
117 – É com meu orí que eu vou contar.
118 – Meu orí é você.
119 – Se eu tenho filhos no mundo,
120 – É com o meu orí que eu vou contar;
121 – Meu orí é você.
122 – Toda a sorte que eu encontro neste mundo,
123 – É com o meu orí que eu vou contar,
124 – Meu orí é você.
125 – Não há Òrìṣà que apóie sozinho;
126 – Além do orí.
127 – Orí, obrigado.

128 – Ẹniyin ti ní òóbi tẹtẹ;
129 – Ẹniyin ti ní ni orílẹ titi lòrìṣà tẹtẹ,
130 – Kò sí òrìṣà tíí ọpa orílẹ nikan,
131 – Níwájú lorí orílẹ,
132 – Orí pẹlẹ o adúpẹ́.
133 – Orí, ẹniyin ti bí àti lóríbí.
134 – Ẹniyin tani orí gbá báwa rubọ́ rẹ,
135 – Gbèsè dúrò ọpọlọpọ yọ.

128 – Aquele que consegue família logo;
129 – Aquele que leva a gente até o ṇrẹ́ṣà logo,
130 – Não há òrìṣà que apóie nos sozinho,
131 – Além do orí da gente,
132 – Orí, obrigado.
133 – Orí, aquele que nasce e sobrevive.
134 – Aquele a quem Orí aceita como sua oferenda (a pessoa),
135 – Deve ficar tremendamente alegre.

Segundo ẸSẸ̀ ODÙ ÒGÚNDÀ MÉJÌ (segundo verso do ODÙ ÒGÚNDÀ MÉJì)
ẸSẸ́ EKÉJI – (segunda instância)

YORÙBÁ
1 – Ifá ó lòní,
2 – Ifá ló lọla,
3 – Ifá ló lọtúnla pẹlú náà,
4 – Òrúnmìlà ló nijọ́ mẹ́rẹ̀ẹ́rìn óòṣá daayé.
5 – Adífá fún Òrúnmìlà.
6 – Níjọ́ tí Ajógún gbogbo,
7 – Nkan ilé rẹ̀ lákànyún;
8 – Ikú, àrùn, òfò, ègbá, èsè,
9 – Gbogbo wọ́n bí nyọ Òrúnmìlà wò.
10 – Nwọ́n nwí pé ọjọ́ kàn,
11 – Ni àwọ́n ó pa á.
12 – Ni Òrúnmìlà bá gbé òkè ipọ̀nrí rẹ̀ kalẹ̀, níbo,
13 – Ó dá ògúndá méjì.
14 – Nwọ́n ní ẹbọ ni ó wáà rú,

TRADUÇÃO
1 – Ifá é dono de hoje,
2 – Ifá é dono do amanhã,
3 – Ifá também é dono de depois de amanhã,
4 – Òrúnmìlà é dono dos quatro dias (da semana yorùbá) que os òrìṣà usaram para vir ao mundo.
5 – Foi feito o jogo para Òrúnmìlà.
6 – No dia em que todos os Ajogun
7 – Iam sempre para a casa dele trazendo
8 – Morte, doença, perda, prejuízo ou quando alguém joga o mal para cima da pessoa,
9 – Todos eles estão esperando Òrúnmìlà para atacá-lo.
10 – Eles estão dizendo que virá o dia
11 – Em que eles vão matá-lo.
12 – Aí que Òrúnmìlà colocou a mesa de seu Ifá, onde
13 – Apareceu Ògúndà-Méjì.
14 – Disseram que ele tem que fazer ẹbọ,

15 – Ó sí rú.
16 – Ìgbà tó rúbọ tán,
17 – Ni òkè ipónrí rẹ̀ bá ràdà bò mọ́lẹ̀,
18 – Ní Ikú ò ba lè pa mọ́;
19 – Àrùn ò lè ṣè ẹ́ kọ́.

20 – Ijó ní njó,
21 – Ayọ̀ ní nyo,
22 – Ó nyin àwọ́n awo rẹ̀.
23 – Àwọ́n awo rẹ̀ nyin Ifá,

24 – Ó ya ẹnu kótó;
25 – Orin awo ló bọ́ sí lẹ́nu.

26 – Ẹsẹ̀ tí ó nà,
27 – Ijó fà á,
28 – Ó ní bẹ́ẹ̀ gẹ́gẹ́,
29 – Ni à wọ́n awo òun nṣẹnu rere pé Ifá.
30 – Ifá ló lónì.
31 – Ifá ló lọ̀la.
32 – Ifá ló lọ̀túnlá pẹ̀lú náà.

33 – Ọ̀rúnmìlà ló nijọ́ mẹ̀rẹ́ẹ́rin òáṣà dááyè.

34 – Adífá fún Ọ̀rúnmìlà,
35 – Nijọ́ tí Ajógún gbogbo,
36 – Nkan ilé rẹ̀ lákànyún.
37 – Ọjọ́ t'íkú bá nwá mí bọ̀ wá,
38 – Ifá, ìwọ ni ó ràdà bọ̀ mí,
39 – Bẹ̀wé nlá tíí ràdà bọ̀orí,

40 – Bẹ̀rí nlá tíí ràdà á bọ̀ yanrìn lódò.
41 – Níjọ́ t'árùn bá nwàmi bọ̀ wá,
42 – Ifá, ìwọ ni ó ràdà bọ̀ mì;
43 – Bẹ̀wé nlá tíí ràdà á, bọ̀ori,

15 – E ele o fez.
16 – Quando acabou de fazer o ẹbọ,
17 – Aí que seu Ifá o protegeu,
18 – Da morte que não pode mais matá-lo,
19 – E da doença que não pode mais pegá-lo.

20 – Ele dançou,
21 – Ficou feliz,
22 – Abençoou seus fundamentos.
23 – Seus fundamentos abençoaram Ifá,

24 – Abriu a boca em admiração;
25 – É a canção de awo que ele começou a cantar.

26 – Esticou a perna,
27 – E começou a dançar.
28 – Disse que é assim mesmo,
29 – Que seus fundamentos usavam de boa voz para chamar Ifá.
30 – Ifá é o dono de hoje,
31 – Ifá é o dono do amanhã.
32 – Ifá também é o dono de depois de amanhã.

33 – Ifá é o dono dos quatro dias que os òrìṣà usaram para vir ao mundo.

34 – Foi feito o jogo para Ọ̀rúnmìlà,
35 – No dia em que todos os Ajogun
36 – Iam sempre para a casa dele.
37 – No dia em que a morte estiver me visitando,
38 – Ifá, você é que tem de me proteger,
39 – Como a folha grande protege o orí (como a folha da bananeira envolve o àkàsà),
40 – Como a água cobre a areia no rio.
41 – No dia em que a doença vier me visitar,
42 – Ifá, você é que vai me proteger;
43 – Como a folha grande protege o orí,

44 – Bèrí nlá tíí ràdà bọ̀ yanrin lódò.
45 – Ojọ́ tájogun gbogbo,
46 – Bá nwá mí bọ̀ wá;
47 – Ifá, ìwọ ó ràdà bò mí,
48 – Bewe nlá tíí ràdà bọori,
49 – Berí nlá tíí ràdà bọ̀ yanrín lódò.
50 – Ẹ̀tìpọ́n-ọlà nì ràdà bòlẹ̀;
51 – Ifá, ìwọ nì ó ràdà bọ̀ mí,
52 – Bẹ́wé nlá tíí ràdà bọori,
53 – Bẹ́ri nlá tíí ràdà bọ̀ yanrin lódò.

44 – Como a água cobre a areia no rio.
45 – No dia em que todos Ajagun
46 - Vieram me visitar
47 - Ifá, você é que tem de me proteger,
48 – Como a folha grande protege orí
49 – Como a água cobre a areia do rio
50 – È Ẹ̀tìpọ́n-ọ́lá (Boerhavia diffusa nyetagina ceae) que protege a Terra
51 – Ifá, você é que tem de me proteger
52 – Como a folha grande protege o rio
53 – Como a água cobre a areia do rio

Terceiro ẸSẸ́ ODÙ ÒGÚNDÁ MÉJÌ (terceiro verso do ODÙ ÒGÚNDÀ MÉJÌ)
ẸSẸ̀ ẸKẸ́TA – (terceira instância)

YORÙBÁ
1 – Òní lòní onísìn ìkọ.
2 – Ọ̀là lọ́la Òbàràmọ̀jè.
3 – Ọ̀túnlà ọmọ iyá ẹ.
4 – Bí ó wà.
5 – Bí ó wà.
6 – Ẹnikan ò mọ́.
7 – Adífá fún Ọ̀rúnmìlà.
8 – Ifá ó ràdà bọmọ e.
9 – Bí Igún Agẹmo
10 – Èwí nlá adó,
11 – Ifá ràdà bọ mí.
12 – Ibí pọ lóde.
13 – Àgbàrá níí ràdà, bọ yanrin lódò.

TRADUÇÃO
1 – Hoje o Senhor do Culto ensina.
2 – Amanhã Ọ̀bàrà conhece a riqueza.
3 – Depois de amanhã será o filho da senhora.
4 – Nascido, ele existe.
5 – Nascido, ele vem.
6 – Não é qualquer pessoa que o conhece.
7 – Foi feito o jogo para Ọ̀rúnmìlà.
8 – Ifá, ele apara as arestas, ao cultuar o filho da senhora.
9 – Nascido, sabe das coisas, em todos os aspectos, como um camaleão (ídolo). Nascido da idolatria.
10 – Envelhecido pelo poder da cabaça,
11 – Ifá corrige minha proteção.
12 – Das maldades que incomodam lá fora (do mal iminente).
13 – O poderoso realizador protege das indisposições à margem (à espreita, na tocaia) lá de fora.

14 – *Ifá ràdà bọ̀ mí,*

15 – *Ibí pọ lóde.*

16 – *Ẹ̀tipọ́n-ọlá níí ràdà bòlẹ̀.*

17 – *Ifá ràdà bọ̀ mí,*

18 – *Ibí pọ́ lóde.*

19 – *Inùnùnù l'adiẹ fíí ràdà, bọmọ rẹ̀.*

20 – *Ọ̀rúnmìlà ràdà bọ̀ mí,*

21 – *Ibí pọ lóde.*

14 – Ifá apara as arestas (lá fora), protegendo-me

15 – Das maldades que incomodam lá fora.

16 – Exalta o "juízo da honra", tendo aparado as arestas protegendo o território.

17 – Ifá, apara as areastas, protegendo-me

18 – Das maldades que incomodam lá fora.

19 – Apara as arestas, usando o interior da galinha na adoração do filho dele.

20 – Ọ̀rúnmìlà apara as arestas, me protegendo

21 – Das maldades que incomodam lá fora.

6 – ÒRÌṢÀ TÍ IDÁHÙN (Orixá que responde)
Ògún, Ọbátàlà, Èṣù, Ọ̀ṣọ́ọ̀sí, Ṣàngó, Ìbéjì, Ókò, Ẽgún.

7 – ÀMÌ ODÙ – ORÚKO ODÙ (Impressão das Marcas do Odù – Nome do Odù)

ÒGÚNDÀ MÉJÌ

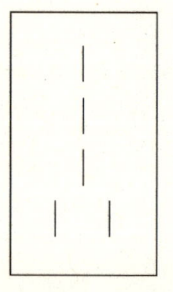

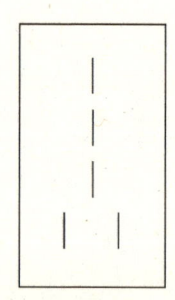

8 – ÒOGÙN: (Magia do Odù Ògúnda Méjì)
Recitar o ọfọ junto com o ẹbọ indicado por Ifá.

9 – ÍDÍ (Finalidade)
Esta magia elimina energia maléfica que culminaria com a morte da pessoa.
Serve para afastar tanto a maldade quanto a morte.

10 – ÀWỌN OHUN ÈLÒ (Material necessário)
- Èkúkú ẹlùbọ́ (farinha de inhame)
- Ọpọ́n (bandeja de madeira)
- Ẹku (rato doméstico)
- Ẹja àrò̩ (bagre)
- Ẹyin adiẹ̀ (ovo de galinha)
- Ọgẹ̀dẹ̀ (banana d'água)
- Ẹiyẹ àwòdì (pena de falcão)
- Igbáje (alguidar)
- Ọṣẹ dúdú (sabão-da-costa)
- Òkunà (caminho não mais usado)
- Kànrìnkàn (bucha vegetal)
- Omi kàn ga (água de poço)
- Àmì odù Ọ̀yẹ̀kú méjì (impressão do Odù Ọ̀yèkú Méjì.)

ÒYÈKÚ MÉJÌ

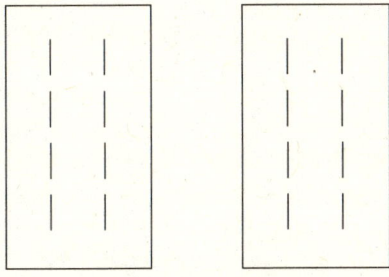

11 – Ọ̀FỌ ÒOGÙN (Encantamento da Magia)

YORÙBÁ	TRADUÇÃO
1 – *Ìwọ kàa sài là.*	1 – Você vai sobreviver.
2 – *Èmi kàa sài là.*	2 – Eu vou sobreviver.
3 – *Nlà fí dára wa lótù Ifẹ̀.*	3 – É assim que nos cumprimentamos, um ao outro, na cidade de Ifẹ́.
4 – *Nlà fikú jìnrà wa, láì kú títí.*	4 – É assim que perdoamos os outros da morte.
5 – *O dífá fún bàbá yẹkúyẹ̀kú tí wọ́n npè lọ́yẹkú.*	5 – Foi feito o jogo para o pai que afasta a morte, que é conhecido como Ọ̀yèkú.
6 – *Ọ̀yẹ̀kú lọ́ yẹ̀kú ni lórí wa.*	6 – É Ọ̀yẹ̀kú quem afasta a morte da nossa cabeça.
7 – *Ikú ti npa lójà-lójà igí,*	7 – A morte que mata qualquer tipo de árvore,
8 – *Ikú ti npa lómurẹ́-lómurẹ́ wọ́n,*	8 – A morte que mata qualquer espécie deles;
9 – *Ìtàkùn pọ̀lọ̀ ayẹ̀kú ònà.*	9 – Grande parasita (vegetal), afasta a morte do caminho.

10 – Òun ló Dífá ọjọ kan
fáyùnré.
11 – Nló kaun tíkú o gbọ́dọ̀ jẹ;
12 – Tí í kí rẹ́kọyá orí eni.
13 – Ikú ọ gbọ́dọ̀ jẹku,
14 – Mo fúnkú lẹ́ku, Ukú jẹku,
15 – Ọwọ́ Ikú nná írírí írírí!
16 – Mo fúnku lẹ́ja, Ikú jẹ;
17 – Ẹ̀sẹ̀ Ìkú nná irírí irírí;
18 – Mo fúnkú lẹ́yin, Ikú jẹyin tàn;
19 – Ohùn Ikú fọ́ kẹ́ẹkẹ̀ẹ!
20 – Ìkú jẹ̀gẹ̀dẹ̀ tàn;
21 – Ara rè ọ́ lè gbéra mọ́!
22 – Jẹ̀gẹ̀dẹ̀, jẹ̀gẹ̀dẹ̀!
23 – Mo fúnkú lẹ́lùbó, Ikú jẹ̀lùbọ́;
24 – Emu Ikú sìní fún túù!
25 – Ikú wá torí mí bọ́;
26 – Ikú wá torí mí sọ!
27 – Gbìràmù, Ikú wó lulè, idi gbédè!
28 – Àwòdì òkè, báni gbẹ̀kú rà;
29 – Kó o gbẹ́kú orí rà!
30 – Mo fúnkú lẹ́ku, Ikú jẹku tán,
31 – Gbẹ́kú orí rà, awòdì ọ̀run,
32 – Wá gbẹ́kú ọrí rà!
33 – Mo fúnkù lẹja, Ikú jẹja,

10 – Foi o que fez o jogo no dia para Ayùnrẹ̀ (árvore).
11 – Ele tem sorte que a morte não pode matá-lo.
12 – Que a morte passe acima da cabeça da gente.
13 – A morte não pode comer rato.
14 – Eu dei rato para a morte, a morte comeu rato e
15 – A mão da morte começou a tremer.
16 – Eu dei peixe para a morte, a morte o comeu;
17 – A perna da morte começou a tremer!
18 – Eu dei ovo para a morte, a morte acabou de comer o ovo;
19 – A voz da morte não tem mais efeito!
20 – A morte acabou de comer banana;
21 – Ela se enfraqueceu, não pode mais se levantar!
22 – Come banana, come banana!
23 – Eu dei ẹlubọ́, a morte comeu ẹlubọ́;
24 – A armadilha da morte começou a ceder!
25 – Ikú, afaste-se de minha cabeça;
26 – Ikú, saia da minha cabeça!
27 – Gbìràmù, a morte caiu, já foi amarrada!
28 – Àwòdì, de cima, ajuda a amarrar a morte;
29 – Amarrei a morte da cabeça!
30 – Eu dei rato para a morte, a morte acabou de comer o rato,
31 – Amarrei a morte da cabeça, Oh! Àwòdì do céu,
32 – Venha levar embora a morte da cabeça!
33 – Eu dei peixe para a morte, a morte comeu o peixe;

34 – *Gbẹ́kú orí rà!*
35 – *Wá gbẹ́kú orí mí rà lọ,*
36 – *Àwòdì ọ̀rún gbẹ́kú orí à!*
37 – *Mo fúnkú lẹyin, Ikú jẹyin,*
38 – *Wá gbẹ́kú orí rà;*
39 – *Àwòdì òrun, gbẹ́kú orí rà;*
40 – *Wá gbẹ́kú orí mí rà lọ,*
41 – *Àwòdì òkè, gbẹ́kú orí rà!*
42 – *Mo bùlùbọ́ fúnkú, Ikú jẹ̀lùbó,*
43 – *Gbẹ́kú orí rà;*
44 – *Àwòdì òkè, gbẹ́kú orí mí rà lọ!*
45 – *Gbẹ́kú orí rà fún mí;*
46 – *Àwòdì ọ̀rún, gbẹ́kú orí rà!*

34 – Venha levar a morte da cabeça!
35 – Venha levar a morte para longe da minha cabeça!
36 – Àwòdì do céu, venha levar embora a morte da cabeça!
37 – Eu dei o ovo para a morte, a morte comeu o ovo,
38 – Venha levar embora a morte da cabeça;
39 – Àwòdì do céu, venha levar a morte da minha cabeça!
40 – Venha levar embora a morte da minha cabeça,
41 – Àwòdì do céu, venha levar a morte da cabeça!
42 – Eu dei ẹlubọ́ para a morte e ela comeu ẹlubọ́,
43 – Leve embora a morte da cabeça!
44 – Àwòdì do céu, leve a morte para longe de mim!
45 – Leve embora a morte da minha cabeça para longe de mim;
46 – Àwòdì do céu, leve embora a morte da cabeça!

12 – BÍ AṢẸ MA ṢÉ (Modo de fazer)
Colocar sobre o ọ̀pọ́n a farinha de inhame, imprimir o odù Ọ̀yẹ̀kú Méjì, despejar, então, no alguidar. Acrescentar o rato, o bacalhau, o ovo de galinha, a banana d'água e a pena de falcão. Então recitar o ọfọ Ọ̀yẹ̀kú Méjì. Imprimir o odù Ọ̀yẹ̀kú Méjì sobre o ọṣẹ dúdú, misturar e espalhar na bucha vegetal. A pessoa deve respousar após o banho.

13 – BÍ AṢẸ MA LÒ (Modo de usar)
Colocar o alguidar sob os pés da pessoa, para que ela tome banho com o ọṣẹ dúdú, e a água caia dentro dele. Quando terminar o banho, o alguidar deve ser levado imediatamente para um caminho, pelo qual jamais passará.

14 – ỌJỌ́ TÓ TỌ́ (dia propício)
Quinta-feira.

15 – ÀSÌKÒ (Hora)
Para fazer: entre 23 4 horas.
Para uso: pela manhã.

15 – ÒṢÙPÁ (Lua)
   Terceiro dia da fase Minguante.

16 – IBI (LOCAL)
   Para fazer: Ẹ̀gbẹ́
   Para despalhar: caminho

17 – ỌJỌ́ LÁTI LÒ (Dia para uso)
   O mesmo dia em que foi feita a magia.

18 – ẸNI TÓ MA ṢÉ (Oficiante)
   Bàbálawó.

19 – OHUN TÍ KÒ GBỌ́DỌ̀ ṢÉ (Resguardo)
   1. Não sair de casa após o banho, nem receber visitas.
   2. Após o banho, usar roupas brancas por 24 horas.

20 – ṢÉ ÀKÍYÈSÍ PÀTÀKÌ (Observação Importante)
   1. Não pode ser feito no período menstrual.
   2. O caminho pode ser substituído por encruzilhada de três pontas ou pelo despacho na mata;
   3. Para fazer a farinha de inhame, basta secar a raiz ao sol e depois ralar.
   4. A pena do falcão não é arrancada, é a que caiu naturalmente do seu corpo.
   5. A pessoa que despachou o alguidar, ao voltar para o ẹ̀gbẹ́, deve, segundo determinação do Babaláwo, passar por um ẹbọ indicado por Ifá.
   6. Não retornar ao local onde o ẹbọ foi despachado.

Capítulo 16

Ọsá Méjì
Décimo Odù
dos Dezesseis Principais

1 – ỌWỌ́ ẸYỌ MẸ́RÌNDÍNLÓGÚN (Jogo de Búzios)

2 – KÁ DA OWO ẸYỌ MẸ́RÌNDÍNLÓGÚN (Caídas dos Búzios)
Dez búzios abertos e 16 fechados.

3 – ÌWÀ ODÙ (Características do Odù)
Riqueza. Ódú púpà. Hipocrisia. Prosperidade. Magia negra. Falsidade. Fofoca. Infecções na garganta.

4 – ẸSẸ̀ ODÙ (Lendas básicas explicativas sobre os caminhos do Odù)

5 – ODÙ ỌSÁ MÉJÌ

Primeiro ẸSẸ̀ ODÙ ỌSÁ MÉJÌ (primeiro verso do ODÙ ỌSÁ MÉJÌ)
ẸSẸ̀ EKÍNÍ – (primeira instância)

YORÙBÁ	TRADUÇÃO
1 – *Òkàrákàrà ní yaigbá.*	1 – Quando a cabaça quebra, faz Òkàrákàrà (som imitativo do quebrar da cabaça).
2 – *Ọlọ́bọ̀lómbọlọ̀ omi tagi.*	2 – É apenas Ọlọ́bọ̀lómbọlọ̀ (oriki da cabaça).
3 – *Adífá fún Ọrúnmilà.*	3 – Foi feito o jogo para Ọrúnmilà.
4 – *Nwọ́n ni àrún ti nṣẹ Ifá ni ẹ̀sin tún tipadà.*	4 – Disseram que a doença que o atingiu no ano passado chegou novamente (para atacá-lo).
5 – *Ọrúnmilà ní bó lè dé, kó dé.*	5 – Ọrúnmilà disse: Se quer voltar, pode voltar (isto é, pouco lhe importava, pois sabia que a doença não poderia acometê-lo).

6 – *Ifá n àrùn èṣín kò le ṣe ohùn mó.*
7 – *Ìjì kíí jà kó gbódò.*

8 – *Ifá larùn èsìn kò tún paòun mó.*
9 – *Ìjì kíí jà kó gbólọ.*

10 – *Ọrúnmilà ní àrún èṣín ò lé ṣòun mọ́.*
11 – *Ikú wá pìn.*

12 – *Nígbà yí ó., ni kíaklá*
13 – *Ikú pìn.*
14 – *Ikú pìn. Ikú pìn!*
15 – *Làgbẹdẹ ṣẹ́gún,*
16 – *Adìẹ òpìpì,*
17 – *Àkú awo mọ́ mọ́ wá pìn.*

18 – *Lẹ́sẹ̀ òbáriṣà.*

6 – Ifá disse que a doença do ano passado não pode atingi-lo mais.
7 – Provérbio: "O redemoinho, em sua briga (isto é, que leva todas as coisas), não leva o pilão."
8 – Ifá disse que a doença do ano passado não pode mais matá-lo.
9 – O redemoinho, em sua briga, não carrega a pedra de ralar.
10 – Ọrúnmilà disse que a doença do ano passado não pode atingi-lo.
11 – A morte, você deve terminar (acabar).
12 – Agora mesmo, imediatamente.
13 – A morte acabou.
14 – A morte acabou, a morte acabou!
15 – Assim que o ferreiro venceu,
16 – Com a galinha arrepiada,
17 – A morte da pessoa de culto deve acabar,
18 – Aos pés do rei dos òrìṣà (Òṣàlà).

Segundo ẸSẸ̀ ODÙ ÒSÁ MÉJI — (Segundo verso do ODÙ ÒSÁ MÉJI)
ẸSẸ̀ ÈKÉJÌ – (segunda instância)

YORÙBÁ — TRADUÇÃO

1 – *Ọ̀tún ẹiyẹ kàngó.*
1 – A parte direita do pássaro tem força.

2 – *Òsí ẹiyẹ kàngó.*
2 – A parte esquerda do pássaro (também) tem força.

3 – *Adífá fún Òwú;*
3 – Foi feito o jogo para Òwú (algodão);

4 – *Tí nlọ ókò àlerò ọdún.*
4 – Que vai na fazenda uma vez por ano (que vai ser cultivado, colhido, anualmente).

5 – *Nwọ́n ní ó rúbọ ọtá mẹ́tà.*
5 – Disseram para fazer oferenda de três pedras.

6 – *Ó ṣẹ ẹ́.*
6 – Ele o fez.
7 – *Ikú ò pa Òwú.*
7 – A morte não matou o algodão.
8 – *Èjì wẹrẹwẹrẹ lóun ó pòwú o.*
8 – Èjì wẹrẹwẹrẹ (oriki da chuva) – a garoa disse que vai prejudicar o algodão.

9 – *Òwú nrù.*
9 – O algodão está brotando.
10 – *Òjò wààrá lóun ó pòwú*
10 – A chuva forte disse que vai prejudicar o algodão.

11 – Òwú npalàbà.

12 – Òórún lóun ó pòwú o.

13 – Òwú nlà.

14 – Òwú nrù o.
15 – Òwú nlà.
16 – Níwájú amọnisẹn
17 – Lòwú sẹ ẹnlà.
18 – Òwú mọ mọ dó ọ.

19 – Ọmọ Ògòdò
20 – Ẹnyin ò mọ̀ pé tẹrú tọmọ lòwú nwù.

11 – O algodão está encolhendo (para depois abrir e dar frutos e sementes).

12 – O sol disse que vai prejudicar o algodão.

13 – O algodão está crescendo, abrindo-se.

14 – O algodão está se multiplicando.
15 – O algodão está crescendo,
16 – É na presença de amọnisẹni[9]
17 – Que o algodão floresce
18 – Algodão, faz favor de vir (pedido de tranqüilidade).

19 – Filho de Ògòdò (nome próprio).
20 – Será que você não sabe que o algodão é admirado tanto pelo Senhor quanto pelo escravo?

Terceiro ẸSẸ̀ ODÙ ỌSÁ MÉJI — (terceiro verso do ODÙ ỌSÁ MÉJÌ) ẸSẸ̀ ẸKẸ́TÀ – (terceira instância)

YORÙBÁ

1 – Omi lẹiyẹ ní diẹ̀.
2 – Omi ti Ọṣàlà ọ̀pọ̀lọpọ̀ (òrìṣà Òwújìn = Ọ̀ṣàlà)
3 – Adífá fún Ọ̀ṣàlà Ọ̀sóẹrẹmọ́gbọ́ (oriki Ọ̀ṣàlà)
4 – Tí bá omi rẹ̀ ní apa,
5 – À ti ba mú, gbá, omi ẹlẹ́iyẹ (àwọn Àjé).
6 – Nwọ́n bẹ́ Ọ̀ṣàlà rúbọ́,

7 – Láti ẹlẹiyẹ kí díyi má lepa.

8 – Ó rúbọ.
9 – Nígbà o pin rúbọ̀,

10 – Nígbana ti ẹlẹiyẹ ò ni, gbinaò bàjà mọ́.
11 – O ni bẹ́niẹ̀ gẹgẹ;
12 – Ti awo wọ́n fi ohun rere pé Ifá.
13 – Omi lẹiye nì diẹ̀.

TRADUÇÃO

1 – A água do pássaro é pouca.
2 – A água de Ọṣàlà é muita (Òrìṣà Ọwujin = Ọ̀ṣàlà).
3 – Foi feito o jogo para Ọ̀ṣàlà, Ọ̀sóẹrẹmọ́gbọ́ (oríbí de Ọ̀ṣàlà),
4 – Que deixou a sua água de lado,
5 – E foi pegar, buscar, a água das donas do pássaro (as feiticeiras).
6 – Pediram para Ọ̀ṣàlà fazer oferendas,
7 – Para que as feiticeiras não conseguissem matá-lo.
8 – Ele o fez.
9 – Quando acabou de fazer a oferenda,
10 – Aí que as feiticeiras não conseguiram mais vencê-lo.
11 – Ele disse que é assim mesmo.
12 – Que seus fundamentos usam de boa voz para chamar Ifá.
13 – A água de pássaro é pouca.

---

9. Amọnisẹni = pessoa que conhece os pontos fracos de outra pessoa e se aproveita disso para feri-la.

14 – *Omi Òṣàlà nì ọpọ̀lọpọ̀.*	14 – A água de Òṣàlà é muita.
15 – *Adífá fún Òṣàlà Àṣóẹrẹmógbó,*	15 – Foi feito o jogo para Òṣàlà Òṣóẹrẹmógbó,
16 – *Ti ò gbà omi rẹ ni apa*	16 – Que deixou sua água de lado,
17 – *Láti nlọ mú omi ẹléiyẹ.*	17 – Para ir pegar a água das feiticeiras.
18 – *Idà ni lọ́wọ́ mí. (Àṣẹ!)*	18 – A espada da minha mão – Àṣe!
19 – *Idà Òṣàlà. (Àṣẹ!)*	19 – A espada de Òṣàlà — Àṣe!

6 – ÒRÌṢÀ TI IDÁHÙN (Orixá que responde)
Ìbéjì, Odùdùwà, Ẽgún, Ọyá, Àgànjú, Òṣun, Ìyámì Ọṣọ́ròngà, Òsanyìn, Ọbátàlà, Ìrókò.

7 – ÀMÌ ODÙ – ORÚKO ODÙ (Impressão das marcas do Odù – Nome do Odù)

ÒSÁ MÉJÌ

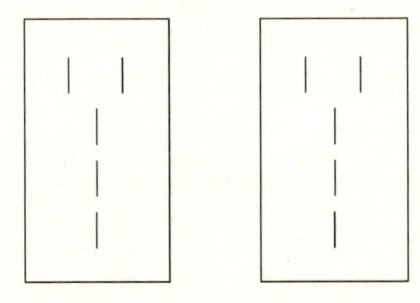

8 – ÒOGÙN AKỌ́FÀ-DÉ (Magia para trazer a sorte facilmente)
Recitar o ọfọ junto com o ẹbọ indicado pelo oficiante.

9 – ÌDÍ (Finalidade)
Por meio desta magia, o usuário obterá vantagens, lucros. Ela propiciará sucesso em suas dificuldades profissionais ou em qualquer outro seguimento de sua vida.

10 – ÀWỌ́N OHUN ÈLÒ (Material necessário)
 – Ọkàn ou ọkọn (*Combretum micranth* G. Don, *Com bretaceae*)
 – Ògàn ou ògón (*Combretum Platypterum Hutch. of Iaf Ziel,Com bretaceae*)
 – Omi (água)
 – Ewé Tábà (*Nicotiana Tabacuml., Solanaceae*) (folha de fumo)
 – Ìkòkò agbò (pote de barro contendo agbò)
 – Ọṣẹ dúdú (sabão-da-costa)
 – Atarẹ (pimenta-da-costa)

- Ikòkò àmòn (panela de barro)
- Ìtànnà igi ibisè (fogão à lenha)
- Kànrìnkàn (bucha vegetal)
- Igbá òlọ́mọrí (cabaça com tampa)

11 – ỌFỌ̀ ÒOGÙN (Encantamento da sorte rápida)

YORÙBÁ	TRADUÇÃO
1 – *Mo jí, mo wẹwó!*	1 – Eu acordei e lavei as mãos!
2 – *Ní ṣawòó wọ́n lóde Ìporò!*	2 – Assim eles fazem seu culto na praça de Ìpóró!
3 – *Mo jí, mo wẹ̀ṣẹ̀!*	3 – Eu acordei e lavei os pés!
4 – *Awoo wọ́n òde Ọ̀tùn Mobà!*	4 – Assim eles fazem seus cultos na praça de Ọtún Mọba!
5 – *Mo bẹ̀rẹ̀, mo wẹ̀!*	5 – Eu abaixei e tomei banho!
6 – *Òun ní ṣàwòó wọ́n lóde Ìlọmọ̀ Ikóro*	6 – Assim eles fazem seu culto na praça de Ilọmọ Ikórò
7 – *Àgbà Ifá ní í yanu sílẹ̀ kífà ó tó ó dá!*	7 – O sacerdote de Ifá é aquele que se prepara mesmo antes da chegada de Ifá (isto é, já tem conhecimento do que está acontecendo antes mesmo de consultar Ifá).
8 – *Èéfin tábà ló nì kí wọ́n ó yà láti Ọ̀tu Ifẹ́.*	8 – É a fumaça de tabaco que pediram para vir da cidade de Ọ̀tu Ifẹ́.
9 – *Kí wọn ó wá bá mí sí rere!*	9 – Para que eles me encontrem em boas condições (com sorte, bem etc.)
10 – *Bọ́kán bá yọwọ́*	10 – Se a amendoeira esticar seus ramos,
11 – *A wọ̀nã wá, a wọ̀nã wá.*	11 – Procurará o caminho, procurará o caminho.
12 – *Bógàn bá yọwọ́, a wọ́nã wá!*	12 – Se Ọgán esticar seus ramos, procurará o caminho.
13 – *Báa bá domi sórí, a wẹsẹ wá!*	13 – Se jogarmos água na cabeça, a água atingirá os pés.
14 – *Ojú kan ṣoṣo làmù ún jókòó sí*	14 – É sobre um lugar, apenas, que o pote se assenta.
15 – *A gbọ́re alẹ́, a gbọ́re àárọ̀*	15 – Receberá prêmios de noite e receberá prêmios de dia.
16 – *Báa ba gbálẹ̀, bia a bá gbàdè*	16 – Se varrermos a casa, se varrermos o quintal,
17 – *Ọ̀dọ̀ Àkìtàn làá darí ẹ̀ ẹ́ sí.*	17 – É no lugar de Akìtàn (lugar próprio onde costumeiramente colocamos o lixo e as folhas que varremos em casa) que colocaremos tudo.

12 – BÍ AṢẸ MA SÉ (Modo de fazer)
Colocar na panela de ferro casca de Ọkàn e Ògàn, água, sábá, pimenta-da-costa, raspa do pote de barro (usado para guardar agbó). Torrar tudo no fogão a lenha até virar um pó seco. Misturar o pó obtido ao sabão-da-costa. Recitar o ọfọ da sorte. Acondicionar, então, na cabaça com tampa.

13 – BÍ AṢẸ MA LÒ (Modo de usar)
Usar o ọṣẹ dúdú três vezes por semana, em dias alternados, ao amanhecer. A bucha usada é despachada no mato.

14 – ỌJỌ́ TÓ TỌ́ (dia propício)
Terça ou quinta-feira.

15 – ÀSÌKÒ (Hora)
Para fazer: entre as 23 e 4 horas.
Para uso: até 8 horas.

16 – ÒṢÙPÀ (Lua)
Cheia (tanto para fazer como para usar).

17 – IBI (LOCAL)
Para fazer: Ẹ̀gbẹ́
Para uso: residência.

18 – ỌJỌ́ LÁTI LÓ (Dia para uso)
A critério do usuário.

19 – ENI TÓ MA ṢÉ (Oficiante)
Bàbálawó.

20 – OHUN TÌ KÒ GBỌ́DỌ̀ ṢÉ (Resguardo)
Nenhum.

21 – ṢÉ ÀKÍYÈSÍ PÀTÀKÌ (Observação Importante)
Não há.

Capítulo 17

Ìká Méjì
Décimo Primeiro Odù dos Dezesseis Principais

1 – OWÓ ẸYỌ MẸ́RÌNDÍNLÓGÚN (Jogo de Búzios)
2 – KÁ DA OWÓ ẸYỌ MẸ́RÌNDÍNLÓGÚN (Caídas dos Búzios)
  Onze búzios abertos e cinco fechados.
3 – ÌWÀ ODÙ (Características do Odù)
  Vida longa. Magia maléfica. Transformações generalizadas. Infidelidade. Ciúmes. Escândalo. Casa com ẽgún ikamburuku.
4 – ẸSẸ̀ ODÙ (Lendas básicas explicativas sobre os caminhos do Odù)
5 – ODÙ ÌKÁ MÉJÌ
  Primeiro ẸSẸ̀ ODÙ MÉJÌ (primeiro verso do ODÙ ÌKÁ MÉJÌ)
  ẸSẸ̀ LÌKÁ EKÍNÍ – primeira instância

YORÙBÁ
1 – Ọpẹ́lọpẹ́ èjìká,
2 – Tí ò jẹ́kí ọ̀wú ó bọ́.
3 – Ọpẹ́lọpẹ́ bàbá rere,
4 – Tó bí ni l'ọ́mọ.
5 – Adífá fún Òníkàámọ̀gún;
6 – Èyí Tó Fẹ́ràn ọ̀sanyìn, tó fé fi ara jọ erin
7 – Níjọ́ tí n'fómi ojú sọ́gbéré ọmọ.
8 – Nwọ́n ní o rùbọ.
9 – Ó rúbọ́ tán,
10 – Nwọ́n ṣe Ifá fún ùn.

TRADUÇÃO
1 – Pela bondade do ombro,
2 – Que não deixou a roupa cair.
3 – Pela bondade do bom pai,
4 – Que nascemos como filhos,
5 – Foi feito o jogo para Òníkàámọ̀gún;
6 – Aquele que adora Ọ̀sanyìn, que tem forma de elefante,
7 – No dia em que está chorando por não ter filhos,
8 – Pediram a ele para fazer o sacrifício.
9 – Quando ele acabou de fazer as oferendas,
10 – Foi feito o jogo para ele.

11 – Ló bá bẹ̀rẹ̀ síí lájé,
12 – Ló bá bẹ̀rẹ̀ síí b'ímọ.
13 – Ijọ́ ní njọ́,
14 – Ayọ̀ ní nyọ̀,
15 – Ó ní kín là wá bọ́ lá nílé wa?

16 – Ọ̀sanyìn!
17 – Ọ̀sanyìn làwá bọ́ là nílé ó wa.

11 – Foi quando ele começou a ter riqueza,
12 – Foi quando começou a ter filhos.
13 – E então começou a dançar,
14 – Ficou alegre,
15 – E ele perguntou: "O que adoramos nos faz vitoriosos na nossa casa?"
16 – Ọ̀sanyìn!
17 – É Ọ̀sanyìn que adoramos para sermos vitoriosos na nossa casa.

Segundo ẸSẸ̀ ODÙ ÌKÁ MÉJI. (Segundo verso do ODÙ ÌKÁ MÉJI) ẸSẸ̀ ÈKEJÌ – (segunda instância)

YORÙBÁ
1 – *Eni tere*,
2 – *Èjì tere.*
3 – *Adífá fún àgbàdo,*
4 – *Nígbà tí n'lóókò àlérọ́ ọdún.*
5 – *Nwọ́n ní púpọ̀ ni ire rẹ̀,*
6 – *Ṣùgbọ́n kọ́ rùbọ.*
7 – *Ó gbọ́ rírú ẹbọ.*
8 – *Ó rú.*
9 – *Ó gbọ́ èrù àtàkèṣù;*
10 – *Ó rù.*
11 – *Ó gbọ́ ìkarara ẹbọ há fún ùn.*
12 – *Ijó ní njó,*
13 – *Ayọ̀ ní nyọ̀.*
14 – *Ó yin àwọn awo rẹ̀,*
15 – *Àwọn awo rẹ̀ nyin Ifá.*
16 – *Ó yá ẹnu kótó,*
17 – *Orin awo ló bọ́ síí lọ́nu.*
18 – *Ó ni bẹ́ẹ̀ gẹ́gẹ́:*
19 – *Ni àwọn awo òun wí,*
20 – *Ení tere,*
21 – *Èjì tere.*
22 – *Adífá fún àgbàdo,*

TRADUÇÃO
1 – Um só,
2 – Dois apenas.
3 – Foi feito o jogo para àgbàdo (milho),
4 – Quando é cultivado, uma só vez por ano.
5 – Disseram então que sua sorte será muito grande,
6 – Mas que fosse feita a oferenda.
7 – Ele ouviu sobre as oferendas,
8 – E fez as oferendas.
9 – Ele ouviu sobre as oferendas de Èṣù;
10 – Ele as fez.
11 – Ele ouviu e suas oferendas foram aceitas.
12 – Aí começou a dançar,
13 – Ficou alegre.
14 – Começou a exaltar seus fundamentos,
15 – E seus fundamentos começaram a exaltar Ifá.
16 – Ele abriu a boca de admiração,
17 – E foram canções do culto que ele começou a cantar.
18 – Disseram: "É assim mesmo".
19 – Seus fundamentos falaram:
20 – "Um só,
21 – Dois apenas."
22 – Foi feito o jogo para àgbàdo (milho),

23 – *Nígbàti nlóókò àlerò ọdun,*	23 – Quando é cultivado uma vez só por ano.
24 – *LỌ OKO LAI MÚ NKÀNKAN DÁNÍ.*	24 – Àgbàdo foi para a fazenda sem nada.
25 – *Igba aṣọ l'àgbàdo mú bọ,*	25 – Àgbàdo voltou com 200 roupas,
26 – *Igba aṣọ!*	26 – Duzentas roupas!
27 – *Àgbàdo ṣòun nìkàn rókò.*	27 – Àgbàdo foi para a fazenda sozinho
28 – *Igba aṣọ!*	28 – Duzentas roupas!
29 – *Igba aṣọ l'àgbàdo mú bọ,*	29 – Duzentas roupas àgbàdo trouxe consigo,
30 – *Igba aṣọ!*	30 – Duzentas roupas!
31 – *Àgbàdo ṣòun nìkàn rókò.*	31 – Àgbàdo foi para a fazenda sozinho
32 – *Igba ọmọ!*	32 – Duzentos filhos!
33 – *Igba ọmọ l'àgbàdo mú bọ,*	33 – Àgbàdo voltou com 200 filhos.
34 – *Igba ọmọ!*	34 – Duzentos filhos!

Terceiro ẸSẸ̀ ODÙ ÌKÁ MÉJÌ (terceiro verso do ODÙ ÌKÁ MÉJÌ)
ẸSẸ̀ ẸKẸ́TÀ – (terceira instância)

YORÙBÁ	TRADUÇÃO
1 – *Ọ̀nà ẹ̀bùrú dáwẹ̀ẹlúwaarẹ̀ tẹ́lè.*	1 – O caminho mais curto serviu como base.
2 – *A dífá fún Ọ̀rúnmìlà,*	2 – Foi feito o jogo para Ọ̀rúnmìlà,
3 – *Níjọ́ tí nfòmi ọja ṣògbérè ajé.*	3 – No dia em que estava triste por não ter riquezas.
4 – *Òun lè lájé bayè?*	4 – Será que ele terá riquezas?
5 – *Ni Ọ̀rúnmìlà dá Ifá sí.*	5 – Foi isso que levou Ọ̀rúnmìlà a consultar Ifá.
6 – *Nwọ́n ní púpọ̀ niré ajé fún ùn*	6 – Disseram que a riqueza será muito grande para ele,
7 – *Ṣùgbọ́n kọ́ rúbọ.*	7 – Mas será preciso fazer oferendas.
8 – *Kínní òun ó há rù báiyì?*	8 – Que oferendas irá fazer?
9 – *Nwọ́n ní ó rù ẹiyẹlé méjì àti owó mẹ́fà.*	9 – Disseram para ele fazer oferendas de dois pombos e seis moedas,
10 – *Ó rúbọ.*	10 – Ele as fez.
11 – *Nwọ́n ṣe Ifá fún ùn,*	11 – Foi então feito jogo para ele.
12 – *Ayọ̀ ní nyọ̀,*	12 – E então ficou feliz,
13 – *Ijọ́ ní njọ́.*	13 – Ele começou a dançar.
14 – *Ó nyín àwọn awo rẹ̀,*	14 – Começou a exaltar seus fundamentos,

15 – Àwọn awoo rẹ ńyin Ifá.

16 – Ó yá ẹnu kótó,

17 – Orin awo ló bọ́ si i lẹ́nu.

18 – Ẹsẹ̀ tí ó nàá,

19 – Ijó fà á.

20 – Ó ní bẹ́ẹ̀ gẹ́gẹ́.

21 – Ní àwọn awo òun nsenu ópé Ifá;

22 – À tégún, àtòòṣà.

23 – Lóòọ́tọ́ lajé jù wọ́n lo,

24 – Ajé jù wọ́n lo lóòótó!

15 – E seus fundamentos estavam exaltando Ifá.

16 – Ele abriu a boca admirado,

17 – E canções de fundamento entraram em sua boca.

18 – O pé que ele esticou,

19 – Foi tomado pela dança.

20 – Disseram: "É assim mesmo".

21 – Seus fundamentos chamaram Ifá com boa voz.

22 – Tanto Ẽgún quanto Òrìṣà.

23 – É verdade: a riqueza é mais forte que eles,

24 – Ajé é mais forte que eles, na verdade!

6 – ÒRÌṢÀ TÍ IDÁHÙN (Orixá que responde)
Ògún, Orí, Ìbéjì, Òṣúgbò, Òsayìn, Ẹ̀légún, Ọgbọ́nì.

7 – ÀMÌ ODÙ – ORÚKO ODÙ (Impressão das Marcas do Odù – Nome do Odù)

ÌKÁ MÉJÌ

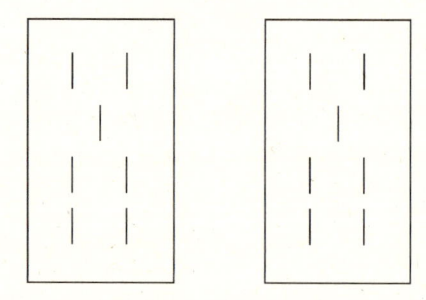

8 – ÒOGÙN ÀWÚRE (Magia para obtenção de simpatia e sorte)
Recitar o ọfọ junto com o ẹbọ indicado pelo oficiante.

9 – ÌDÍ (Finalidade)
Esta magia tem o objetivo de tornar o usuário envolvente, simpático, atraindo para si a atenção das pessoas. Sorte nos negócios e na vida, de um modo geral.

10 – ÀWỌ́N OHUN ÈLÒ (Material necessário)
– Ọmú màlú tàbí ọmú ẹwúrẹ (leite de vaca ou de cabra)
– Ògómọ ọ̀pẹ̀kekere (talo de palmeira pequena)

- Eku ẹdá (rato-do-mato marrom, pequeno e seco)
- Ákèré (rã seca)
- Ọṣẹ dúdú (sabão-da-costa)
- Ẹkọ tútú (àkàsà frio e fresco)
- Ìkòkò àmòn (panela de barro)
- Kànrìnkàn (bucha vegetal)
- Igbá òlómorí (cabaça com tampa)
- Àmì odù Èjì-Ogbè (impressão do Odù Èjì-Ogbè)

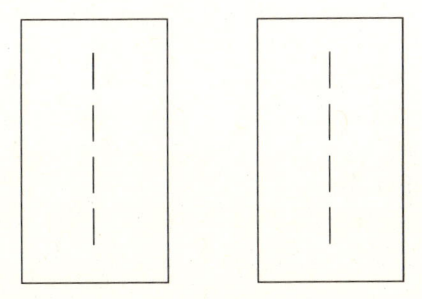

ÈJÍ-ỌGBÈ

11 – ỌFỌ̀ ÒOGÙN ÀWÚRE ÀÁNÚ ÀTI IRE (Encantamento da magia para obtenção de simpatia e sorte)

YORÙBÁ	TRADUÇÃO
1 – Akínlọdún nlọ́ si ìlú Ilòdùn.	1 – Akínlọdún está indo para a cidade de Ilọdún.
2 – Akínlomú nlọ́ sí ìlú Ìlomù Àpààsà.	2 – Akínlomù está indo para a cidade de Ìlomù Àpààsà.
3 – Ọpẹ-yèkètè nlọ sílomù Alágúnnú.	3 – Ọpé-yèkètè está indo para a cidade de Ìlomù Alágúnnú.
4 – Ará Ìlomù Alàgúnnú.	4 – Habitantes de Ìlomù Alágúnnú.
5 – Ará Ìlomù Àpààsà.	5 – Habitantes de Ìlomù Àpààsà.
6 – ẸDÁ LÓ NÍ KÍ GBOGBO NKÀ WÁ JẸ́ IRE	6 – É Èdá quem diz para que as nossas coisas sejam de sorte!
7 – Ohùn réré làkèré fí pòjò.	7 – A boa voz que a rã usa para chamar a chuva.
8 – Ohùn réré tákèrè bá fi pòjò,	8 – A boa voz que a rã usa para chamar a chuva.
9 – Nni Olódùmarè ó gbá mú!	9 – É aquela que Olódùmarè aceita!
10 – Ẹni ó múmú rí,	10 – Pessoa que já mamou,
11 – Ẹni ṣàánu mí!	11 – Tenha simpatia por mim!
12 – Ẹni ó múmú rí,	12 – Pessoa que já mamou,
13 – Àyàmọ̀ bẹ́nikan ò múmú rí.	13 – A não ser que nunca tenha mamado.

14 – *Ẹni ó múmú rí,*　　　　14 – Pessoas que já mamaram,
15 – *Ẹ ṣààmúù mí.*　　　　15 – Tenham simpatia por mim.
16 – *Ẹni ó múmú rí!*　　　　16 – Pessoas que já mamaram!

12 – BÍ AṢẸ MA ṢÉ (Modo de fazer)
Torrar na panela de barro o leite de vaca ou de cabra, o talo de palmeira, o rato e a rã até obter um pó fino e seco. A metade do pó é misturada ao ọṣẹ dúdú acondicionado na cabaça. Imprimir o odù Èjì-Ọgbè e recitar o Ọfọ awure àánú. Proceder da mesma forma com o ẹkọ.

13 – BÍ AṢẸ MA LÒ (Modo de usar)
Colocar um pouco de ọṣẹ dúdú na bucha vegetal e tomar banho em jejum, antes de o sol nascer. Em seguida, colocar na cabeceira da cama do usuário o ẹkọ misturado com o pó que foi usado para imprimir a marca do odù Èjì-Ọgbè.

14 – ỌJỌ́ TÓ TỌ́ (dia propício)
Quarta-feira ou quinta-feira.

15 – ÀSÌKÒ (Hora)
Para fazer: entre as 24 e 4 horas.
Para uso: em jejum, antes de o sol nascer.

16 – ÒSÙPÁ (Lua)
Crescente, Cheia.

17 – IBI (LOCAL)
Ẹ̀gbẹ́/residência.

18 – ỌJỌ́ LÁTI LO (Dia para uso)
Começar no dia seguinte ao preparo.

19 – ENÍ TÓ MA ṢÉ (Oficiante)
Bàbálawó.

20 – OHUN TÍ KÒ GBỌ́DỌ̀ ṢÉ (Resguardo)
O usuário deve abster-se de relações sexuais no período de 24 horas após o uso da magia.

21 – ṢÉ ÀKÍYÈSÍ PÀTÀKÌ (Observação Importante)
1. Os banhos são tomados durante seis dias consecutivos.
2. A mulher não pode usar a magia no período menstrual.
3. O que restar do ọṣẹ dúdú, despachar em uma cachoeira.
4. Após cada banho, usar uma roupa limpa e jogar a bucha vegetal usada no lixo.

Capítulo 18

Òtúrúpòn Méjì
Décimo Segundo Odù dos Dezesseis Principais

1 – OWÓ EYO MÉRÌNDÍNLÓGÚN (Jogo de Búzios)

2 – Ká dá owó eyo MÉRÌNDÍNLÓGÚN (Caídas dos Búzios)
12 búzios abertos e quatro fechados.

3 – ÌWÀ ODÙ (Características do Odù)
Enfermidade. Bruxarias. Indica nascimento de gêmeos prósperos. Vítima de inveja. Traz o àbíkú.

4 – ESÈ ODÙ (Lendas basicas explicativas sobre os caminhos do Odù)

5 – ODÙ ÒTÚRÙPÓN MÉJÌ
Primeiro ESÈ ODÙ ÒTÚRÙPÓN MÉJÌ (primeiro verso do ODÙ ÒTÚRÚPÒN MÉJÌ)
ESÈ EKÍNÍ – (primeira instância)

YORÙBÁ	TRADUÇÃO
1 – *Eyínlá a bíwo bànsúkú .*	1 – Carneiro com chifre.
2 – *Adífá fún Òtúrá,*	2 – Foi feito o jogo para Òtúrá,
3 – *Tí nlo lè pon méjì,*	3 – Que ia para buscar dois,
4 – *Láàfin oba.*	4 – No palácio do rei.
5 – *Nwón ní kí Òtúrá ó rùbo.*	5 – Pediram a Òtúrá para fazer oferendas.
6 – *Nwón ní púpò ni omo fún ùn.*	6 – Disseram que a sorte dos filhos será grande.
7 – *Ó sì rùbo.*	7 – Ele fez a oferenda.
8 – *Ó sì bí òpòlopò omo.*	8 – Nasceram muitos filhos.
9 – *Ijó ní njó,*	9 – Então, ele começou a dançar,
10 – *Ayò ní nyo.*	10 – Ficou alegre.
11 – *Ó nyin àwón awo rè,*	11 – Começou a exaltar seus fundamentos

12 – Àwọn awo rẹ nyin Ifá.
13 – Ọ ya ẹnu kótó.
14 – Ó ní ẹyinlà a bìwo bànsúkú bànsúkú bànsúkú.
15 – Adífá fun òtúrà,
16 – Tí nlọ le pọn méjì,
17 – Láàfin ọba.
18 – Ẹrọ Ipọ̀.
19 – Ẹrọ Ọ̀fá.
20 – Ìgbà Ọ̀túrùpọ̀n méjì,
21 – Lá tó nbímọ̀.

12 – E seus fundamentos começaram a exaltar Ifá.
13 – Ele abriu a boca admirado.
14 – Ele disse: "Carneiro com chifre".
15 – Foi feio o jogo para Ọ̀túrá.
16 – Que ia para buscar dois
17 – No palácio do rei.
18 – Povo de Ipọ̀.
19 – Povo de Ọ̀fá.
20 – Quando Ọ̀túrúpọ̀n está buscando dois,
21 – É que vai começar a ter filhos.

Segundo ẸSẸ̀ ODÙ Ọ̀TÚRÙPỌN MÉJÌ – (segundo verso do ODÙ Ọ̀TÚRÙPỌ̀N MÉJÌ)
ẸSẸ̀ ẸKEJÌ – (segunda instância)

YORÙBÁ
1 – Okere ẹ jẹ́kí ẹyẹbà ó rọ̀de
2 – Ẹiyẹ níí gbọ́rí igi dọ́kọ́;
3 – Ẹrọ di gògò mọ́ yẹ;
4 – Adífá fòjùdù nìkàn
5 – Èyí ti o ó bímọ̀ ti ọ.
6 – Tí ó pọ̀ jù ti gbogbo àyé lọ.
7 – Ọmọ Òjùdù mọ̀ ti pàpọ̀jù o o o.
8 – Ọmọ Òjùdù mọ̀ ti pàpọ̀jù.
9 – Ẹ̀nì yàn ó bímọ̀ t'ójùdù,
10 – Ọmọ Òjúdù mọ̀ ti pàpọ̀jù.

TRADUÇÃO
1 – Atenção: ẹyẹ́bà (um certo pássaro) está à vontade.
2 – É ele que fica em cima da árvore namorando.
3 – Meu pensamento ficou "pesado" e eu o desviei da mente.
4 – Foi feito o jogo para Òjùdù apenas,
5 – Aquele que nasceu teu filho,
6 – O que está em maior número do que todas as pessoas do mundo.
7 – Os filhos de Òjùdù já são muitos.
8 – Os filhos de Òjùdù já são muitos.
9 – Ninguém teve tantos filhos quanto Òjùdù.
10 – Os filhos de Òjùdù já são muitos.

Terceiro ẸSẸ̀ ODÙ Ọ̀TÚRÙPỌN MÉJÌ – (terceiro verso do ODÙ Ọ̀TÚRÙPỌN MÉJÌ)
ẸSẸ̀ ẸKẸTÀ – (terceira instância)

YORÙBÁ
1 – Ọlọgbọ́n kùn ò tá kókó omi sẹ́tí aṣọ.

TRADUÇÃO
1 – Não há sábio que consiga prender com um nó a água na roupa.

2 – *Mọ̀ràmọ̀ràn kàn ò mọ̀yè apẹ́ ilẹ̀,*
3 – *Kà mọ̀ràn mọ̀ràn;*
4 – *Kà mọ̀ pọ́nnā pẹ̀pọ́.*
5 – *Adífá fún Ọlọgbọ́n méjì,*
6 – *Tí ó fọ́wọ́ ara rè tún nwà ara rè ṣe.*
7 – *Ọ̀rúnmìlà, tójú ayé mí ṣe*
8 – *Lójú òlókọ̀ ní dá ṣé mọ́:*

9 – *Ifá, tójú árà mí*
10 – *Ró o túnwà ara mí.*
11 – *Lojú òlòkò ní ikáà ṣeé wọ̀wù èjè,*

12 – *Ọ̀rúnmìlà ó bá tójú ara mí;*
13 – *Kọ́ ó tún nwá ara mí se!*
14 – *Lójú òlókò ní ewùrá ṣe yẹsí:*

15 – *Ifá, ó bá tójú ara mí,*
16 – *Kọ́ ó tún nwà ara mí ṣe.*

2 – Não há sábio que conheça o número de grãos da areia e
3 – Tenha conhecimento;
4 – Tê-lo muito.
5 – Faz com que seja feito o jogo para dois sábios,
6 – Que usam as próprias mãos para consertar seus comportamentos.
7 – Ọ̀rúnmìlà, conserte minha vida!
8 – É diante do fazendeiro que o quiabo estraga.

9 – Ifá, me proteja,
10 – Conserte minha própria vida.
11 – É diante do fazendeiro que o jiló "veste roupa de sangue" (estraga),

12 – Ọ̀rúnmìlà, você deve me proteger
13 – E consertar minha própria vida!
14 – É perante o fazendeiro que o inhame amarela (estraga).

15 – Ifá, você deve me proteger
16 – E consertar minha vida.

6 – **ÒRÌṢÀ TÍ ÌDÁHÙN** (Orixá que responde)
Ēgúngún, Ọya, Ọ̀rúnmílà, Ṣọnpọ́ná, Ìbéjì, Odùdùwà, Ṣàngó, Azowani (vodun), Ògún.

7 – **ÀMÌ ODÙ – ORÚKO ODÙ** (Impressão das Marcas do Odù – Nome do Odù)

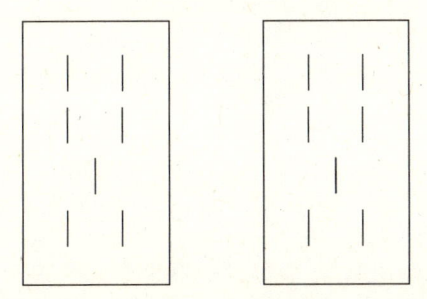

ỌTÚRÙPỌN MÉJÌ

8 – **ÒOGÙN ÌṢÓRA** (Magia contra males do corpo)
Recitar o ọfọ junto com o ẹbọ indicado pelo oficiante.

9 – ÌDÍ (Finalidade)
Esta magia irá proteger o corpo de uma pessoa contra males provocados por magia maléfica.

10 – ÀWỌ́N OHUN ÈLÒ (Material necessário)
– Èwé olóbì ṣáwò
– Ewé ẹhín òlọ́bẹ
– Ẹran ẹ̀hìn àgùtàn (carne das costas da ovelha – costelas)
– Awo ilú yíyá ti ilé àṣẹ (couro de atabaque do terreiro)
– Irú (*Parkia filicoidea*) (bẹjẹrẹkun em pó)
– Ata iyẹrú (*Piper guineense*) (pimenta da guiné)
– Ìyẹ̀rọsùn (*Baphia nitida*) (pó vegetal)
– Ọbẹ̀ ẹja tàbí ẹran malúù (molho de peixe ou de carne bovina)
– Awo funfun (prato branco)
– Ìkòkò irín ìkòkò èrùpẹ̀ (panela de ferro ou de barro)
– Âmi odù Èjì Ogbè (impressão do Odù Èjì Ogbè)

11 – ỌFÒ ÒOGÙN (Encantamento contra os males do corpo)

ÈJÌ ỌGBÈ

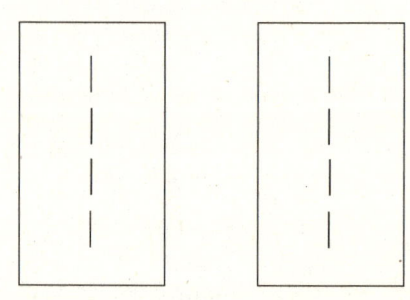

YORÙBÁ
1 – *Akínró, àṣàrò.*
2 – *Ọ̀pá Ràbàtà.*
3 – *Àwọ́n mẹ́tàmẹ́tà parapo,*
4 – *Wọ́n lọ pa ẹran àlùbọ́sà jẹ́ nílè-Ifẹ̀.*

5 – *Alápá ngbápá,*

6 – *Ẹlẹ́sẹ ngbẹ̀sẹ̀,*

7 – *Olórí ngbọ́rí,*

8 – *Òrúnmìlà nì ki wọ́n ó fí ẹ̀hìn rẹ̀ síle fún.*

TRADUÇÃO
1 – Akinro, àṣàrò.
2 – Ọpa Ràbàtà.
3 – Os três se juntaram.
4 – E foram para matar e comer o animal com cebola na cidade de Ifẹ̀.

5 – Aquele que gosta de braço, ficou com o braço,

6 – Aquele que gosta de perna, ficou com a perna,

7 – Aquele que gosta de cabeça, ficou com a cabeça.

8 – Òrúnmìlà pediu para deixarem as costas para ele.

9 – *Wọ́n ní ìwọ Ọ̀rúnmìlà*
10 – *Wọ́n kíni lọ ti rí?*
11 – *Tó fi jẹ́ pé ẹ̀hìn ẹran ni ìwọ fẹ́ jẹ nínú ẹran tó pọ̀ tó báyì?*
12 – *Ọ̀rúnmìlà ni náà gbèhìn.*
13 – *Ẹ̀hìn ní lóbì-ṣówó nsọ ewé sí,*
14 – *Ẹ̀hìn ni abíyamọ̀ npọ́n ọmọ sí*
15 – *Ó ní náà gbẹ̀nìn máà - gbẹ̀nìn ni Ọ̀pá Ìlédì.*
16 – *Ó ni gbogbo ẹni tó bá ńpérí mí ní ibi,*
17 – *Èmi ni ngò gẹ́hìn wọ́n.*

9 – Disseram: "Você, Ọ̀rúnmìlà,
10 – O que você quer?
11 – Por que você pede as costas dentre toda a carne do animal?"
12 – Ọ̀rúnmìlà disse que costuma ser vitorioso o último.
13 – É nas costas que Lóbí-Ṣowó pendura seu dinheiro,
14 – É nas costas que a mãe coloca os filhos.
15 – Ele disse que será o último entre os vitoriosos como Ọ̀pá Ìlédì.
16 – Todos estão falando mal de mim.
17 – Entretanto, eu é que vou ser o último vitorioso.

12 – BÍ AṢẸ MA ṢÉ (Modo de fazer)
Cozinhar na panela de ferro a carne de ovelha com o couro de atabaque, as folhas, a pimenta e o bẹjẹrẹkun. Deixar que cozinhe em fogo brando até a carne ficar bem macia. No prato branco, espalhar o iyẹrọsun, imprimir o odù Èjì-Ọgbè, recitar o ọfọ e acrescentá-lo à carne pronta.

13 – BÍ AṢẸ MA LÒ (Modo de usar)
Dividir o preparado mágico em três porções que o usuário irá ingerir em jejum três dias seguidos, misturando ao molho de peixe ou de carne bovina.

14 – ỌJỌ́ TÓ TỌ́ (dia propício)
Segunda-feira, terça-feira ou sábado.

15 – ÀSÌKÒ (Hora)
Para fazer: horário noturno.
Para uso: até as 8 horas, em jejum.

16 – ÒṢÙPÁ (Lua)
Nova ou Cheia.

17 – IBI (LOCAL)
Para fazer: Ẹgbẹ́
Para usar: residência.

18 – ỌJỌ́ LÁTI LO (Dia para uso)
No dia seguinte ao preparo.

19 – ENI TÓ MA ṢÉ (Oficiante)
Bàbálawó.

20 – OHUN TÍ KÒ GBỌ̀DỌ̀ ṢÉ (Resguardo)
Durante três dias, não ter relações sexuais, não ingerir carne suína e abster-se de bebida alcoólica.

21 – ṢÉ ÀKÍYÈSÍ PÀTÀKÌ (Observação Importante)
Verificar, por intermédio de Ifá, se a carne de ovelha não é ẹwọ para o usuário e se pode ser substituída por outra.

Capítulo 19

Odù Ọ̀túrá Méjì
Décimo Terceiro Odù dos Dezesseis Principais

1 – ỌWỌ́ ẸYỌ MẸ́RÌNDÍNLÓGÚN (Jogo de Búzios)
2 – KÁ DA OWO ẸYỌ MẸ́RÌNDÍNLÓGÚN (Caídas dos Búzios)
   Treze búzios abertos e três fechados.
3 – ÌWÀ ODÙ (Características do Odù)
   Vitória sobre inimigos através da mente. Ẽgún de antepassados insatisfeitos. Filhos prósperos. Morte prematura. Prevenir-se contra roubo e cuidar-se em relação ao fogo.
4 – ẸSẸ̀ ODÙ (Lendas basicas explicativas sobre os caminhos do Odù)
5 – ODÙ Ọ̀TÚRÁ MÉJÌ
   Primeiro ẸSẸ̀ ODÙ Ọ̀TÚRÁ MÉJÌ (primeiro verso do ODÙ Ọ̀TÚRÁ MÉJÌ)
   ẸSẸ̀ KÍNÍ – (primeira instância)

YORÙBÁ	TRADUÇÃO
1 – Àràbà ni bàbá;	1 – Àrábá é o pai;
2 – Àràbà ni bàbá;	2 – Àrábá é o pai;
3 – Ẹni a bá lábà ni bàbá;	3 – Quem encontramos na aldeia é o pai;
4 – Ẹni a bá nínú ahéré ni bàbá;	4 – Quem encontramos na cabaça é o pai;
5 – Adifá fún bàbá Mọ́lọ̀ bẹwù gòròjẹ̀ (o ní aṣọ gangan)	5 – Foi feito o jogo para Pai Mọ́lẹ̀ (ancestral) que tem roupa grande,
6 – Tí nfi gbogbo àyéé ṣe ọ̀fẹ́ jẹ	6 – Que usa todo o mundo em seu proveito.

7 – *Tani bàbá Erínwo?* 7 – Quem é o pai de Erinwò?
8 – *Àrábà ni bàbá Erinwò.* 8 – Àrábá* é o pai de Erinwò.

    Segundo ẸSẸ̀ ODÙ ÒTÚRÁ MÉJÌ (segundo verso do ODÙ ÒTÚRÁ MÉJÌ)

    ẸSẸ̀ EKÉJÌ – (segunda instância)

YORÙBÁ — TRADUÇÃO

1 – *Mbá ṣe Ọ̀dán,* 1 – Se eu fosse Ọ̀dán,
2 – *Látẹrẹrọ̀ ni mbá jẹ́;* 2 – Eu seria Latẹrẹrọ.
3 – *Mo gba rẹrẹ* 3 – Eu vou receber em abundância,
4 – *Bí Ọ̀dan Ilàlà,* 4 – Como Ọ̀dan Ìlàlà.
5 – *Máàtù nì lára* 5 – E eu vou ter para a família,
6 – *Bí Ọ̀dan Ẹ́ẹ̀sìnkìn;* 6 – Como Ọ̀dan Ẹẹsìnkìn.
7 – *Adífá fún aláṣọ funfun* 7 – Foi feito o jogo para aquele de roupa branca,
8 – *Tí nrayé àpésìn.* 8 – Que está indo para o mundo onde vai ser adorado por todos.
9 – *Tà là ó maa sìní lọ́dún?* 9 – Quem nós vamos cultuar a cada ano?
10 – *Òrìṣà Igbó, iwo lá ò maa sìní lọ́dún.* 10 – É Òrìṣà Igbó que vamos cultuar a cada ano.
11 – *Àlábàá làṣẹ.* 11 – Aquele que em tudo representa o àṣẹ.
12 – *Ìwọ lá ò maa sìní lọ́dún.* 12 – É você que vamos cultuar neste ano.

    Terceiro ẸSẸ̀ ODÙ ÒTÚRÀ MÉJÌ (terceiro verso do ODÙ ÒTÚRÁ MÉJÌ)

    ẸSẸ̀ ẸKÉTA – (terceira instância)

YORÙBÁ — TRADUÇÃO

1 – *Ọ̀nà kán tìhín wá;* 1 – Um caminho começa daqui.
2 – *Ọ̀nà kán tọ̀hún wá;* 2 – Um caminho vem de lá.
3 – *Ìpàdè Ọ̀nã Méjì bẹnu ṣonṣo;* 3 – O encontro de dois caminhos com "boca pontuda"
4 – *Adífá fún Irinmọ̀dò* 4 – Foi feito para o jogo para Ìrínmọdò,
5 – *Tí ó jọba igí lóko.* 5 – Que é considerada como rainha das árvores na fazenda.
6 – *Ifá ló firinmọ̀dò aya ṢÉ.* 6 – Foi Ifá que casou com Ìrínmodò.
7 – *Ifá wáà firinmòdò jọba.* 7 – Foi Ifá que tomou Ìrínmodò como rainha.

---

* N.A.: Àrábá – chefe no culto de Ifá; também é o nome da árvore *Ceiba Pentandra*. Ọ̀dọn ou ọ̀dan — *Ficus Thoningii* (árvore da figueira).

8 – Ọrúnmilà ló gbé Irinmọdò
ayagbà.
9 – Ifá wáà Irinmọdò ayagbà,
10 – Ifá wàá Irinmọdò ayagbà,

11 – Ọrúnmilà ló gbé Irinmọdò
niyáwò
12 – Ifá wáà Irinmọdò ayagbà.

8 – Ifá vem fazer Ìrínmodò de rainha.

9 – Ifá vem fazer Ìrínmodò de rainha.

10 – Ifá vem fazer Ìrínmodò de rainha.

11 – Foi Ọrúnmilà quem tomou
Ìrínmodò como esposa.

12 – Ifá vem para fazer Ìrínmodò de
rainha das árvores.

6 – ÒRÌṢÀ TÍ IDÁHÙN (Orixá que responde)
Ifá, Ṣàngó, Ọ̀sun, Ògún, Ọlọ́run, Ẽgún.

7 – ÀMÌ ODÙ – ORÚKO ODÙ (Impressão das Marcas do Odù – Nome do Odù)

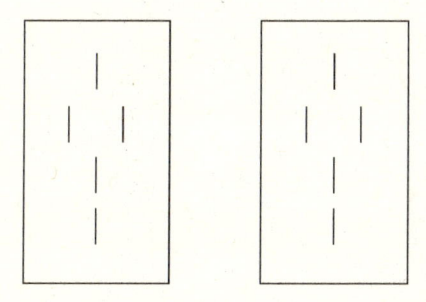

ỌTÚRÁ MÉJÌ

8 – ÒOGÙN ṢẸLẸ̀ DẸ̀RỌ̀ (Magia para proporcionar calmaria)
Recitar o ọfọ junto com o ẹbọ indicado pelo oficiante.

9 – ÌDÍ (Finalidade)
Esta magia propiciará ao usuário reverter situações difíceis em fáceis e fazer com que aquele que o magoou lhe peça perdão e lhe traga calma e paz.

10 – ÀWỌN OHUN ÈLÒ (Material necessário)
 – Aṣọ funfun (pano branco)
 – Ọṣẹ dúdú (sabão-da-costa)
 – Epo pupa (óleo de dendê)
 – Ìgbá olómorí (cabaça com tampa)
 – Kànrìnkàn (bucha vegetal)

11 – ỌFỌ̀ ÒOGÙN SẸLẸ̀ DẸ̀RỌ̀ (Encantamento para obter calma)

YORÙBÁ	TRADUÇÃO
1 – *Omi nlá ní í yagbá*	1 – É água grande quem tem vários cursos.
2 – *Ìgbín ó ṣọ̀ràn kò gbòkún sórùn*	2 – O caramujo não comete erros, senão leva corda no pescoço.
3 – *Akọ ẹṣin ní í rìnrìn gidigbí-gidígbí wòlú*	3 – O cavalo macho anda majestosamente para a cidade,
4 – *Ṣùgbọ́n mo ṣu ṣ'epò wọ́n ò bá mí wí, Mootọ̀ sí àlà wọ́n ò bá mí wí*	4 – Porém, eu sujei o óleo de dendê, mas não fui o culpado.
5 – *Àkọ́já ewe mí rẹ̀ ẹ́*	5 – Sujei as coisas limpas, mas não fui culpado.
6 – *Ẹ kójẹ́ o je*	6 – Esta é a primeira folha que vou pegar, deixe funcionar.
7 – *Nítorí dídùn là á bálẹ̀ òlóyin, gbogbo témi, kí ẹ jẹkí o dùn*	7 – Porque é bom quando encontramos a casa da abelha e o apicultor.
8 – *Ìbà ará iwájú*	8 – Que eu possa ter doçura em todas as minhas coisas.
9 – *Ìbà ẹ̀rọ̀ èhìn*	9 – Peço a bênção dos que estão à minha frente
10 – *Ìbà àgbàbi mẹ́rindìnlógún*	10 – Peço a bênção dos 16 mais velhos,
11 – *Ọmọ awo*	11 – Os filhos do fundamento.
12 – *Bi ẹkọ́lọ̀ bá júbà ilẹ̀, ilẹ̀ a l'ánu*	12 – E também a bênção dos que estão atrás.
13 – *Mo júbà, kí ìbà mí kọ́ ṣẹ*	13 – Se a minhoca pedir licença à terra, esta abrirá a boca. Peço licença para que eu seja aceita.
14 – *Ẹ forí jìmí, ẹ jẹ́ ó yẹ mí kalẹ́*	14 – Me desculpem e permitam que tudo seja bom para mim até a noite.
15 – *Ìbà.*	15 – Licença.
16 – *Kí ìbà ṣẹ.*	16 – E que eu seja aceita.

12 – BÍ AṢẸ MA ṢÉ (Modo de fazer)

Diante do ojubo de Ọbátàlá:
Estender o pano branco no chão; no centro, colocar o ọṣẹ dúdú. Ao redor do tecido, fazer um círculo com epò púpà. Ajoelhar-se diante do aṣọ funfun e recitar o ọfọ ogún sẹlẹ́ dẹ̀rọ̀. Acondicionar tudo na cabaça.

13 – BÍ AṢẸ MA LÒ (Modo de usar)
O usuário coloca um pouco do sabão mágico em um pedaço de bucha vegetal e toma banho pela manhã, antes de o sol nascer, e outro antes de a lua aparecer.
Usar o ọṣẹ dúdú até o mesmo acabar.

14 – ỌJỌ́ TÓ TỌ́ (dia propício)
Para fazer: segunda-feira, quarta-feira ou sábado.
Para usar: após o terceiro dia do preparo do sabão, retirar o mesmo do ojubọ de Ọbátàlà para iniciar o seu uso.

15 – ÀSÌKÒ (Hora)
Para fazer: entre as 23 e 4 horas.
Para uso: antes de o sol e de a lua surgirem.

16 – ÒṢÙPÁ (Lua)
Crescente, Nova ou Cheia.

17 – IBI (LOCAL)
Para fazer: ẹ̀gbẹ́, ojubọ Ọbátálá.
Para usar: residência.

18 – ỌJỌ́ LÁTI LO (Dia para uso)
72 horas Após ter sido preparado, retirar o sabão do ojubọ de Ọbátálá e começar a usá-lo.

19 – ENI TÓ MA ṢẸ (Oficiante)
Bàbálawó.

20 – OHUN TÍ KÒ GBỌ́DỌ̀ ṢÉ (Resguardo)
Não usar o sabão mágico no período menstrual.

21 – ṢÉ ÀKÍYÈSÍ PÀTÀKÌ (Observação Importante)
1. Não usar o ọṣẹ dúdú fora dos horários predeterminados.
2. Não usar roupas nas cores preta, roxa e/ou marrom enquanto estiver usando o ọṣẹ dúdú.
3. Não usar o ọṣẹ dúdú no período mestrual.

Capítulo 20

Odù Ìrẹtẹ̀ Méjì
Décimo Quarto Odù dos Dezesseis Principais

1 – ỌWỌ́ ẸYỌ MẸ́RÌNDÍNLÓGÚN (Jogo de Búzios)

2 – Ka, da owo ẹyọ MẸ́RÌNDÍNLÓGÚN (Caídas dos Búzios)
14 búzios abertos e dois fechados.

3 – ÌWÀ ODÙ (Características do Odù)
Odù púpà. Vem da terra. Relativo a tudo o que é morto. "Perigoso." Traz riqueza e traições. É marcante no amor. Traz alegria, orgulho e auto-estima. A auto-suficiência é uma característica marcante de um ọmọ deste odù.

4 – ẸSẸ̀ ODÙ (Lendas basicas explicativas sobre os caminhos do Odù)

5 – ODÙ ÌRẸTẸ̀ MÉJÌ
Primeiro ẸSẸ̀ ODÙ ÌRẸTẸ̀ MÉJÌ (primeiro verso do ODÙ ÌRẸTẸ̀ MÉJÌ)
ẸSẸ̀ ẸKÍNÍ – (primeira instância)

YORÙBÁ
1 – *Pa igúnugún bọfá,*

2 – *Awo ilé Alárá;*
3 – *Pàwòdì bosè,*

4 – *Awo òkè Ìjerò;*
5 – *Pàtíòro bọgún,*

6 – *Aláyà bí ọbẹ èèbó;*

TRADUÇÃO
1 – Mata Igúnugún (abutre) para sacrifício de Ifá,
2 – O Babaláwo da casa de Àlárá;
3 – Mata Àwòdì (falcão) para sacrifício de Igi ọṣè (árvore)
4 – O Babaláwo de Ìjèrò (cidade)
5 – Mata Àtíòro (ave) para sacrifício de Ògún.
6 – O corajoso como faca

7 – *Agbọ́nmi níí wólé ẹja;*

8 – *Àpajúbà níí balé àparòo jẹ́;*

9 – *Ólúgbongbò tinlà*

10 – *Ní nwọ́n fíí ṣẹ́gun ògúlùntu?*

11 – *Bá á bàá jẹun gbọingbọin*

12 – *Ilẹ̀kùn gbọingbọin là á ti;*

13 – *Adífá fún Ọrúnmilà.*

14 – *Níjọ́ tí Ifá ó joyè oòjíire.*

15 – *Ọba aládé o jíire lónií*

16 – *À bó ò jíire?*

17 – *Ọ̀púùrú àparó,*

18 – *Ifá, o jíire.*

7 – Aquele que vai derrubar o toco do peixe vai ter de secar tudo.

8 – É aràjùbà que destruiu a casa da perdiz;

9 – Grande cacete.

10 – Que pode destruir tourão.

11 – Se comemos bem.

12 – Fechamos a porta bem;

13 – Jogou para Ọrúnmilà.

14 – No dia em que o Ifá ia tomar o oòjíiré (bom-dia)

15 – O rei da coroa, bom-dia para você.

16 – Ou não tem um bom-dia?

17 – A perdiz.

18 – Ifá, tenha um bom-dia!

Segundo ẸSẸ̀ ODÙ ÌRẸTẸ̀ MÉJÌ (segundo verso do ODÙ ÌRẸTẸ̀ MÉJÌ)

ẸSẸ̀ KẸJÍ – (segunda instância)

YORÙBÁ

1 – *Akúdì, akúdi,*

2 – *Ọ̀bẹ̀rẹ̀ dii dìì dii lóru;*

3 – *Adífá fún Igbó*

4 – *Tíí ṣolúwo ìsálọ̀run.*

5 – *Ifá, o ní nméku sìní ọ́,*

6 – *Ng ó máa nméku sìní ọ́;*

7 – *Igbó, Ifá mo dẹrú ẹ,*

8 – *Igbó.*

9 – *Ò ní nmẹ́yẹ sín ọ́,*

10 – *Ng ó máa mẹ́ye sìní ọ́;*

11 – *Igbó, Ifá mo dẹrú ẹ,*

12 – *Igbó.*

13 – *Ò ní nmẹ́ran sìní ọ́,*

14 – *Ng ó máa mẹ́ran sìní ọ́;*

15 – *Igbó, Ifá mo dẹrú ẹ,*

16 – *Igbó.*

TRADUÇÃO

1 – Akúdì, akúdì,

2 – Aquele que se curvou na noite;

3 – Jogou para Igbó (ave que come ovos de outras aves)

4 – Que é o Òlúwò (título entre os awo) do céu.

5 – Ifá disse para eu oferecer um rato.

6 – Oferecer-lhe-ei um rato

7 – Igbó Ifá, eu sou seu escravo.

8 – Igbó

9 – Disse para eu lhe oferecer pássaro

10 – Oferecer-lhe-ei pássaro.

11 – Igbó, Ifá eu sou seu escravo

12 – Igbó

13 – Disse para lhe oferecer animal,

14 – Oferecer-lhe-ei animal:

15 – Igbó, Ifá sou seu escravo,

16 – Igbó.

Terceiro ẸSẸ̀ ODÙ ÌRẸTẸ̀ MÉJÌ (terceiro verso do ODÙ ÌRẸTẸ̀ MÉJÌ)

ẸSẸ̀ ẸKẸ́TÀ – (terceira instância)

YORÙBÁ	TRADUÇÃO
1 – Oníkólódá;	1 – Òníkólódá (nome de Babaláwo)
2 – Àgbẹ̀dẹ nìhọ̀rì	2 – Àgbẹ̀dẹ nìhọ̀rì (nome de Babaláwo)
3 – Gbogbo ọba níí tíí jẹ.	3 – Todo rei já tomou posse.
4 – Àfi Ọbátàlà,	4 – Só o Ọbátàlà
5 – Àfi Ọbátàlà,	5 – Só o Ọbátàlà
6 – Ọba pátápátá	6 – Ọba patapata (oríkí de Ọbátàlà)
7 – Tíí gbóde Ìrànjé.	7 – Que mora na cidade de Ìrànjé
8 – Nwọ́n fẹ́jẹ́ tán,	8 – Enganou-o com comida,
9 – Nwọ́n fẹmu tán,	9 – Enganou-o com bebida.
10 – Nwọ́n dòsẹ̀ẹ̀rẹ̀ ọrúún'lẹ̀.	10 – Criaram todo tipo de adversidade (morte, miséria, perda).
11 – Nwọ́n nìrù eku ó máa ra;	11 – Dizem que ele comprou um tipo de ratinho;
12 – Irú ẹran ó máa ra;	12 – Dizem para ele comprar um tipo de animal;
13 – Irú ẹyẹ ó máa ra;	13 – Dizem para ele comprar um tipo de pássaro;
14 – Irú ẹja ó máa rà;	14 – Dizem para ele comprar um tipo de peixe;
15 – Irú ọmọ ó máa ra;	15 – Dizem para ele que tipo de filho nascerá.
16 – Ìgbà tí gbogbo wọ́n ra tán,	16 – Quando comprar tudo.
17 – Nwọ́n ní níbo lawó kù sí?	17 – Disseram o que falta?
18 – Mo ní níbo lawó ku sí?	18 – Disseram o que falta?
19 – Nwọ́n ní kí á lọ pe	19 – Dizem que meninos
20 – Àwọn mọ̀rẹ́rẹ́ gbódò sọ sùsùùsù,	20 – As mòrẹ̀rẹ̀ (árvores) vivem bem ao lado do rio.
21 – Awo ilé Òrúnmìlà.	21 – O awo da casa de Òrúnmìlà.
22 – Adífá fún Òrúnmìlà,	22 – Jogou para Òrúnmìlà.
23 – Ifá ńlọ lèé solú ọrá fáwo.	23 – O Ifá ia para casa fazer òlú-ọrá (título de senhor).
24 – Njẹ, ta ní ó solú ọrá fáwo?	24 – Quem fez òlú-ọrá para awo?
25 – Mọ̀rẹrẹ ló solú ọrá fáwo	25 – É mòrẹ̀rẹ̀.
26 – Ó nìrù ẹja ó mọ leè ra;	26 – Disse o tipo de peixe que poderá comprar;
27 – Mọ̀rẹ́rẹ́ ló solú òrà fáwo.	27 – É mòrẹ̀rẹ̀.
28 – Ó nìrù eku ó mọ leè ra;	28 – Disse o tipo de ratinho que poderá comprar;
	29 – É mòrẹ̀rẹ̀.

29 – *Mòrèrè, Ifá ló solú orá fáwo.*
30 – *Ó nìrù eye ó mó leè ra;*
31 – *Mòrèrè, Ifá ló solú orá fáwo.*
32 – *Ó nìrù eran ó mó leè ra;*
33 – *Mòrèrè, Ifá ló solú orá fáwo.*
34 – *O nìrù èèyàn ó mó leè ra;*
35 – *Mòrèrè, Ifá ló solú orá fáwo*
36 – *Mòrèrè.*

30 – Disse o tipo de pássaro que poderá comprar;
31 – É mòrèrè.

32 – Disse o tipo de animal que poderá comprar;
33 – È mòrèrè.

34 – Disse o tipo de filho que poderá nascer;
35 – É mòrèrè.
36 – Mòrèrè.

6 – ÒRÌSÀ TI IDÁHÙN (Orixá que responde)
Soponna, Azowani (vodun), Obaluwaye, Òsun, Ògún, Nãnã Bùrùkú, Írókò, Órò, Ajè Saluga, (òrìsà Ola), Íyàmí Osóròngà, Aginju (òrìsà Igi), Osóòsi, Odé.

7 – ÀMÌ ODÙ – ORÚKO ODÙ (Impressão das marcas do Odù – Nome do Odù)

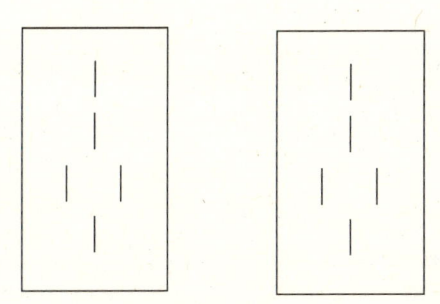

ÌRÈTÈ MÉJÌ

8 – ÒOGÙN ÌPARUN ORO YAN (Magia para eliminar energia negativa)
Recitar o *ofò* junto com o *ebo* indicado para esta finalidade.

9 – ÌDÍ (Finalidade)
Propiciar ao usuário a eliminação de energia maléfica, abrindo os caminhos para novos empreendimentos.

10 – ÀWÓN OHUN ÈLÒ (Material necessário)
– *aso inuju, ni àwo fúnfun* (tecido de cor branca)
– *aso inuju, ni àwo ewé* (tecido de cor verde)
– *aso inuju, ni àwo oyín* (tecido de cor amarela)

– aṣọ imujú, ni awọ arọ́ (tecido de cor azul)
– oyin (mel de abelhas puro)
– ẹfun (pó mineral branco – caulim)
– ọsùn (pó vegetal vermelho)
– wájì (pó vegetal azul)
– ìyẹ́rọ̀sun (pó vegetal amarelo, para imprimir o odù Ìrẹtẹ̀-rọsùn)
 – aṣọ iṣe ní yíya sí ni mẹ́rìn nkan (roupa usada, rasgada em quatro partes)
– ewé ìyá (folha de capeba, fresca)
– ọṣẹ dúdú (sabão-da-costa africano)
– kànrìnkàn (bucha vegetal nova em pedaços)
– igbá olómorí (cabaça com tampa cortada na horizontal)
– àkàràjẹ mẹ́rìn (quatro àkàràjẹ)
– èkọ mẹrìn (quatro àkàsà)
– àmì odù Ìrẹtẹ̀-rọsùn láti (imprimir a marca do odù Ìrẹtẹ̀-rọsùn)

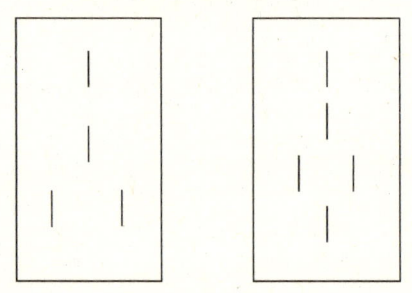

ÌRỌSÙN ÌRẸTẸ̀

11 – ỌFỌ̀ ÒOGÙN ÌPARUN ỌRỌ́ (Encantamento da magia para eliminar energia negativa)

YORÙBÁ
1 – *Bẹ́ẹ̀bẹ́ẹ̀ pẹ̀lú labalábá fò*
2 – *Mo fẹ́ nrin omnira*
3 – *Bẹ́mbẹ́ láti àláàfía*
4 – *Kigbe láti òla*

TRADUÇÃO
1 – Assim como voa a borboleta,
2 – Eu quero caminhar livre.
3 – Suplico para ter paz,
4 – Grito para ter riqueza.

12 – BÍ AṢẸ MA ṢẸ (Modo de fazer)
Cobrir a folha de capeba fresca com o iyẹrosun, imprimir o odù Ìrẹtẹ̀-rọsùn. Adicionar a esta mistura o sabão-da-costa, acondicionar na cabaça com tampa.

O usuário fica de pé, os tecidos são passados em seu corpo e colocados no chão ao seu redor, observando a seguinte ordem:
– tecido branco ao norte do usuário, na frente.
– tecido verde ao sul, atrás.
– tecido amarelo a leste, no lado direito.
– tecido azul a oeste, no lado esquerdo.
Sobre cada tecido colocar um dos pedaços da roupa usada. Passar os àkàràjẹ e os àkàsà no usuário e distribuí-los sobre os tecidos. Polvilhar tudo com ọsun, ẹfun, wãjí e regar tudo com mel. Em seguida, o usuário toma banho com um pouco do sabão preparado em um pedaço de bucha vegetal e o sumo do restante das folhas de capeba.
Fazer de cada tecido uma trouxa e despachá-las nos seguintes lugares:

1. trouxa branca – no pé de uma árvore de gameleira branca ou de ìrókò.
2. trouxa verde – no mar.
3. trouxa amarela – no rio.
4. trouxa azul – na via férrea.

13 – BÍ AṢẸ MA LÒ (Modo de usar)
O ọṣẹ dúdú (sabão-da-costa) é para ser usado duas vezes por semana em banhos noturnos, em um pedaço de bucha vegetal, até que o mesmo acabe.

14 – ỌJỌ́ TÓ TỌ́ (dia propício)
Terça-feira e quinta-feira.

15 – ÀSÌKÒ (Hora)
Para fazer: entre as 23 e 2 horas.
Para uso: à noite.

16 – ÒṢÙPÁ (Lua)
Nova.

17 – IBI (Local)
Ẹ̀gbẹ́ ou mata.

18 – ỌJỌ́ LÁTI LO (Dia para uso)
Terças-feira e quintas-feira.

19 – ENI TÓ MA ṢÉ (Oficiante)
Bàbálawó.

20 – OHUN TÍ KÒ GBỌ́DỌ̀ ṢÉ (Resguardo)
Nos dias que tomar o banho com ọṣẹ dúdú, abster-se de relações sexuais.

21 – ṢÉ ÀKÍYÈSÍ PÀTÀKÌ (Observação Importante)
   1. Mulheres não devem usar o sabão no período menstrual.
   2. O banho é sempre antes do jantar.
   3. Antes de preparar a magia, o oficiante deve oferendar Èṣù, Ṣàngó, Irókò, Ògún e odù Ìrẹtẹ̀-sa.

Capítulo 21

Odù Òṣé Méjì
Décimo Quinto Odù dos Dezesseis Principais

1 – ỌWÓ ẸYỌ MẸ́RÌNDÍNLÓGÚN (Jogo de Búzios)

2 – Ká da owo ẹyọ MẸ́RÌNDÍNLÓGÚN (Caídas dos Búzios)
   15 búzios abertos e um fechado.

3 – ÌWÀ ODÙ (Características do Odù ÒṢÉ MÉJÌ)
   Muitas amizades. Problemas judiciais. Perspicácia. Inteligência. Discrição. Ilusão. Inimigos derrotados. Ciúmes. Traição.

4 – ẸṢÈ ODÙ (Lendas basicas explicativas sobre os caminhos do Odù)

5 – ODÙ ÒṢÉ MÉJÌ
   Primeiro ẸṢÈ ODÙ ÒṢÉ MÉJÌ (primeiro verso do ODÙ ÒṢÉ MÉJÌ)
   ẸṢÈ ÈKÍNÍ – primeira instância

YORÙBÁ	TRADUÇÃO
1 – Bí arúgbó ti lẹ̀ tẹ̀, ìdúró láhá nba.	1 – Mesmo quando o velho se curva, ainda está de pé.
2 – Adífá fún Òṣé.	2 – Foi feito o jogo para Òṣé.
3 – Òsìn Òdẹ Ìbàdàn tí òun nlọ báyì.	3 – Que está fazendo culto na cidade de Ìbàdàn para a qual vou agora.
4 – Ṣé ma bá ire àti ajé pàdé ní ibàdàn	4 – Será que me trará sorte e dinheiro em Ìbàdàn?
5 – Òun lè ríré mbẹ́?	5 – Onde pode suplicar coisas boas?
6 – Wọ́n ní ẹbọ nì kí ó wá rù.	6 – Disseram que ele vem para fazer oferenda.
7 – Wọ́n ní púpọ̀ níré rẹ̀.	7 – Disseram que a sorte dele será muito grande.
8 – Ó sìní rù bọ,	8 – Ele concordou em fazer oferenda,

9 – Ó sìní òpòlòpò ajé.
10 – Ó jé rúbò fún Èsù,
11 – Ó sìní rúbo.
12 – Ó jé ó gbó ebo rè ngbà.

13 – Ó ní béè gégé,
14 – Ni awo rè fi ohùn rere láti pe Ifá.
15 – Akọ sukàlú kígbè pèlú gbogbo ara rè.
16 – Adífá fún Òrúnmìlà.
17 – Ifá ìwo niyo gbàjànlà Ìjà láyé,
18 – Àti iyo gbàjànlá ipò ìfíni joyè náà.
19 – Ifá gbàjànlà láyé.
20 – Ifá gbàjà nlá lórun.
21 – Lái imefò kòsí Irúnmolè tó dà bí ifá.

9 – E a fez cultuando a riqueza.
10 – Ele concordou em fazer oferenda a Èsù.
11 – E ele a executou.
12 – Ele concordou, escutou e suas oferendas foram aceitas.
13 – Disseram que é assim mesmo.
14 – Os seus fundamentos usaram de boa voz para chamar Ifá.
15 – Akọ caiu e gritou com todo o seu corpo.
16 – Foi feito o jogo para Òrúnmìlà.
17 – Ifá, você ganhará a guerra no mundo terrestre,
18 – E a ganhará no espaço sagrado também.
19 – Ifá ganhou a guerra no Àyé.
20 – Ifá ganhou a guerra no Orun.
21 – Sem dúvida, não há Irúnmolè igual a Ifá.

Segundo ÈSÈ ODÙ ÒSÉ MÉJÌ (segundo verso do ODÙ ÒSÉ MÉJÌ)
ÈSÈ ÈKEJÌ – (segunda instância)

YORÙBÁ
1 – Àwa yio fí èfun àti osùn tè Òsé Méjì sàra ògiri.
2 – Irun ewú fi orí arúgbó se ilé.
3 – Ewé gbígbè wà nígbàgbogbo ìmò.
4 – Adífá fún Obì tí ó nti òde Òrun bò ní Ayé.
5 – Nwón ní Kí wón rúbo,
6 – Kí àwón ènìà ò ma.
7 – Nì aburo rè tó rúbo,
8 – Tí àwon ègbón tí kò ní rúbo náà.
9 – Àbúrò ni obì iyen kéré tí nlápakán nímò rú.

TRADUÇÃO
1 – Nós vamos usar èfun e Osun para imprimirmos Òsé Méjì na parede.
2 – O cabelo usou a cabeça do velho como moradia.
3 – A folha seca da palmeira está sempre leve.
4 – Foi feito o jogo para Obì que está vindo do Espaço Sagrado para a Terra.
5 – Pediram a eles que façam oferendas.
6 – Para que as pessoas da Terra não o matem.
7 – Foi o irmão mais novo dele que fez a oferenda.
8 – Para os irmãos mais velhos que ainda não fizeram.
9 – O irmão mais novo é aquele cotilédone menor que está separado dos demais oferendados.

10 – *Látigbà tí àwọn aráyé wọ́kọja pa ni obì rú.*

11 – *Àwa lọ gejẹ obí wọ́tọ́ lẹ́hìn àwa tí a bá tẹ̀ odù. (òṣé méjì.)*

12 – *Kí apá aráyé ò gbìpò rara di mí.*

13 – *Ó rúbọ.*

14 – *Àti ó ní ajé ọpọ̀lọpọ̀.*

15 – *Ó ní béni gégé.*

16 – *Kí àwọn awo ba wí;*

17 – *Gégé nígbà àgbà a nnàró ó síibẹ̀ dúró lórí*

18 – *Adífá fún Òṣé,*

19 – *Tani ńṣe òsìn nílú Ìbàdàn, láti nígbànà ng lọ báyì.*

20 – *Ni ajé bá dé, ènìyìn tí bá lọ láti dúró.*

21 – *Àwọn ìtajà mí yípadà rere.*

22 – *Ajé jẹ́kí mí padè ni o.*

23 – *Ajé jọwọ́ júmọ̀ ni mí.*

10 – Foi desde então que as pessoas da Terra passaram a matar o Obí oferecido.

11 – Nós vamos mastigar Obí e cuspi-lo, após termos feito a impressão do Odù (Óṣé Méjì).

12 – E que os braços das pessoas não consigam nunca me apertar.

13 – Ele fez a oferenda.

14 – E ele teve muitas riquezas.

15 – Ele disse que foi assim mesmo.

16 – Que seus fundamentos disseram:

17 – Mesmo quando o velho se curva, ainda está de pé.

18 – Foi feito o jogo para Òṣé,

19 – Que está fazendo culto na cidade de Ìbàdàn para a qual vou agora.

20 – A riqueza chegou, aquela que veio para ficar.

21 – Os meus negócios se tornarão bons.

22 – Ajé, permita-me juntar-me a você.

23 – Ajé, conceda-me juntar-se a mim.

Terceiro ẸSẸ̀ ODÙ ÒṢÉ MÉJÌ (terceiro verso do ODÙ ÒṢÉ MÉJÌ)
ẸSẸ̀ ẸKẸ́TÀ – (terceira instância)

YORÙBÁ

1 – *Akọ subú fí gbogbo ara kígbe.*

2 – *Adífá fún Ọ̀rúnmìlà.*

3 – *Ifá ó ṣégun láye*

4 – *Yío sí ṣẹ́ tọ́run náà,*

5 – *Nwọ́n ní ó káàkí mọ́lẹ̀,*

6 – *Ó jàre,*

7 – *Ẹbọ ní ó ṣe:*

8 – *Àkùkọ mẹ́ta,*

9 – *Àti ẹgbẹ̀dégbọ̀n ni ẹyo owó.*

TRADUÇÃO

1 – Àkọ caiu e gritou com todo o seu corpo.

2 – Foi feito o jogo para Ọ̀rúnmìlà.

3 – Ifá, você ganhará a guerra no mundo terrestre.

4 – E a ganhará no Espaço Sagrado também;

5 – Pediram-lhe que procurasse Irúnmọ́lẹ̀,

6 – Por favor,

7 – É uma oferenda que você terá de fazer:

8 – Três galos,

9 – E 3 mil búzios.

10 – *Ó gbọ́ rírú ẹbọ.*

11 – *Ó rù.*

12 – *Ó gbà láti rú ẹbọ fun Èṣù*

13 – *Ó tù, ósi lájé,*

14 – *Ó gbọ́, ìkarara ẹbọ há fún ùn.*

15 – *Ó ní bẹ́ẹ̀ gẹ́gẹ́, wi*

16 – *Ni àwọn awo òun nṣẹ́nu rere pe Ifá,*

17 – *Nítorí akọ bálẹ̀ fi gbogbo ara kígbe?*

18 – *Adífá fún Ọ̀rúnmìlà.*

19 – *Yio sí ṣẹ̀ tọ́run,*

20 – *Ifá ó ṣẹ́gun láyé náà.*

21 – *Ifá ṣẹ́gun láyé o.*

22 – *Ifá sí ṣẹ̀ Tọ́run.*

23 – *Àṣẹ́ kòsí Irúnmọlẹ̀ bí Ifá.*

10 – Ele concordou, escutou e suas oferendas foram aceitas.

11 – Ele as executou.

12 – Ele concordou em fazer as oferendas para Èṣù.

13 – Ele as fez cultuando a riqueza,

14 – Ele ouviu e concordou em dar o ẹbọ exatamente como foi dito.

15 – Ele (Ọ̀rúnmìlà) disse que foi assim mesmo que falou,

16 – Os seus fundamentos usaram boa voz para chamar Ifá;

17 – Por que Akọ caiu e gritou com todo o seu corpo?

18 – Foi feito o jogo para Ọ̀rúnmìlà.

19 – Ifá, você ganhará a guerra no mundo terrestre,

20 – E a ganhou no Espaço Sagrado também.

21 – Ifá ganhou a guerra no Àyé (mundo).

22 – Ifá ganhou a guerra no Ọrun (céu).

23 – Sem dúvida, não há Irúnmọlẹ̀ (ancestral) igual a Ifá.

6 – ÒRÌṢÀ TÍ IDÁHÙN (Orixá que responde)
   Ọṣùn, Ọsanyìn, Ókò, Ajé Ṣàlúgá, Orò, Ṣàngó, Ọya, Èṣù.

7 – ÀMÌ ODÙ – ORÚKO ODÙ (Impressão das marcas do Odù – Nome do Odù)

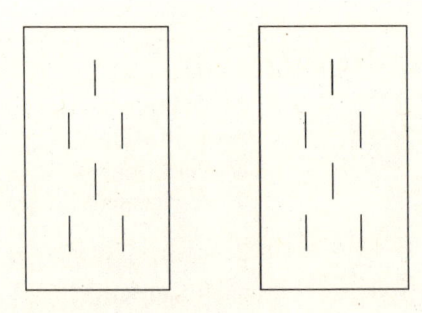

ÒṢÉ MÉJÌ

8 – ÒOGÙN ÈYỌ́NÚ ÀWỌ́N ÀGBÀ (Magia para obter perdão dos velhos)
Recitar o ọfọ junto com o ẹbọ indicado pelo oficiante.

9 – ÌDÍ (Finalidade)
Esta magia propiciará ao usuário obter perdão dos mais velhos, tanto no culto aos òrìṣà como no mundo profano. Fará com que se encante e atraia para si a simpatia de todos.

10 – ÀWỌ́N OHUN ÈLÒ (Material necessário)
 – afárá oyin (favo de mel de abelhas)
 – ewé misin-misin (folha vassourinha-de-nossa-senhora)
 – ewé àlúpàyídà (folha língua-de-galinha ou língua-de-tucano)
 – ewé kúnkúndúnkún (folha de batata-doce)
 – ṣùgá iniṣelé (açúcar mascavo)
 – Ìkòkò pẹ̀lú ṣiṣi (pote com tampa)

11 – ỌFỌ̀ ÒOGÙN ÈYỌ́NÚ ÀWỌ́N ÀGBÀ (Encantamento da magia para obter o perdão)

YORÙBÁ

1 – *Ayé mí yio dùn jù ti àná lọ.*

2 – *Dídùn, dídùn kìí tán lára oyin*

3 – *Dídùn, dídùn kìí tán l'ara ewé*

4 – *Ojú ológbò, oríjì ló ní kí e fi orí Jìmí.*

5 – *Gbogbo ohun ti mo bá ṣe jìn mí*

6 – *Àlùpàyídà ló ni kí ẹ pa ojú búburú dé ní òdò mí*

7 – *Ẹ kọ ojù rere sí mí.*

TRADUÇÃO

1 – A minha vida será mais doce que ontem.

2 – A doçura não acaba com o mel.

3 – A doçura não acaba com a folha.

4 – Ojù Òlógbò, Oríjí foi quem pediu para que eu seja perdoado

5 – De todas as coisas que fiz.

6 – É Àlúpàyídà quem pede para que o mau-olhado seja afastado do meu caminho.

7 – Olha-me com bons olhos.

12 – BÍ AṢẸ MA ṢÉ (Modo de fazer)
Envolver o favo de mel nas folhas solicitadas. Torrar até obter um pó seco e bem fino. A este pó, acrescentar o açúcar mascavo. Acondicioná-lo no pote com tampa.

13 – BÍ AṢẸ MA LÒ (Modo de usar)
Em jejum, colocar um pouco do pó na mão esquerda com mel. Recitar o ọfọ e lamber, mentalizando o que deseja. Usar o ebú até terminar.

14 – ỌJỌ́ TÓ TỌ́ (dia propício)
   Segunda-feira, terça-feira, quarta-feira e quinta-feira.

15 – ÀSÌKÒ (Hora)
   Para fazer: entre 24 e 3 horas.
   Para uso: em jejum, antes do nascer do sol.

16 – ÒSÙPÁ (Lua)
   Crescente, Nova ou Cheia.

17 – IBI (LOCAL)
   Para fazer: ẹ̀gbẹ́.
   Para usar: residência.

18 – ỌJỌ́ LÁTI LÒ (Dia para uso)
   Terça-feira ou quinta-feira.

19 – ENI TÓ MA ṢÉ (Oficiante)
   Bàbálawó.

20 – OHUN TÍ KÒ GBỌ́DỌ̀ ṢÉ (Resguardo)
   Abster-se de relações sexuais nos dias em que ingerir o pó, impreterivelmente.

21 – ṢÉ ÀKÍYÈSI PÀTÀKÌ (Observação Importante)
   1. Não usar no período menstrual;
   2. De preferência, nos dias em que ingerir o pó, não se alimentar com comidas muito condimentadas, carne suína e bovina, café, bebidas alcoólicas;
   3. Evitar lugares barulhentos e tumultuados.

Capítulo 22

Odù Ọ̀fún Méjì
Décimo Sexto Odù dos Dezesseis Principais

1 – ỌWỌ́ ẸYỌ MẸ́RÌNDÍNLÓGÚN (Jogo de Búzios)

2 – KÁ DA OWO ẸYỌ MẸ́RÌNDÍNLÓGÚN (Caídas dos Búzios)
16 búzios abertos.

3 – ÌWÀ ODÙ (Características do Odù ỌṢÉ MÉJÌ)
Odù que determina ascensão. Intransigência. Mediunidade. Reconhecimento profissional. Familiar não deve debochar de alguém próximo do Ọmọ Òfún.

4 – ẸSẸ̀ ODÙ (Lendas basicas explicativas sobre os caminhos do Odù)

5 – ODÙ ỌFÚN MÉJÌ
Primeiro ẸSẸ̀ ODÙ ỌFÚN MÉJÌ (primeiro verso do ODÙ ỌFÚN MÉJÌ)
ẸSẸ̀ ẸKÍNÍ – (primeira instância)

YORÙBÁ	TRADUÇÃO
1 – *Hèéèpà, Hèéèpà, Hèéèpà Bàbá!*	1 – Saudações a Òrìnṣàlà!
2 – *Ọ̀rọ́ Gbá.*	2 – As coisas estão derrubadas,
3 – *Ọ̀rọ́ Le,*	3 – As coisas estão díficeis,
4 – *Ọ̀rọ́ se gèdègèdè mọ́ mọ́ọ̀nni lọ́wọ́.*	4 – As coisas estão tão díficeis que não estão ao alcance de nossas mãos.
5 – *Adífá fún Ọ̀rúnmilà,*	5 – Foi feito o jogo para Ọ̀rúnmilà,
6 – *Níjọ́ tí nṣáwo rapà Ọ̀kun, àti Ọ̀sà.*	6 – No dia em que está fazendo culto entre Ọkun e Ọ̀sá.
7 – *O mèéjì kẹ́ẹ́tà,*	7 – Ele juntou dois com três,
8 – *Ó lọ oko Aláwo.*	8 – E foi fazer consulta com o awo.
9 – *O ní àlọ dáà; àbọ dùn?*	9 – Ele perguntou se a ida será boa e a volta será agradável.

10 – *Nwọ́n ní ẹbọ ni kí o wáà rú,*
11 – *Ó sìru.*
12 – *Nígbàtó dé Ọ̀kun, àti Ọ̀sà.*
13 – *Ó lájé,*
14 – *Ó láya.*
15 – *Ó ní iré gbogbo!*
16 – *Ijọ̀ ní njọ̀.*
17 – *Ayọ̀ ní ńyọ̀.*
18 – *Ó nyin àwọ́n awo rẹ̀,*
19 – *Àwọ́n awo rẹ̀ńyin Ifá.*
20 – *Ó ya ẹnu kẹ̀tò,*
21 – *Orin awo ló bọ́ si lẹ́nu.*
22 – *Esẹ̀ tí ó nàà,*
23 – *Ijọ́ fà a.*
24 – *Ó ní bẹ́ẹ̀ gẹ́gẹ́,*
25 – *Ní àwọ́n awo oun nṣẹ́nu rere pe Ifá.*
26 – *Ifá wọlé dè mí rere.*
27 – *Ọpẹ́ wọlé mí dé mí.*
28 – *Bímọ bá rẹ àjò,*
29 – *Ifá wọlé mí dé mí.*
30 – *Ọpẹ́ wọlé mí dè mí.*
31 – *Irin dúdú sìì wọléè d'Ògún.*
32 – *Bímọ bá rẹ àjò,*
33 – *Ifá wòléè mí dé mí ,rere.*
34 – *Ọpẹ́ wọlé mí dé mí .*
35 – *Oje níí wọlé d'Ọ̀sàlà.*
36 – *Bimọ̀ bá rẹ àjò,*
37 – *Ifá wọlé mí dè mí .*
38 – *Ọpẹ́ wọlé mí dé mí .*
39 – *Tútú nini là á bá ilé ìgbín.*

10 – Disseram que ele deveria fazer um sacrifício.
11 – E ele o fez.
12 – Quando esteve entre Ọ̀kun e Ọ̀sá.
13 – Ele teve riqueza,
14 – E também teve esposas.
15 – Ele teve todas as coisas boas!
16 – Aí começou a dançar.
17 – Ele ficou alegre.
18 – Ele estava exaltando seus fundamentos,
19 – E seus fundamentos estavam elogiando Ifá.
20 – Ele abriu a boca em admiração e
21 – Começou a cantar canções de culto de awo.
22 – O pé esticou e
23 – Começou a dançar.
24 – Ele disse que foi assim mesmo,
25 – Que seus fundamentos elogiavam Ifá.
26 – Ifà, proteja minha casa para mim.
27 – Ọ̀pẹ̀, proteja minha casa para mim (palmeira).
28 – Se eu viajar,
29 – Ifá, proteja a minha casa para mim,
30 – Ọ̀pẹ̀, proteja minha casa para mim.
31 – É o ferro preto que protege a casa para Ògún.
32 – Se eu viajar,
33 – Ifá, proteja minha casa para mim.
34 – Ọ̀pẹ̀, proteja minha casa para mim.
35 – É o chumbo do ojé que cuida da casa para Ọ̀sàlà (chumbo do ojé feiticeiro).
36 – Se eu viajar,
37 – Ifá, proteja minha casa para mim.
38 – Ọ̀pẹ̀, proteja minha casa para mim.
39 – É no frio que encontramos a casa do Ìgbín (caramujo).

40 – *Bímọ bá rẹ àjò,*
41 – *Ifá wọlé mí dè mí.*
42 – *Ọpẹ́ wọlé mí dé mí.*

40 – Se eu viajar,
41 – Ifá, proteja minha casa para mim.
42 – Ọpẹ̀, proteja minha casa para mim.

6 – ÒRÌṢÀ TÓ DAHUN (Orixá que responde)
Ọbàtálá, Oṣumàrè, Èṣù, Ọbà, Ẹ́gún, Ọya.

7 – ÀMÌ ODÙ – ORÚKỌ ODÙ (Impressão das marcas do Odù – Nome do Odù)

ÒFÚN MÉJÌ

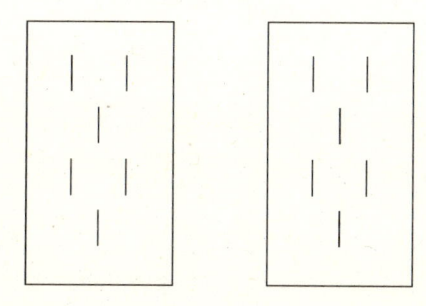

8 – ÒOGÙN ÒLÙLÀNÀ (MAGIA DO SENHOR DO AMANHÃ – FUTURO)

9 – ÌDÍ (Finalidade)
Esta magia propiciará ao usuário abertura de caminho, desenvolvimento nos negócios, conclusão favorável do que está sendo executado no momento.

10 – ÀWỌ́N OHUN ÈLÒ (Material necessário)
   – ẹiyẹlé funfun (pombo branco)
   – obi àbàtà (obí de quatro partes)
   – iyọ̀ (sal)
   – atarẹ dúdú (pimenta-da-costa)
   – oyin (mel)
   – àwo funfun (prato branco)
   – ìyé ẹiyẹlé márùn (cinco penas de pombo)

11 – OFỌ̀ ÒOGÙN OLÙLÀNÀ (Encantamento da magia do senhor do amanhã)

YORÙBÁ
1 – *Yíyẹ ní ye yẹ eiyelé*
2 – *Orí jẹ́kí ó ye mí.*

TRADUÇÃO
1 – O pombo está sempre bem
2 – Minha cabeça, permita que eu esteja sempre bem.

3 – *Kí Aiyé mí o dára*
3 – Que meu mundo esteja bom,

4 – *Kí ọ̀nà là sí rere*
4 – Que meus caminhos se abram para a sorte,

5 – *Ọgbọ́ ló ní kí e gbọ́ ọ̀rọ̀ sí mí lénú*
5 – Foi Ọgbọ́ quem pediu a vocês que ouvissem minha voz (palavras)

6 – *Ọgbọ́ ló ni kí ẹ gbà tèmi sí rere*
6 – Foi Ọgbọ́ quem pediu a vocês para que aceitassem minhas coisas trazendo sorte.

7 – *Àbá tí Àlágẹmọ bá dá*
7 – Qualquer coisa vinda de Àlágẹmọ (camaleão)

8 – *Òun ni òrìṣà Òkè igbà*
8 – É aceita por todos os òrìṣà do alto.

9 – *Kí wọ́n ṣọ́nà iré*
9 – Abram meus caminhos para a sorte.

10 – *Ẹ gba témi sí rere*
10 – Aceitem meus pedidos, trazendo-me sorte;

11 – *Àṣẹ!*
11 – Àxé!

12 – BÍ AṢẸ MA ṢÉ (Modo de fazer)
No prato branco colocar sal, mel de abelhas, o obí partido em quatro partes. Passar o pombo no corpo, retirar cinco penas da asa e colocá-las ao redor do prato. Mastigar os grãos de atarẹ, recitando o ọfọ Òlúláná.

13 – ÌWÀ IHÙSÍ (Modo de usar)
Comer as partes do obí junto com o sal e o mel, mentalizando o que deseja. Em seguida, soltar o pombo branco, em um lugar bem alto. Gritar o nome de Ọgbọ́ bem alto por três vezes. Pedir boa sorte, prosperidade, paz e saúde, assim que soltar o pombo.

14 – ỌJỌ́ TÓ TỌ́ (dia propício)
Terça, quarta ou quinta-feira.

15 – ÀSÌKÒ (Hora)
Antes de o sol nascer.

16 – ÒṢÙPÁ (Lua)
Crescente ou Nova.

17 – IBI (LOCAL)
Para fazer: Ẹgbẹ́ ou mata.

18 – ỌJỌ́ LÁTI LÒ (Dia para uso)
Terça-feira, quarta-feira ou quinta-feira.

19 – ENI TÓ MA ṢÉ (Oficiante)
   Bàbáláwo.
20 – OHUN TÍ KÒ GBỌDỌ̀ ṢÉ (Resguardo)
   No dia em que fizer a magia, não ingerir bebidas alcoólicas.
21 – ṢÉ ÀKÍYÈSÍ PÀTÀKÌ (Observação Importante)
   1. Não fazer a magia no período menstrual.
   2. O ritual deve ser feito para cada assunto a ser resolvido.

Capítulo 23

Àwọn Irú Ẹbọ Yorùbá Àti Ìdí Rẹ̀ (Tipos de Ẹbọ Yorùbá e Suas Finalidades)

"A ki Ndifá kà máà yàn ẹbọ"
("Ninguém consulta Ifá sem a prescrição de um ẹbọ".)
Ditado popular yorùbá.

Na Nigéria, as pessoas, seguindo ou não a tradição religiosa yorùbá, procuram um sacerdote de Òrúnmìlà – o Babaláwo –, para que este, por meio do sistema oracular de Ifá, lhes informe as determinações do Senhor do Destino.

Essa procura é feita independentemente de as pessoas estarem com problemas ou não. A consulta ao oráculo serve como guia para as mais diversas situações, objetivando sempre a melhor solução.

Este proceder dos yorùbá nos mostra que devemos procurar Ifá como preventivo, para que possamos nos antecipar a qualquer tipo de situação, boa ou ruim, facilitando-nos viver melhor.

Pelas Escrituras Sagradas de Ifá ser-nos-á prescrito um ẹbọ que, normalmente, vem acompanhado de uma sentença.

Em alguns casos, só a sentença nos leva a tomar atitudes que transformarão aquela situação que já podemos estar vivendo ou que ainda viveremos. Para toda e qualquer situação Ifá sempre tem algo a dizer que provoca uma reflexão profunda sobre nós mesmos e tudo o que nos cerca. Conseqüentemente, tais informações nos ajudarão a viver com inteligência, argúcia, sagacidade, perspicácia, sabedoria, para superarmos toda e qualquer adversidade.

Os ẹbọ prescritos por Ifá e oficiados pelo Babaláwo têm a função de eliminar o problema e transmutar situações, ressaltar as qualidades profissionais, salvar a vida, etc.

Pelos motivos expostos, resolvemos relacionar os diversos tipos de ẹbọ e suas finalidades.

Normalmente, as oferendas referem-se a um pedido ou juramento feito, por isso deve-se pensar muito antes de se fazer um pedido, pois o não-pagamento do que foi prometido no ẹbọ acarreta para a pessoa uma série de embaraços ou punições.

Toda promessa feita diante das entidades sobrenaturais, especialmente òrìṣà, deve ser cumprida, caso contrário o feito é inimaginável e, às vezes, irreversível, com conseqüências danosas. Também pode ser igualmente desastroso a pessoa se recusar a fazer o que é prescrito por Ifá, o portador das mensagens de Olódùmarè.

Nas Escrituras Sagradas de Ifá, comprovamos fatos de obediência às suas prescrições, os quais ilustramos, em seguida, com o trecho de um *ìtàn*:

YORÙBÁ

1 – *Jíkà lèwí awoOlógbò*
2 – *Adífá fúnOlógbò*
3 – *Níjọ́ ti o nfí ojúmọ́-ojúmọ́*
4 – *Nṣe ówó àmóbọ*
5 – *Wọ́n ní kí ó rú abẹ́rẹ́ mẹ́fà*
6 – *Ẹyẹlẹ́ mẹ́fà àti ẹgbàfà owó ẹyo*
7 – *Ó gbọ́ ó rú ẹbọ*
8 – *Láti ìgbà náà ni Ológbò Kò pàdánù mọ́.*
9 – *Kò tún mú àmóbọ mọ́*

TRADUÇÃO

1 – O Babaláwo tem o segredo do gato.
2 – Ifá joga para o gato,
3 – Quando diariamente
4 – A sua presa o enganava.
5 – Quando pediram que oferecesse seis agulhas,
6 – Seis pombos e 12 mil búzios,
7 – Ele ouviu. Ele ofereceu o ẹbọ.
8 – Daí, então, o gato nunca mais perdeu
9 – Nenhuma de suas presas.

IRÚ ẸBỌ YORÙBÁ (Tipos de oferendas Yorùbá)

1 – ẸBỌ ỌPẸ́ ÀTI ÌDÀPỌ̀ (Oferendas de súplica e salvação)

Ẹbọ para expressar agradecimento. Por meio deste tipo de ẹbọ, a pessoa expressa seus agradecimentos pelas benesses obtidas e se mantém em comunhão com Olódùmarè e os òrìṣà.

O povo yorùbá costuma dizer: "*bí o bà ṣe ni lòóré Ọpẹ́ làndã*" (pelos benefícios recebidos devemos ser gratos), ou recita o ditado popular:

YORÙBÁ

1 – *Enití aṣẹ lóore*
2 – *Tí kò dúpẹ́*
3 – *Burú ju ọlọ́ṣà*
4 – *Tí ó kò ní lẹ́ru lo*

TRADUÇÃO

1 – Aquele a quem concedemos bondade,
2 – Que não expressa gratidão,
3 – É pior que o ladrão,
4 – Que rouba nossas coisas.

2 – ẸBỌ ẸJẸ̀ (Oferenda com sangue: ẸBỌ que sacramenta uma promessa).
Neste tipo de ẹbọ, são oferendados, por meio de sacrifício ritual, animais bípedes ou quadrúpedes cujo sangue é vermelho. Estas oferendas são dadas aos òrìṣà, aos Èṣù, aos Odù, aos Ẽgún Àgbà e/ou ao Orí, com o intuito de alcançar um objetivo, seja profissional, pessoal, afetivo, amoroso e/ou emocional, rogando melhorias generalizadas.

3 – ẸBỌ ẸTÙTÙ (Oferenda para acalmar ou resfriar)
Oferenda por expiação: quando algo de errado acontece, consulta-se Ifá.
Por meio de um exemplo que citarei, ficará mais fácil entender o porquê do ẹbọ ẹtùtù.
Ṣàngó odeia roubo e feitiçaria. Se isto acontece, ele joga pedras (*edun àrá*) na casa do ofensor.
"Os mágbà ou mọgbà" são sacerdotes de Ṣàngó. Realizam um ritual chamado de "Expiação", no qual são oferecidos: epo pupa, ilá, àmàlà, àkàsá, àjàpá, àjàbọ́, frutas, gim, etc., tudo acompanhado pelo toque de bayin nos tambores bẹ́mbẹ́.
O local é marcado no chão e as pessoas o saúdam, gritando: "Kábíyèsí!" ou "Kábíyèsí ilé!". Em seguida, tudo é incinerado na fogueira, expiando a culpa e obtendo-se purificação pelo uso do fogo. A fogueira, então, é apagada com água de poço ou de chuva. As cinzas obtidas são acondicionadas em cabaças ou potes de cobre e usadas para diversas finalidades e de várias maneiras: nos gbẹrẹ, ebú de àṣẹ, banhos propiciatórios, beberagens fortificantes e misturadas ao ọṣẹ dúdú, etc.
Os yorùbá entendem que Ṣàngó visitou aquele local e o purificou, portanto, esse tipo de ẹbọ também aplaca a ira desse òrìṣà.

4 – ẸBỌ OJÚ KÓRÒBÍ (Oferenda de defesa: ẸBỌ de prevenção contra magia maléfica).
Oferenda de precaução contra coisas ruins. Este ẹbọ previne de coisas ruins por meio de oferendas que eliminam perseguição generalizada sobre uma pessoa que se apresenta por meio do ataque de:
– Éègúngún ou Ajẹ́;
– Òrìṣà;
– Èṣù;
– Odù;
– e outros.

5 – ẸBỌ ÀIYÈ ÌPÍN OHÙN (Oferenda para destruir uma instância em osobo, oferenda de substituição ou troca de cabeça).

Este tipo de ẹbọ só é realizado em casos específicos e com aquiescência de Ọrúnmilà e caso a pessoa tenha a necessidade de resolver assuntos pendentes antes de sua partida para o Ọrun.

A troca constitui-se de vários rituais, incluindo sacrifícios de animais, ervas específicas, frutos e raízes que irão recarregar sua energia, possibilitando-lhe melhores condições de vida. Este ritual é chamado de "Bámidíyà" (que seja substituído ou substituto do meu sofrimento).

6 – ẸBỌ ÌPILẸ̀ (O fundamento com a terra, ẸBỌ de consagração e perpetuação do AṢẸ).
Oferenda de fundação: este ẹbọ apazigua Onílẹ̀ (Senhor da Terra), para que a fundação de uma casa, o pilar de construção de um ẹ̀gbẹ́ ou algo que será plantado na terra siga sem empecilhos, e que os Ẽgún que habitam naquele espaço ajudem a desenvolvê-lo, já que foram oferendados.
Este ẹbọ também é chamado de "Oníbodè", pois fecha os portões evitando que o mal entre no lugar.
Os 25 ẹbọ que cito em seguida foram pinçados das minhas experiências e realizações como sacerdote e servirão para que muitos possam aumentar o seu cabedal, contribuindo, assim, para ajudar pessoas a resolver seus problemas.

7 – ẸBỌ ÀKỌ́SỌ (Sacrifício pelos primeiros frutos, oferenda de transformação).
É usado para o consulente estabelecer uma meta a ser alcançada. O Òṣó funfun (o feiticeiro do bem) trabalha na construção de caminhos e na construção do amor-próprio do consulente, que fora perdido ao longo de tantas amarguras e sofrimentos.

8 – ẸBỌ ÀLÁÀFÍÀ (Sacrifício para obtenção da paz, oferenda para restabelecer o equilíbrio e a harmonia).
É usado onjẹ funfun, para agradar o Òrìṣà Orí e Ọ̀bátàlà. Não se deve esquecer de fazer uma oferenda a Èṣù e, caso seja necessário, realizar um ẹbọ ara e um kàsípàlárà (oferenda para limpar astralmente uma pessoa).

9 – ẸBỌ ẸSẸ̀ (Sacrifício para redimir uma falta grave, oferenda para apaziguar o Odù e o ÒRÌṢÀ).
É usado para aplacar uma falta grave contra a comunidade ou contra òrìṣà. Ẹsẹ é a base que é colocada aos pés do òrìṣà em seu ojubọ.

10 – ẸBỌ OMI YỌ́ (Sacrifício às águas salgadas e à felicidade, oferendas de iniciação ao culto de ÒRÌṢÀ nos diversos cargos: de babaláwo até ÌYÁWÒ).
Também é conhecido como ẹbọ fífí. Sacrifício aos oceanos, mares e praias para o desenvolvimento do indivíduo. É endereçado a Ọlọ́kun e Iyẹmọja. Faz parte do contexto ritual de iniciação, no culto aos òrìṣà.

11 – ẸBỌ ÌDÁMẸ̀WÁ (Sacrifício para obtenção de bens materiais)
Reporta-se aos princípios básicos do desenvolvimento do indivíduo sobre o bem-estar e o bem-viver, inclusive em relação à preservação da própria vida, da própria família e de sua subsistência.

12 – ẸBỌ OMI DÍDÙN (Sacrifício às águas doces)
É usado para agradar a todas as entidades sobrenaturais, cujo culto se faz em cachoeiras, rios, lagos e lagoas, como, por exemplo: Òṣun, Iyẹwa, ỌBÀ E ỌYA.

13 – ẸBỌ ÌGBÈSO (Oferenda da frutificação)
Sacrifício que se faz para garantir a elevação e a multiplicação em todos os sentidos.

14 – ẸBỌ ÌTASÍLẸ̀ (Sacrifício para abrir caminhos)
Também é chamado de ẹbọ ṣọ́nà. Oferenda de libação ou do ofertório. É o ato de agradar para agradar-se a si mesmo.

15 – ẸBỌ ỌPẸ́ (sacrifício de chamamento oferenda de súplica)
É usado para agradecer uma graça recebida por intermédio de uma entidade sobrenatural como òrìṣà, Ẽgún, Àgbà, Èṣù, Ajẹ́, etc.
Em alguns casos, é usado para chamar para perto do consulente uma entidade que se afastou de uma pessoa, causando embaraços na vida da mesma.
É uma oferta de retorno a fim de que o òrìṣà volte e o consulente assuma suas promessas em um pacto recíproco.

16 – ẸBỌ ỌRẸ́ ÀTI MÚ WÁ
É o sacrifício do livre-arbítrio. O que òrìṣà Orí não setencia, não acontece. É o culto aos òrìṣà Orí.

17 – ẸBỌ ỌRẸ́ SÍSUN (Oferenda para se ganhar tempo quando as coisas estão complicadas)
Sacrifício no qual tudo é queimado, para que seja purificado. São oferendados folhas, resinas, frutas, frutos, cascas, comida da casa da pessoa, etc.
Este ẹbọ tem o propósito de agradecer ao òrìṣà. Pode ser empregado no ebú para destruir resíduos negativos em ambientes e objetos. É usado nos gbẹrẹ e onde mais o Babaláwo indicar.

18 – ẸBỌ ORÍ INÚ (Sacrifício à cabeça interior)
Conhecido como cerimônia ritual de bọ̀rí ou de ẹbọrí. É o culto à personalidade, à cabeça mítica pensante, onde moram as emoções. É quando são rendidas homenagens ao òrìṣà Orí e ao òrìṣà Ara.

19 – ẸBỌ ÌRÀPADÀ (Sacrifício de redenção)
Oferenda de troca ou de transformação de caminhos negativos ou da

instância em osobo para caminhos positivos ou instância em Iré. Este ẹbọ é considerado como "o bom retorno." É geralmente usado para pessoas que abandonaram o culto ao òrìṣà e que estão retornando como o filho pródigo à casa do pai.

20 – ẸBỌ AGBOLÉ (Sacrifício para obter proteção de um ambiente)
Oferenda familiar. Feita quando os membros de uma família ou do mesmo grupo familiar fazem um ẹbọ coletivo, com o propósito de um bem comum e único para todos. Por exemplo, livrar uma família jurada de morte, etc.

21 – ẸBỌ IGBARỌ (Sacrifício para agradar os caminhos, despachando uma instância em osobo)
É a oferenda da rua aberta, chamada de orita mèta, a encruzilhada de três pontas.
Neste ẹbọ, são oferendados diversos elementos do mundo vegetal, animal e mineral, combinados entre si para equilibrar as polaridades, com o objetivo de criar harmonia e agilização. Tem o objetivo de agradar à divindade ligada aos caminhos de Èṣù.

22 – ẸBỌ ÀGBÀLÚ OU ÀGBÀ ÌLÚ (Sacrifício para limpeza espiritual de uma cidade, de um ambiente – de um terreiro ou de um logradouro)
Neste ẹbọ, é usado sabão-da-costa, sumo de folhas frescas e sacrifício de animais, conforme a indicação de Ifá.

23 – ẸBỌ PARADÀ (Sacrifício para livrar uma pessoa da influência maléfica de ikú ou egún)
Literalmente: "pa" = matar; "ara" = corpo; "rà" = adquirir; "adà" = espada.
Esta oferenda significa a luta pela preservação da vida em todos os sentidos. A vida é um bem precioso.

24 – KÒSÍPALÁRA (Sacrifício para desvitimar o destino)
Ẹbọ para retirar influências maléficas provocadas por pragas ou magia, apaziguando Ikú ou Ẽgún. Neste ẹbọ, são usados: carnes cruas, vegetais e legumes (crus e picados), ovos, pólvora, aves que não são sacrificadas ritualisticamente, pombos vivos, ẹfun, banhos com folhas frescas, seguido por oferenda para agradar aos òrìṣà. Este ẹbọ é popularmente conhecido como "sacudimento".

25 – ẸBỌ ÀPAJẸ́RÙ (Sacrifício para eliminar o medo)
Literalmente: "pa" = matar; "jẹ" = comer; "erù" = carrego; "ẹru" = medo. Este ẹbọ é realizado sobre o ọ̀pọ́n, para retirar energias negativas de um signo de Ifá (odù), sobre o qual é impressa a marca do respectivo odù.

26 – ẸBỌ ẸJẸ̀BALẸ̀ (Sacrifício aos IRÚNMỌLÈ)
Oferenda de apaziguamento dos antepassados. Ẹjẹbálẹ̀ significa literalmente "sangue no chão" ou "apaziguamento da Mãe Terra". É o sacrifício ritual a toda deidade ancestral do panteão yorùbá. A terra é o princípio da criação do mundo e o princípio do homem, conforme relato constante em alguns itans da tradição yorùbá.

Enfim, os ẹbọ, como vimos, servem às mais diferentes finalidades. Somente Ifá conhece seus segredos e limites e poderá indicar a forma mais adequada de entregá-los a seu dispor, para cada situação e cada indivíduo.

Ire o!
Boa Sorte!

Capítulo 24

Fases Lunares Propiciatórias à Realização de Trabalhos Mágicos Determinados por Ifá

Melhores resultados serão obtidos se os trabalhos mágicos forem realizados na fase lunar propícia.

Eis aqui uma correlação entre as fases lunares e as finalidades dos trabalhos determinados por Ifá:

Lua CHEIA (Plenilúnio) ÒṢÙPÁ AKÚNYÀ:
Reflexo solar sobre a superfície visível da Lua:
– Relacionamento social;
– Conscientização dos bloqueios, obstáculos e problemas;
– Mudanças de residência e de hábitos antigos que interferem negativamente na vida da pessoa;
– Elucidar pensamentos ou situações, permitindo que novas idéias surjam;
– Melhores resultados nas atividades que necessitam de força de vontade e de determinação.

Lua MINGUANTE (Quarto minguante) ÒṢÙPÁ ÌFÀṢẸHÌN:
– A Lua tem somente uma parte de sua superfície visível iluminada.
– Planejar atividades e empreendimentos;
– Conclusão de trabalhos inacabados;
– Solução criativa para problemas ligados ao passado;
– Melhor relação com crianças e adolescentes;
– Iniciar tratamento de saúde.

Lua nova (novilúnio) ÒṢÙPÁ TITUN TÀBÍ/ÒṢÙPÁ ÀKỌTUN:
É quando o Sol ilumina a face lunar oposta à que se apresenta à Terra, não podendo a Lua, assim, refletir para a Terra a luz solar;
– Organização em geral, porém as atividades que mais se desenvolverão são as cotidianas, as intelectuais e as de pesquisa;
– Decisões sociais e amorosas;
– Assuntos relacionados ao bem comum.

Lua crescente (quarto crescente) ÒṢÙPÁ ÀSUNKÙN:
– Dar início a novos empreendimentos;
– Esclarecimento de mal-entendidos;
– Aprimoramento profissional em geral;
– Desapego de situações e de relacionamentos profissionais, afetivos e amorosos que se tornam obsoletos.

Obras do Autor

Osaiyn, o Òrìṣà das Folhas: Rio de Janeiro, 1978. 3ª edição (esgotado).
Àṣẹ Poder dos Deuses Africanos. Rio de Janeiro, Eco, 1981. 2ª edição (esgotado).
Yorùbá, a Língua dos Òrìṣà. Rio de Janeiro, Pallas, 1985. 6ª edição (esgotado).
Jogo de Búzios. Rio de Janeiro, Ediouro, 1986. 2ª edição (esgotado).
Encanto e Magia dos Òrìṣà no Candomblé. Rio de Janeiro, Ediouro, 1986. 4ª edição (esgotado).
Rezas, Folhas e Cânticos do Meu Òrìṣà. Rio de Janeiro, Ediouro, 1987. 5ª edição (esgotado).
Curso de Cultura Religiosa Afro-brasileira. Rio de Janeiro, Freitas Bastos, 1988. 3ª edição (esgotado).
Formulário Mágico e Terapêutico. São Paulo, Madras Editora, 2009, 1ª Edição.
Guia Prático da Língua Yorùbá em Quatro Idiomas. Havana, Editorial de Ciencias Sociales, 1998. 1ª edição.
Guia Prático de Língua Yorùbá em Quatro Idiomas. São Paulo, Madras, 2002. 1ª edição.

– Magias e Oferendas Afro Brasileiras, São Paulo, Madras, 2004 - 1ª Edição.
– Manual Prático do Jogo de Buzios, São Paulo, Cristális, 2006, 1ª Edição.
– Olhos de Fogo, Coração de Mel, São Paulo, Hemus, 2007, 1ª Edição.

Obras do Autor no Prelo
Vamos falar Yorùbá? Gramática e Vocabulário. São Paulo, Madras.
O Camaleão Dourado e as mais Lindas Lendas dos Òrìṣà.
– *Folhas do meu Òrìṣà.* (Ẹwéòrìṣàmi) São Paulo, Madras.
– *Os Búzios da Santeria.* São Paulo, Madras.
– *Iyámí o Culto as Mães Feiticeiras.* São Paulo, Madras.
– **Onjẹ ati mu fun Òrìṣà mí.** (Comidas e bebidas para o meu Òrìṣà)

Endereços onde você poderá obter informações sobre a Cultura e Religião Yorùbá

Embaixada do Brasil – Nigéria
Endereço: 324 Diplomatic Drive Central Business District Abuja
Cidade: Lagos
Pais: Nigéria
Telefone: (00xx2349) 461.8688/89
Fax: (00xx2349) 461.8687
Emails: nigbrem@linserve.com
Caixa Postal: 264

Embaixada da Nigéria em Brasília
Endereço: SEN-Av. das Nações, lote 5
Cidade: Brasília
Estado: Distrito Federal
País: Brasil
CEP:70459-900
Telefone: (0xx61) 3208-1700)
Fax: (0xx61) 3226-5192 e 3322-1823
Email: admin@nigerianembassy-brasil.org
Site: http://www. nigerianembassy-brasil.org/
Caixa Postal 03-710 CEP 70084-000 - Brasília - DF

Centro de Estudos Africanos da Universidade Federal da Bahia
Endereço para correspondência: Praça Inocêncio Galvão, 42 – Largo Dois de Julho, Salvador – Bahia – CEP: 40025-010
Tel.: (0xx71) 3322-6742
Fax: (0xx71) 3322-8070
e-mail: ceao@ufba.br

Fundação Pierre Verger
Endereços
2 Travessa da Ladeira da Vila América, 6
Engenho Velho de Brotas CEP: 40.243340 -Salvador- BA
Telefone: (00 55) (71) 3203 8400
Fax: (00 55) (71) 3203 8416
E-mail
Secretaria: Fpv@pierreverger.org

No Brasil:

Instituto de Cultura Yorùbá (Yorubana)
Diretor de Ensino e Pesquisa: Fernandez Portugal Filho
Caixa Postal 40.095
CEP 20272-292 – Agência Central – Rio de Janeiro – RJ – Brasil
Tel.: (55)(0__21) 3181-6022, (55)(0__21) 3738-6132 ou
(55)(0__21) 99807-7594 (whatsapp)
e-mail: yorubana@zipmail.com.br – yorubana@globo.com
Realiza cursos periódicos, palestras e conferências, sobre Cultura e Religião Yorùbá, no Brasil e no exterior em espanhol.
Solicite, gratuitamente, catálogo.
Realiza cursos periódicos, investigaciones y conferencias sobre la cultura y religión yorùbá en Brasil y en el exterior.
Solicite catálogos grátis. Hablamos español.
Regular courses, lectures and conferences about yorùbá culture and religion in Brazil an abroad.
Catalogue free.

Ẹgbẹ́ Awo ọmọ Àgànjú Ọláṣibọ ati Bàbá Òlójbẹ
Rua Viscondessa de Pirassinunga, 71 – Fundos
Cidade Nova – Rio de Janeiro – RJ – Brasil
CEP 20211-100
Tel.: (55)(0__21) 3181-6022, (55)(0__21) 3738-6132 ou
(55)(0__21) 99807-7594 (whatsapp)
e-mail: egbeawo@zipmail.com.br – egbeawo@globo.com
Endereço para Correspondência:
Professor Fernandez Portugal Filho
Caixa Postal 40.095
Agência Central – Rio de Janeiro – RJ – Brasil
CEP 20272-292 – Rio de Janeiro – RJ – Brasil
e-mail: fernandezpfilho@globo.com
e-mail: fernandespfilho@zipmail.com.br

No exterior
Cultura Yorùbá
Consulado Geral do Brasil na Nigéria
Setor Cultural
257 Kofò Abayomi, Rd. Victoria Island, Lagos – Nigéria
P.B. 72802
Tels.: 261-0136 – 261-0135 ou 261-0177
Lagos, Nigéria

Caribeean Cultural Center
Visual Arts Research and Resource
Center Relating to the Caribeean
408 West 58th Street
New York, N.Y. 10019
Tel.: (212) 307-7420

Association of Caribeean Studies
P.O. Box 22202
Lexington. KY 40502-2202, USA

Associación Cultural Yorùbá de Cuba
Prado 615 entre Monte y Dragones
Habana – Cuba
Tel: 63-5953

African Studies Center
A.S. Center – University of California
Los Angeles, California
9000243 – USA

RELATOS ORAIS

Na Nigéria contei com a ajuda das seguintes pessoas na narração dos textos e versos de Ifa
São eles:
1) Joseph Olatunji, 68 anos, Babalawo – Ibadan
2) Adero Afise, 76 anos, Babalawo – Sagamu
3) Adam, 58 anos Onişegun – Lagos
4) Rotimi Aderomu, 69 anos, Babalawo – Ile Ifẹ
5) Richard Obaremi, 38 anos, Babalawo, – Obomoşo

Yorubana, uma Nova Perspectiva do Ensino Afro-brasileiro e Tradicional Religião Yorùbá

O que é a Yorubana?
Quando essa pergunta nos é formulada, sempre respondemos que somos estudiosos e sacerdotes do Culto aos Òrìṣà, com intensa participação na tradição dos Òrìṣà. Desenvolvendo gradativamente um extenso trabalho de pesquisa em campo, em prol dos cultuadores dos Òrìṣà, temos o propósito de melhorar o nível cultural e humano de aproximadamente 20 milhões de praticantes em nosso país.

Propósitos básicos
O Instituto de Cultura Yorubana, simplesmente conhecido no Brasil pela denominação de Yorubana, é uma entidade cultural, filosófica, teológica, cujos principais objetivos são: normatizar, codificar, exaltar, ensinar e preservar a herança cultural religiosa de origem Yorùbá, na formação cultural do país.

A quem se destinam os cursos ministrados pela Yorubana?
Nossa maior clientela e nosso público mais fiel são realmente ilustres membros das comunidades/terreiros como Bàbáláwo, Bàbálórìṣà, Ìyálórìṣà, Èkẹjì, Ògán, etc. Porém, isso não significa que apenas essas pessoas nos procuram.
Nossos cursos estão abertos a todas as pessoas que participam, por crença na prática do Candomblé e/ou estejam identificadas com sua importância no contexto cultural de nossos valores e tradições. Portanto, isso não impede que pessoas de todos os níveis culturais e sociais, ou praticantes de distintas religiões, deles participem.

O que pretendemos com nossos cursos?
Levar o aluno a uma intensa reflexão sobre a existência dos complexos rituais dos cultos afro-brasileiros, tão praticados em nosso país, porém tão pouco compreendidos. Pretendemos com nossos cursos trazer novos conhecimentos sobre a realidade do Candomblé, sua história e tradição, importante veículo para o desenvolvimento, conhecimento e perpetuação das tradições; facilitar o estudo à luz da ciência contemporânea, explicar de forma simples e sincera os rituais, dogmas, tabus e injunções da diversificada trama ritual do Candomblé, pertencentes à etnia Yorùbá e desmitificar conceitos errados que, embora já consagrados, fazem parte de uma proposta de omissão e dominação.
Possibilitar ao pesquisador novas teorias que possam ampliar e enriquecer o imenso elenco de informações sobre o Culto aos Òrìṣà.

Tradição

Existimos desde 2 de janeiro de 1977, contando com o apoio e estímulo das embaixadas de vários países africanos: Nigéria, Gana, Senegal, Gabão e Costa do Marfim. Nosso propósito básico é contribuir com algumas correções, reparando lamentáveis omissões, existentes em nosso arcaico sistema educativo, no que se refere à memória, identidade, cultura, educação e perspectiva dos africanos e seus descendentes em nosso país.

Tal omissão proposital funcionou como endosso à perpetuação de práticas e teorias que visam inferiorizar os seres de descendência africana. Foram durante decênios discriminados todos os praticantes dos cultos afro-brasileiros, os terreiros invadidos, sendo seus dirigentes presos. Porém, a arbitrariedade cometida não silenciou totalmente os atabaques e a força de uma raça se fez sentir presente em toda nossa vida cultural. Com essa exposição acima e nossa experiência em ensino, declaramo-nos pioneiros no ensino sistematizado de Cursos de Cultura Religiosa Afro-brasileira e Tradicional Religião Yorùbá.

O Ensino Religioso Afro-brasileiro e Tradicional Religião Yorùbá

O Ensino Religioso Afro-brasileiro e Tradicional Religião Yorùbá é conduzido dentro de moderna pedagogia e didática de ensino dirigido, utilizando os mais modernos recursos audiovisuais, como cerca de 800 *slides* em cores, vídeos realizados no Brasil, na Nigéria e em Cuba, CDs de cânticos, além de fotografias, cartazes, gravuras, transparências,etc., enfim, todo material que possa contribuir para o melhor e mais eficiente aprendizado. Alguns cursos não se restringem somente a praticantes, mas também a toda e qualquer pessoa que, embora não seja do Culto aos Òrìṣà, esteja indiretamente identificada com a Cultura Africana. Realizamos palestras, conferências e cursos em universidades ou outras entidades similares. Nossa técnica conta com o apoio de professores yorùbá, como também de entidades no exterior. Nossa experiência é de mais de vinte e cinco anos com mais de 90 cursos realizados nas principais capitais brasileiras e no exterior, contabilizando um universo de, aproximadamente, 3 mil alunos.

Quais são os cursos ministrados na Yorubana?

Baseados em intensa pesquisa de campo no Brasil, na Nigéria e em Cuba, além de nossa experiência pessoal e de uma bibliografia atualizada, calcada na realidade Afro-brasileira e Tradicional Religião Yorùbá, realizamos os seguintes cursos em português, e no exterior em espanhol.

Saudações Yorùbá

Fernandez Portugal Filho
Diretor de Ensino e Pesquisa

Nossos cursos
1 – "Introdução ao Candomblé"
2 – "De Èṣù a Òṣálá" (De Exú a Oxalá)
3 – "Àjobọ Òrìṣà Mí" (Assentamento do meu Òrìṣà)
4 – "Ritual de Iniciação no Candomblé Kètú"
5 – "Ebọrí (Bori) o Sagrado Alimento à Cabeça"
6 – "Cosmogonia Yorùbá"
7 – "A Linguagem Secreta dos Odù"
8 – "O Culto Ẽgúngún"
9 – "Ìyámi, o Culto às Mães Feiticeiras"
10 – "Ajẹ, o Òrìṣà da Riqueza"
11 – "Àdúrà, Òrìṣà Mí" (Rezas do meu Òrìṣà)
12 – "Àbíkú, Àbíkọ́ e Bíàṣẹ"
13 – "Magia Yorùbá"
14 – "Como Administrar um Ilé Àṣẹ"
15 – "Magias Afro-Brasileiras"
16 – "Candomblé Kètú, Herança Cultural Afro-brasileira"
17 – "Ọlọ́kun, Senhor de todos os Oceanos"
18 – "Òdùduwà – O Bastão de Ẽgun"
19 – "Èṣù – Senhor de todos os caminhos"

Caso você deseje receber o Catálogo de Publicações de Livros e Apostilas e o Catálogo de Cursos, nosso contato é:

Yorubana

Caixa Postal 40.095
Agência Central – Rio de Janeiro – RJ – Brasil
CEP 20272-292
e-mail: yorubana@globo.com/yorubana@zipmail.com.br
Tels.: (0__21-55) 3181-6022, (0__21) 3738-6132 ou
(55)(0__21) 99807-7594 (whatsapp)
RJ – Brasil
Realizamos cursos, seminários, palestras, conferências em português e espanhol, no Brasil e no exterior.

Yorubana, una nueva perspetiva de la enseñanza brasileña y de la tradicional cultura Yorùbá

¿Qué es Yorubana?
Cuando se nos formula esta pregunta, respondemos siempre que somos estudiosos y sacerdotes del Culto a los Orichás, con una intensa participación e el culto de los orishás y que desarrollamos gradualmente un extenso trabajo de pesquisa de campo en pro de los que practican el culto a los Orichás.

Propósitos básicos
El Instituto de la Cultura Yorùbá, conocido en Brasil por la simple denominación de **Yorubana**, es una entidad cultural, filosófica y teológica que tiene como objetivos principales: normar, codificar, exaltar, enseñar y preservar la herencia cultural religiosa de origem yorùbá en la formación cultural del país.

¿A quién se destinan los cursos ministrados en Yorubana?
Nuestra mayor clientela y nuestro público más fiel son miembros realmente ilustres de las comunidades/terreros como babaláwos, madres de santos, padres de santo, iyaloriṣa, ekejis, oganes, etc. Lo que no quiere decir que seamos procurados solamente por estas personas, porque nuestros cursos están abiertos a todos aquellos que se interesan o participan por fuerza de la fe en la práctica del Candomblé.
Por tanto, personas de cualquier nivel cultural, procedencia social o practicantes de otra religión tienen la possibilidad de recibir orientación y participar de nuestros cursos.

¿Qué pretendemos con nuestros cursos?
En primer lugar, llevar el alumno a una profunda reflexión sobre la existencia de los complejos rituales de los cultos afro brasileños, tan practicados en nuestro país, aunque muy poco comprendidos. En segundo lugar, pretendemos traer nuevos conocimientos sobre la realidad del Candomblé, su historia y tradición como importantes vehículos para el desarrollo, el conocimiento y la perpetuación de las tradiciones africanas heredadas. También queremos facilitar el estudio a la luz de las ciencias humanas contemporáneas, explicando de forma simpley sincera los rituales, dogmas, tabúes e imposiciones circunstanciales de la diversificada trama ritual del Candomblé, provenientes de la etnia yorùbá. Otro aspecto importante es la desmitificación de los conceptos errados, ya enraizados y que conforman una propuesta de omisión y dominación.

De modo general, queremos ofrecer al pesquisador nuevas teorías que puedan ampliar y enriquecer el inmenso acervo de informaciones sobre el culto a los Orichás.

Tradición

Existimos desde el 2 de enero de 1977, contando con el apoyo y el estímulo de embajadas de varios países africanos como Nigeria, Ghana, Senegal, Gabán y Costa de Marfim. En esta colaboración, nuestro objetivo básico es contribuir con algumas correcciones, reparar omissiones inexplicables que existen en nuestro sistema educativo, en lo que se refere a la memoria, identidad, cultura, educación y perpectivas de los africanos y sus descendientes en nuestro país.

Tal omisión, en su esencia intencional, funcionó como marco para la perpetuación de las prácticas y teorías que inferiozan a los cuidadanos de descendencia africana. Durante decenios fueron discriminados los practicantes de los cultos afro brasileños, los terreos invadidos y decretadas prisiones para sus dirigentes. No entanto tales actos arbitrarios no silenciaron los tambores, ni la fuerza de una raza, que hoy hacen sentir sua presencia en nuestra vida cultural.

Con lo anteriormente declarado, apoyándonos en nuestra experiencia educativa, podemos declararno pioneros en la enseñanza sistematizada de los Cursos de Cultura Afro Brasileña y de la Tradicional Religión Yorùbá.

La enseñanza religiosa Afro Brasileña y la Tradicioal Religión Yorùbá

La enseñanza religiosa Afro Brasileña y la Tradicional Religión Yorùbá son conducidas dentro de los parámetros de la pedagogía moderna y de la didáctica dirigida, con aulas expositivas, utilizando los más modernos recursos audiovisuales, tales como: cerca de ochocientos *slide* en colores, videos realizados en Brasil, Nigéria, Cuba, discos compactos de cánticos, así como fotografías, letreros, grabados, transparencias, etc. O sea contamos con todo el material que puede contribuir para su mejor y eficiente aprendizaje. Vale destacar que algunos cursos no se limitan solamente a praticantes, sino también a toda persona que de algún modo se sienta identificada con la Cultura Africana.

Realizamos conferencias, debates y cursos en universidades y otras entidades similares de enseñanza. Nuestra metodologia y equipo técnico cuentan con el apoyo de Profesores Yorùbás y de entidades en el exterior. Nuestra experiencia es de más de veinticinco años, con un acervo superior a los noventa cursos ministrados por las principales cuidades del Brasil y en el extranjero, totalizando un universo de aproximadamente *seis mil alumnos*.

¿Qué Cursos son ministrados por Yorubana?
   1 – De Èxù a Òxálá (De Eleggua a Obatalá)
   2 – Assentamentos do meu orixá (Fundamentos de mí orichá)
   3 – Ritual de ingreso al candonmblé kètú
   4 – Bọri, el Sagrado alimento a la cabeza (Rogación de cabeza)
   5 – Cosmogonia Yorùbá
   6 – El lenguaje secreto de los caracoles
   7 – El Culto Egungun
   8 – Iyámi, o Culto às mães feiticeiras (Yami, el culto a las madres hechiceras)
   9 – Ajé, el orichá de la riqueza
 10 – Los rezos de mí orichá
 11 – Àbíkú, Àbíko y Biashé
 12 – Magia Yorùbá
 13 – Como administrar um Ilé Ache (Una casa de culto)
 14 – Candomblé Kétu, uma herencia afro brasileña
 15 – Magia afro brasileña
 16 – Ọlọ́kun, Señor del todos los Oceanos
 17 – Òdùduwà, el baston del egun
 18 – Èṣù (Eleguá) Señor del todos los camiños

Saludos Yorùbá
Fernández Portugal Filho
Director de Enseñanza y Pesquisa
Caso usted desee recibir el catálogo de publicaciones de libros, manuales y el catálogo del curso, nuestro contacto es:

Yorubana

Caixa Postal 40.095 – Agència Central –
Rio de Janeiro – RJ – Brasil
CEP 20272-292
e-mails: yorubana@globo.com ou yorubana@zipmail.com.br
Tels.: (55)(0__21) 3181-6022 – (0__21) 3738-6132 ou
(55)(0__21) 99807-7594 (whatsapp)
Realizamos cursos, conferencias e seminários en español en el
Brasil y exterior.

Yorubana, A new and modern perspective on afro-brazilian teaching and on Yorùbá Traditional Religion

What is Yorubana?

Whenever we are asked this question, we always answer that we are scholars and priests of the Worship to Òrìṣà, with intense participation in the Òrìyà tradition. Throughout the years, we have gradually developed a broad field work and research centered mainly on Òrìṣà worshippers. Our purpose is to deepen the investigations on Candomblé and Yorùbá Traditional Religion.

Basic Purposes

The Yorùbá Institute of Culture, known in Brazil simply by the designation **Yorubana**, is a cultural, philosophical, and theological institution whose main objectives are: to standardize, safeguard, teach and preserve the intense cultural and religious heritage, mostly from Yorùbá origins in Brazil's cultural formation.

Who is the target audience for the Yorubana courses?

Most of our students and our most loyal audience are indeed honorable members of the Terreiros ("Egbe", in the Yorùbá language) Communities such as Bàbálawọs, Bàbálòrìṣà, Yalòrìṣà, Ekẹji, Ogã, and so on. However, our audience is not restricted to these people.

Our courses are open to all those who want to take part because they believe in the religious practice of Candomblé and/or identify themselves with its importance in the cultural and social levels and from any religious background are allowed to participate.

What we intend with our courses?

To lead the student through an intense reflection on the existence of complex Afro-Brazilian Worship rituals, which are much practiced in Brazil and, however, at times, not completely understood. Therefore, we intend to bring new understanding on the reality of Candomblé, its history and tradition as an important vehicle for the development, knowledge and perpetuation of its traditions. This will make it easier to study Candomblé in the light of contemporaneous science, explaining in a simple, yet correct way the rituals, dogmas, taboos and injunctions of Candomblé's diversified ritual plot, which belong to the Yorùbá ethnic group. To debunk erroneous concepts which, although accepted, make part of a proposal for omission and domination.

This will allow both the beginner and the most experienced researcher to be in touch with new theories that may broaden and enrich the vast amount of information on Òrìṣà's Worship.

Tradition

Our group came into existence on January 2nd, 1977, being supported and encouraged by several African countries' embassies, such as Nigeria, Ghana, Senegal, Gabon and Ivory Coast. Our basic purpose is to contribute with some corrections, thus repairing regrettable omissions existing in our archaic educational system concerning African's memory, identify, culture, education and perspective, as well as their descendants' in Brazil.

Such purposeful omission has worked as an endorsement for the perpetuation of practices and theories aiming to debase African descendants.

During decades, all those who practiced Afro-Brazilian Worshipping were discriminated, their *Egbe* were invaded, their leaders were arrested. However, these arbitrary acts did not hush completely the conga drums, and the Ilu Bata and the strength of Afro-Descendants could be felt in every bit of our cultural life. With the exposition presented above and with our experience in teaching, we assert ourselves as pioneers in the systematical teaching of courses on Afro-Brazilian Religious Culture and Yorùbá Traditional Religion.

"The Afro-Brazilian and Yorùbá Traditional Religious Teaching"

The Afro-Brazilian and Yorùbá Traditional Religious Teaching is done within the scope of modern pedagogy and didactics in directed teaching.

Class dynamics

Expositive and practical classes using overhead projector, videotapes, DVDs, group tasks, reading and discussion of selected texts, according to the peculiarities of each course. Using the most advanced media, with around 800 color slides and also videotapes and DVDs made in Brazil, Nigeria and Cuba, CDs with ritual singing and photographs, posters, pictures, etc., in sum: all the material that can contribute for a better and more efficient learning.

Intended Audience:

Most of our courses are offered only for those who have been initiated in the Worship of the Òrìÿà; but other courses are open, therefore, offering the opportunity for any person to participate. We also organize lectures, conferences and courses at universities.

Our courses are backed up by Yorùbá masters, as well as by foreign institutions. We have more than 28 years of experience; having offered more than a hundred courses in the most important Brazilian capitals and abroad, totalizing an universe of approximately three thousand students.

Every course abroad is always organized for an audience of at least twenty students, and they are taught only in Spanish; the students are allowed to record the classes. In Brazil, the courses for foreigners will have the additional cost of translation included.

What are the courses offered at Yorubana?

Based on deep field research in Brazil, Nigeria and Cuba, besides our professional experience and an up-to-date literature related to Afro-Brazilian Reality and Yorùbá Traditional Religion, we have offered the following courses in Portuguese or in Spanish, through CDs:

1) Introduction to the Study of Candomblé;

2) From Eÿú to Òÿàlà;

3) Ajọbọ Òrìṣà Mi (Records from My Òrìṣà);

4) Initiation Ritual in Candomblé Kètú;

5) Çbôri (Bọri) – The Importance of ORI in Yorùbá Culture. The Mind's Sacred Food;

6) Yorùbá Cosmogony;

7) The Secret Language of the Odù;

8) Ẽgungun Worship;

9) Íyàmí – The Worship of Sorceress Mothers;

10) Aje, Wealth Òrìṣà;

11) Adura, Òrìṣà Mi (Prayers of My Òrìṣà);

12) Abikú, Abiko and Biaṣẹ;

13) Yorùbá Magic;

14) How to Manage a Ilé Aṣẹ;

15) Afro-Brazilian Magic;

16. Candomblé Kètú –Afro-Brazilian Heritage;

17. Ọlọkun, Lord of Oceans;

18. Òdùdùwá – The Rod of Ẽgun;

19. Èṣù – Lord of all the Paths.

The courses are ministered by
Fernandez Portugal Filho, Univesity Professor, current Ph.D. student in Social Cultural Anthropology at the University of Havana. Author of ten books of Afro-Brazilian culture and ten booklets.

If you wish to call us by telephone, please leave your message and your phone number, and we'll make you a collect call.

If you wish to receive for *free* the catalogue with all the books and booklets published, and the courses catalogue, please, write to:

YORUBANA
CAIXA POSTAL 40.095 – RIO DE JANEIRO
CEP: 20272-292 – BRASIL
E-mails: yorubana@zipmail.com.br
yorubana@globo.com
Phone: (55-21) 3181-6022/(0__21) 3738-6132 ou
(55)(0__21) 99807-7594 (whatsapp)
RIO DE JANEIRO – BRASIL

Yorùbá Greetings from
Fernandez Portugal Filho
Teaching and Research Director

O Autor sua obra, seu Saber

De forma sucinta, se perguntarmos a Fernandez Portugal Filho por que ele percorreu o caminho das letras e do sacerdócio Afro-Brasileiro, veremos no seu olhar uma grande satisfação ao falar de seu trabalho, discreto, porém entusiasmado e afável. Nem sempre é fácil tirar coisas dele; embora converse com desenvoltura, é sempre comedido ao falar de sua vida pessoal; e que vida, frutífera em todos os aspectos.

O que se sabe é que é carioca e, como se diz, "da gema". Nasceu em 1950 no Rio de Janeiro. Ainda adolescente foi levado para os Rituais de Umbanda no subúrbio da Penha,(RJ). Nos anos 1970, foi iniciado no Candomblé numa prestigiosa casa de ljexá, onde permaneceu até meados dos anos 1980. Ouvindo o chamado curioso do seu coração, passou a ir com regularidade à Nigéria onde também foi iniciado.

Graduou-se em Ciências Sociais, estudou Filosofia e Teologia. Publicou mais de uma dezena de apostilas, por meio da Yorubana que fundou em 1977. Fez parte da comissão que recebeu no Brasil o Bispo sul-africano Desmond Tutu e Nelson Mandela.

Desde 1996 é professor titular de Religiões Afro-Brasileiras e Tradicional Religião Yorùbá no mestrado em Antropologia Sócio Cultural, na Universidade de Havana onde esteve por inúmeras vezes. Dirige com afinco um Êgbç (Terreiro) no Rio de Janeiro. No momento é professor de Religiões Afro-Brasileiras e Tradicional Religião Yorùbá do Proeper na UERJ. Embora tudo ou quase tudo se possa dele falar, não podemos dizer que ele não saiba o que faz, generoso, esse dileto filho de Obatala diz sempre: "Caixão não tem gaveta". E nós concordamos com ele.

Bibliografia Consultada

ABÍMBÓLÁ, W. *Sistenn great poems of Ifá*. S.L.P./Unesco, 1975.

——————. *Verbal and visual symbolism if Ifá divination*. Comunicação apresentada na Conferência sobre as relações entre as artes verbais e visuais na África. Filadélfia, 10-14 de outubro de 1980.

——————. "Ifá as body of knowledge and as na academic discipline." In: *Lagos notes records,* II(1): 30-40, junho de 1968.

——————. "The Literature of Ifá Cult." In: *S. O. Biobaku (ed) Sources of Yorùbá history*. Oxford: Claredon Press, 1973, pp. 41-62.

——————. "The Place of Ifá in Yorùbá traditional religion." In: *African Notes>* Vol. 2, nº 2, s.d.

Ibiden, Vol. 2, 1969.

——————. *Ifá divination poetry*. New York: Nok Publishers, 1977.

——————. *Ifá na exposition of Ifá Literary corpus*. Ibadan-Nigeria: Oxford University Press, 1976.

——————. *Ìjìnlè Ohúùn Enu Ifá*. Vol. 1. Geasgow: W. Collins Sons na Co., 1968.

ABRAHAM, R.I. *Dictionary of Modern Yorùbá*. Londres, 1962.

ADÈSỌJI, Adèmọ́la. *Ifá, a testemunha do destino e o antigo oráculo da terra de yorùbá*. Rio de Janeiro: Cátedra, 1991.

ALAPINI, Julien. *Les Noix Sacrées ètude Complète de Fa – Ahide Goun*. Génie de lá Sagasse et la Divination au Dahomey. Monte Carlo, Regain, 1950.

ALMANAQUE DO PENSAMENTO. São Paulo: Pensamento, 2000.

ARÓSTEGUI, Natalia Bolívar. Opolopoowo. Colleción EChu Bi. Editorial de Ciências Sociales, La Habana, 1994.

AWÒLALU, J. Ọmọṣadè. *Yorùbá Beliefs and scrificial rites*. Londres: Longman, 1979.

AYORINDE, Chief J. "Ifá as a body of Knowledge." *Lagos notes and records,* II(2): 63-8, dezembro 1968.

BARRETI FILHO, Aulo. *Ifá os odus da vida*. São Paulo: Ébano, II(10); 12 de dezembro 1981.

—————. *Ifá, o jogo sagrado*. São Paulo: Ébano, I(9), 14 setembro – novembro de 1981.

—————. *Igba-odù Iwa. A cabaça dos odus da existência*. São Paulo: Ébano, II(12), 4 fevereiro-março de 1982.

—————. *Òrúnmìlà: um dos deuses do panteão religioso yorubano*. São Paulo: Ébano, I(7/8), 19 maio-julho de 1981.

—————. *Um itan de ọmọ odù òfun iwòrì*. São Paulo: Ébano, II(13), 4 abril de 1982.

BASCOM, William R. "Odù Ifá: the names of signs." In: *Africa*, London, 36(4): 408-21, 1966.

—————. "Odù Ifá: the order of the figures of Ifá." In: *Bulletin de l'Institut Français d'Afrique Noire,* Dakar, 23, ser. B. ¾: 676-82, 1961.

—————. "The sanction of Ifá divination." In *Journal of the Royal Anthropological Institute*. LXXXI (1/2): 43-54, 1941.

—————. *Ifá divination communication between gods and men in West Africa*. Boomington: Indiana University Press, 1969.

BASTON, J. S. "Ifá Divination in Igala." In: *Africa*. London, XLIV (4):

350-60, outubro 1974.

BEYIOKU, Fabenro. *Ifá*. Lagos: The Hope Rising Press, 1940.

BEYOKU, O. A. F. *Ifá, its wars-phys and prayers*. Lagos: Salako Printing Works, 1971.

BRAGA, Julio Santana. "Ifá no Brasil." In: *Revista de Ciências Humanas*. Salvador, 1(1): 113-32, julho 1980.

CLARKE, J. D. "Ifá Divination." In: *Jounal of the Royal Anthropological Institute,* LXIX (2): 235-56, 1939.

COSTA, Carlos José da. Àwọ́n Bàbáláwo Ọ̀rínmìlà Ifá àti wọ́n awo fún íye. Os Sacerdotes, Os Deuses dos Segredos e Mistérios da Vida. Primeiro e Segundo Livro de Ifá. Edição Independente. S/D. Rio de Janeiro.

DIÁZ, Fabelo Teodoro Serapião. Ẹbọ. La Habana – Cuba: Fabelo, 1963.

DREWAL, Margaret Thompson. DREWAL, Henry John. An *Ifá diviner's shine in Ijebuland.* Los Angeles: African Arts, XVI (2), 61-7, 99-100, fevereiro de 1973.

EPEGA, D. Onadele. "Ifá Amana Awon baba wa", I-XVI. Ode Remo Imale Aluwa Institute, Ms, 1948-57.

——————. *Ifá "Íwé Ifá exti ìtumò àlá."* Lagos: The Hope Rising Press, 1937.

FABUNMI, M. A. *Ifá Shrines.* Ire: University of Ifẹ Press, 1969.

GLEASON, Judith. *A recitation of The Yorùbá*. New York: Grossman Publishers, 1973.

LIJADU, E. M. *Ifá: Imọlẹ̀ Rẹ̀ Tí Iṣe Ìpílẹ Ní Ilẹ Yorùbá*. Exeter: James Towsend Sons, 1923.

——————. Òrúnmìlà. Hockley, Samuel E. Richards. 1908.

LÓPEZ, Lourdes. *Estudio de um babalawo*. La Habana: Departamento de Actividades Culturales, Universidad de La Habana, 1978.

MAUPOIL, Bernard. *La Géomancie è L'ancienne Côte Des Esclaves*. Paris, Université de Paris, 1961 (Travanx et Mémoires de L'Institut D'Ethnolo GieXLII).

MCLELLAND, E. M. "The significance of number in the Odù of Ifá." In: *Africa*. London, XXXVI (4): 421-30, 1966.

MONTEIL, Charles. *La divination chez les noirs de L'Afrique Occidentale Française*, année 1931, XIVC 1(2): 27-136, 1932.

MORAES, Ari. "O jogo de Ifá. A vida através de búzios e dendês." In: *Planeta*. São Paulo 114-A: 46-8, março de 1982.

MOURA, Carlos Eugênio Marcondes de. (org.) *As senhoras do pássaro da noite*. São Paulo: Axis Mundi/Edusp, 1994.

NO MUNDO DOS ELEMENTAIS. Vasariah. Juiz de Fora-MG: Vasariah Serviços Editoriais, 2000.

NOVO DICIONÁRIO DE LÍNGUA PORTUGUESA AURÉLIO BUARQUE DE HOLANDA FERREIRA. 2ª Edição Revista e aumentada. Rio de Janeiro: Nova Fronteira, 1986.

ODU JOURNAL OF YORÙBÁ. EDO AND RELATED STUDIES. Vols. 1-9, Ibadan, 1955-1963.

ODUMALAYO, A. A. *Ìwé Ifá Kise Oriṣa Apa Kini*. Lagos: Ijesha Royal Press, 1951.

OGUMBIYI, Thas A. J. *Ìwé Ìtàn Ifá Agbìbà, Yanrìn tité àti awo Erindinlogun*. Lagos: Ife-Olu Printing Works, 1952.

ÒGÚNBÒWÁLÉ, S. "Èṣù ati Ifá." *Ôlökun*, 2 setembro 1960, pp. 1-8.

PORTUGAL FILHO, Fernandez. *Guia Prático de língua Yorùbá em quatro idiomas (Português, espanhol, inglês e yorùbá)*. La Habana: Editorial de Ciencias Sociales, 1998.

——————. *Ifá, o senhor do destino*. Rio de Janeiro: Yorubana, 1988. Apostila.

——————. *Os Ẹbọ no culto a Ifá*. Rio de Janeiro, 1998. Apostila.

——————. *Yorùbá a língua dos orixás*. 5ª edição. Rio de Janeiro: Pallas.

PRINCE, Raymond. *Ifá Yorùbá divination and sacrifice*. Ibadan University Press, 1963.

ROACHE, Evelyn. "The Arte o the Ifá Oracle." In: *African Arts*. Los Angeles, pp. 21-5 e 87, outono de 1974.

SANTOS, Juana Elbein dos. *Os nàgó e a morte: padé, àṣèṣè e o culto Ègún na Bahia*. Rio de Janeiro: Vozes, 1976.

SOWANDE, Fela. *Ifá Odù*. Mimo. Lagos: The Ancient religious Societies of African Descendents Association, 1965. Mimeografado.

─────. *Ifá*. Yaba: Foward Press, 1964.

– TRAUTMANN, René. *La Divination à la Côte de Esclaves et à la Madagascarle Vôdôu, Fa–Le Sikidy*. Dakar, Mémoires de L'Institut Français D'Afrique Noire, I. 1940.

TRATADO SECRETO DE ODDUN DE IFÁ. La Habana – Cuba, 1995, 286 p.

VERGER, Pierre Fatumbi. *Ewé o uso das plantas na sociedade yorùbá*. São Paulo: Fundação Pierre Verger/Companhia das Letras, 1995.

─────. "Automatisme verbal et comunication du savoirchez les Yorùbá." In: *L'Homme*. Paris, T. XII (2): 5-46, abril-junho de 1972.

WOORTMAN, Klavas. "Cosmologia e geomancia: um estudo da cultura Yorùbá-nàgó." In: *Anuário Antropológico/77*. Rio de Janeiro, 1978, pp. 11-84.

WYNDHAM, John. *The divination of Ifá* (a fragment). Mary London XIX (8), 151-3, 1919.

Todos os materiais legítimos africanos, o leitor poderá encontrar no seguinte endereço:

Ilê D'Angola
Av. Ministro Edgar Romero, 239 – Galeria C – Lojas 222 e 224
Mercadão de Madureira – RJ – CEP: 21360-201
Telefones: +55 21 3355-8768 / 3355-8769

Morada dos Òrìxás
Av. Ministro Edgard Romero, 244 (Dentro do Shopping Days, em frente ao Mercadão de Madureira)
Madureira – Rio de Janeiro – CEP: 21360-200
Telefone: +55 21 2051-1471 / 98775-8003

MADRAS Editora® CADASTRO/MALA DIRETA

Envie este cadastro preenchido e passará a receber informações dos nossos lançamentos, nas áreas que determinar.

Nome _____
RG _____ CPF _____
Endereço Residencial _____
Bairro _____ Cidade _____ Estado ____
CEP _____ Fone _____
E-mail _____
Sexo ❑ Fem. ❑ Masc.   Nascimento _____
Profissão _____ Escolaridade (Nível/Curso) _____

Você compra livros:
❑ livrarias   ❑ feiras   ❑ telefone   ❑ Sedex livro (reembolso postal mais rápido)
❑ outros: _____

Quais os tipos de literatura que você lê:
❑ Jurídicos   ❑ Pedagogia   ❑ Business   ❑ Romances/espíritas
❑ Esoterismo   ❑ Psicologia   ❑ Saúde   ❑ Filosofia/música
❑ Bruxaria   ❑ Autoajuda   ❑ Maçonaria   ❑ Outros:

Qual a sua opinião a respeito dessa obra? _____
_____

Indique amigos que gostariam de receber MALA DIRETA:
Nome _____
Endereço Residencial _____
Bairro _____ Cidade _____ CEP _____

Nome do livro adquirido: *Ifá, O Senhor do Destino*

Para receber catálogos, lista de preços e outras informações, escreva para:

MADRAS EDITORA LTDA.
Rua Paulo Gonçalves, 88 — Santana — 02403-020 — São Paulo/SP
Caixa Postal 12183 — CEP 02013-970 — SP
Tel.: (11) 2281-5555 — Fax.:(11) 2959-3090
www.madras.com.br

MADRAS® Editora

Para mais informações sobre a Madras Editora,
sua história no mercado editorial
e seu catálogo de títulos publicados:

Entre e cadastre-se no site:

www.madras.com.br

Para mensagens, parcerias, sugestões e dúvidas, mande-nos um e-mail:

marketing@madras.com.br

SAIBA MAIS

Saiba mais sobre nossos lançamentos,
autores e eventos seguindo-nos no facebook e twitter:

@madrased

/madraseditora